# 走进道德建设

杨春娟　编著

河北大学出版社
·保定·

ZOUJIN DAODE JIANSHE

# 走进道德建设

出 版 人：刘相美
责任编辑：徐延风
装帧设计：张彦琪
责任校对：刘景坤
责任印制：常 凯

图书在版编目（CIP）数据

走进道德建设 / 杨春娟编著 . -- 保定 : 河北大学出版社 , 2024. 10. -- ISBN 978-7-5666-2303-4

Ⅰ . B82

中国国家版本馆 CIP 数据核字第 20241S0R95 号

出版发行：河北大学出版社
地址：河北省保定市七一东路 2666 号 邮编：071000
电话：0312-5073019 0312-5073029
邮箱：hbdxcbs818@163.com 网址：www.hbdxcbs.com
经 销：全国新华书店
印 刷：保定市正大印刷有限公司
幅面尺寸：170 mm × 240 mm
印 张：18.25
字 数：240 千字
版 次：2024 年 10 月第 1 版
印 次：2024 年 10 月第 1 次印刷
书 号：ISBN 978-7-5666-2303-4
定 价：56.00 元

# 前　　言

道德作为一种社会意识形态，一直备受世人关注。它是人们共同生活和行为中所遵循的准则和规范。人无德不立，国无德不兴。道德沦丧，国之将亡；美德彰显，国泰民安。德是做人之本、兴国之基，对个人和国家至关重要。关于道德问题，古今中外的许多学者和思想家都进行了有益的探讨，推动了社会发展和时代进步。

我国历来重视道德建设，素以礼仪之邦、文明古国著称于世，崇尚道德、重视品行是数千年来中华民族的优良传统。随着时代变迁，我国在长期的历史发展过程中孕育形成了独具民族风格、民族精神、民族特色的道德观，如中国传统道德、中国革命道德和社会主义道德等，培育了中国人民的崇高价值追求，为中华民族生生不息、发展壮大提供了强大的精神力量和有力的道德支撑。中国特色社会主义进入新时代，加强公民道德建设，提高全社会道德水平，是全面建成小康社会、全面建成社会主义现代化强国的战略任务，是适应社会主要矛盾变化、满足人民对美好生活向往的迫切需要，是促进社会全面进步、人的全面发展的必然要求。

党的十八大以来，以习近平同志为核心的党中央高度重视公民道德建设，不断立根铸魂、正本清源，作出一系列重要部署，推动思想道德建设取得显著成效，道德领域呈现出健康向上的良好态势，为巩固共同思想基础、坚定理想信念、凝聚强大精神力量、培育良好社会风尚、促进社会和谐稳定发挥了重要作用。与此同时，世界正处于百年未有之大变局、我国正处于实现中华民族伟大复兴的关键时期，思想道德领域依然存在诸多急需解决的问题，国内外形势的发展变化对新时代道德建设提出了新的更高要求。

2019 年 10 月，中共中央、国务院印发《新时代公民道德建设实施纲要》，是对 2001 年《公民道德建设实施纲要》的继承与创新，为在守正创新中推进新时代公民道德建设提供了根本遵循。它坚持以习近平新时代中国特色社会主义思想为指导，全面总结工作实践，客观看待成绩与经验，准确把握道德建设领域存在的不足和问题，科学分析新时代道德建设提出的新要求，着眼培养担当民族复兴大任的时代新人，明确了新时代公民道德建设的总体要求和基本原则、目标任务和基本内容、方法途径和渠道载体、法律支撑和政策保障等，对于不断提升全民道德素质和社会文明程度，凝聚实现中华民族伟大复兴的中国梦具有十分重要的意义。加强公民道德建设是一项长期而紧迫、艰巨而复杂的任务，要适应新时代新要求，坚持目标导向和问题导向相统一，进一步加大工作力度，把握规律、积极创新，持之以恒、久久为功。

本书的写作初衷，是为了宣传普及道德建设的有关知识，让读者弄清楚道德的来龙去脉，深入了解我国道德建设的历史演进，阐明新时代道德建设的努力方向。本书共八章，在介绍道德起源与发展的基础上，以我国道德建设的历史发展为主线，以新时代公民道德建设为重点，结合《新时代公民道德建设实施纲要》，围绕我国道德建设的发展轨迹、新时代道德建设的现实境遇、主要内容、重点任务及推进路径进行了系统分析和深入探讨。本书紧密联系实际，以事说理、以案明德，注重思想性、针对性、时代性相统一，且史料翔实、事例鲜活、通俗易懂，兼具可读性和实用性，是帮助广大干部群众和高校师生深入理解和践行《新时代公民道德建设实施纲要》、提升思想道德水平、形成正确道德认知、增强道德实践能力的辅导读物。

杨春娟

2023 年 10 月于石家庄

# 目　　录

# 第一章　道德的起源与发展概说

说起道德，人们并不陌生。它作为一种社会意识形态，一直备受世人关注。究竟何谓道德？它起源于何时，经历了怎样的发展演变，又有什么样的功能和作用？对于上述问题的回答，是伦理学所关注的基本问题。在人类漫长的历史岁月中，古今中外的许多思想家对道德的起源与发展问题进行了种种探索，取得了丰硕的理论成果，为伦理学的发展留下了丰富的资料。

## 一、道德的概念与本质

### （一）“道德”概念界定

1．何谓“道德”

国内学术界对“道德”概念的界定众说纷纭，至今尚未达成统一的认识，但随着学术争鸣和理论探索的深入，对这一问题也逐步趋向某种共识。最早对“道德”进行定义的，是 1982 年由罗国杰主编的《马克思主义伦理学》教材，将“道德”定义为“调整人们相互关系的行为原则和规范的总和”“是人类生活中所特有的，由经济关系决定的，依靠人们的内心信念和特殊社会手段维系的，并以善恶进行评价的原则规范、心理意识和行为活动的总和”①。这一定义成为当时最为正统的道德概念定义，也影响了当时国内出版的辞典、百科全书等工具书，如《辞海》《中国大百科全书》《中国伦理学百科全书》《简明伦理学辞典》等。此后，随着探讨的深入，“道德”概念的内涵不断丰富和发展，如2012年出版的马克思主义理论研究和建设工程重点教材《伦理学》明确把“道德”界定为“原则规范、观念品质和行为活动”，更加强调“道德”内涵的综合化。

目前国内学术界所探讨的“道德”，大多采用的是马克思主义伦理学意义上的“道德”概念。马克思主义从经济基础和上层建筑的关系以及道德作为社会意识的独特性上，来解释和把握道德这一人类社会特有的现象，认为道德属于上层建筑的范畴，是一种特殊的社会意识形态，由经济基础所决定。所谓道德，就是人类社会生活中特有的，由一定社会的经济关系决定，以善恶为评价标准，依靠社会舆论、传统习俗和内心信念来维系，调整人与人、人与社会、人与自然之间相互关系的行为规范的总和。对于这一概念，可以从以下几个方面理解：

第一，道德是人类社会生活中特有的现象。它萌芽于人类早期劳动和简单的交往中，只存在于人与人之间的利害关系中。如果孤岛上仅有一个人独处，孑然一身，不会与他人发生任何关系，就无所谓道德。如流落在荒岛上的鲁滨逊除了对他自己和自然界之外，不会有什么真正的道德或不道德的行为，因为彼时的他是在社会之外的。道德是社会关系的产物，只有形成了人与人、人与社会之间的相互关系，才会产生道德。在动物界，是不存在道德的，也不能以善恶来评价，如猫吃老鼠、狼吃羊等行为不具

① 罗国杰：《马克思主义伦理学》，人民出版社，1982，第4页。

有任何道德意义。

第二，善恶是道德的评价标准。何谓“道德”或是“不道德”？是对某种行为进行的评价，看其对他人、对社会是有益还是有害，有益的为“善”，有害的为“恶”。道德作为人们共同生活及其行为的准则和规范，是社会成员普遍认同和共同遵守的，以善恶为评价方式，主要依靠社会舆论和内心自律得以实施，不具有国家强制力，与法律有着明显的区别。

第三，道德作为一种社会意识形态，受社会关系特别是经济关系的制约。具体表现为：社会经济关系的性质决定着各种道德体系的性质，有什么样的经济关系就有什么样的社会道德；社会经济关系所表现出来的利益，直接决定着道德的基本原则和主要规范；在阶级社会中，社会经济关系主要表现为阶级关系，道德必然反映着特定阶级的利益而具有阶级性；社会经济关系的变动必然引起道德的变化。

总之，道德是人们在社会生活实践中形成的关于善恶、是非的观念、情感和行为习惯，并依据社会舆论和良心来指导人格完善和协调人际关系的行为规范体系。

2.“道德”概念溯源

在中国古代汉语文化中，“道德”概念经历了一个长期的演变过程。从词源上考据，“道”和“德”最早是分开使用的，“道”是“道”，“德”是“德”，且“德”字先于“道”字出现。到战国时期，“道”与“德”才正式连在一起使用，出现了“道德”一词。

“德”的缘起。早在商朝的甲骨文中就记载有“德”字，其最初意义是对祖先神的祭祀，后来含义变得越来越广泛。在甲骨文中，“德”字左边是表示路口或行动的符号，右边是一只眼睛，眼睛上有条垂直线，形如一个人瞪着敬畏的眼睛，意为行动要正，目不斜视。当周革殷命、德移鼎迁，周人在“天命靡常”的忧患中反思，于是“德”的行义产生变化：金文在甲骨文的形符上增加了一个表意的“心”符。这样，“德”就不单单是一个外在的行为，更是行为所依据的内心准则。或者说，值得敬畏的，除了祖先、天地、神灵，还有心中之德。周革殷命后，“德”就由天赋魅力，变成了世人眼中不断敬谨修身的一种内在品质。

❀**小知识**

### 周革殷命

在近代史学大师王国维看来，周革殷命是一次非常重要的鼎革，“中国政治与文化之变革，莫剧于殷、周之际”。殷周时期原始宗教的氛围十分浓厚，整个文化笼罩在鬼神信仰之中。殷人尊神，率民以事神，先鬼而后礼。我们所熟知的殷商甲骨卜辞，就是原始宗教的直接产物。周革殷命，虽然并没有完全废弃对鬼神的祭祀信仰，仍然保留着“国之大事，在祀与戎”的传统，但相对理性的“礼乐制度”开始建立。一个崭新的“敬鬼神而远之”的时代慢慢拉开了帷幕。

中国古代各派思想家对“德”字各有自己的阐述。如《周易·乾·文言》中“君子进德修业”中的“德”指道德；《左传·成公三年》中“然则德我乎”中的“德”有感激之意；《论语·宪问》中“何以报德”中的“德”指恩惠；《论语·颜渊》中“君子之德风”中的“德”指品行。《说文解字》中如此释“德”：“外得于人，内得于己也。”对此，清代学者朱骏声说：“外得于人者，恩惠之德；内得于己者，道德之德。”可见“德”有内外，对己为内，对人为外。内者，修身养性，自我提升，此乃“道德之德”；外者，受他人道德力量影响，见贤思齐，或者以道德力量去影响他人，春风化雨，此乃“恩惠之德”。为师之人，当以“道德之德”完善自己，以“恩惠之德”施以学生。他们不但传授经验知识，更要将这些知识化作学生内在的德行。

“道”的出现。在中国古代典籍中，“道德”一词中“道”字的记载晚于“德”字。最早见于《尚书·虞书·大禹谟》，文中出现了几个“道”字：一是见于“罔违道以干百姓之誉，罔咈百姓以从己之欲”，意思是不要违背规律来求得民众的赞誉，不要违背民众的意愿来满足自己的私欲；二是见于“人心惟危，道心惟微，惟精惟一，允执厥中”，意思是人的心是危险的，规律是幽微的，必须一心一意精研幽微的规律，诚心诚意执行其中庸之道，才能使社会安定，天下太平；三是见于“蠢兹有苗，昏迷不恭，侮慢自贤，反道败德”，意思是愚蠢的三苗部族，已经昏迷于心，很不恭敬，对我们侮辱轻慢，狂妄自大，违反规律，败坏德行；四是见于“满招损，谦受益，时乃天道”，意思是自满招致损害，谦虚会受裨益，这是上天的规律。学者们一般都把以上这几个“道”字解释为现代汉语的“规律”。

在中国历史上，不同的思想家和思想流派对“道”与“德”的具体规定互有差异，各家都“道其所道，德其所德”。孔子在《论语·述而》中主张“志于道，据于德”，其含义为做人要立志追求人生理想，把握德行修养。这里的“道”指理想的人格或社会图景，“德”指立身依据和行为准则。因儒家以仁义为道德的重要内容，故也以仁义道德并称。老子对“道”“德”作了哲学升华，其思想核心是“道”，认为“道”是万物的本原，无论什么事都要遵循本原。在其传世之作《道德经》（又称《老子》）中的“道”，是指事物运动变化所必须遵循的普遍规律或万物的本体；“德”和“得”意义相近，指具体事物从“道”所得的特殊规律或特殊性质，或者说对于“道”的认识修养有得于己，亦成为“德”。正如该书第五十一章所写的：“道生之，德畜之，物形之，势成之。是以万物莫不尊道而贵德。道之尊，德之贵，夫莫之命而常自然。”老子认为“道”和“德”虽尊贵，却不是什么主宰（“命”），而是一切任其自然的。韩非认为“德者道之功”，把“德”释为道的功用。北宋张载在《正蒙·神化》中提出“德，其体；道，其用，一于气而已”，认为“德”是气之体，“道”是气之用。

## ❊小知识

### 《道德经》对“道”与“德”的理解

《道德经》分为“道经”和“德经”两部分，在全文5000余字中，“道”出现过70多次，“德”出现近40次，“道”与“德”成为该书中最基本的概念。对《道德经》的理解，有把“道”当作宇宙的本原来解释的，有把“道”解释为客观规律的，亦有把“道”解释为规则的，还有把“道”作为道路解释的，等等。然而，把“道”理解为万事万物的本原一说，已得到广大学者的普遍认可。“道”作为万事万物的总根据和总根源，万物只有“得”于“道”才能真正地“德”成万物。万事万物从道中得且内赋于自身者，是以生存之根据对待之，就是万事万物的内在本性，即所谓“德”。德乃道之德，在道生出万物之后并没有脱离之，而是以德的形式内在于万物之中。更确切地说，道是万物产生的根源，德乃道在万物中的显现，是万物之本性。所以，道乃德的内在实质，德是道的外在显现；道是无形的，德是具体的；道是看不见的，德是可以看见的，道为本体，德为具体。道包含德，德来源于道，它们是辩证统一、相生相成、密不可分的，又相互区别、不能等同的，共同贯穿于《道德经》的各个层面和始终。

“道”与“德”二字的连用。在《尚书·虞书·大禹谟》“反道败德”一语中“道”与“德”最早出现苗头，后在先秦思想家老子所著的《道德经》一书中多处提到“道”“德”二字，其正式的连用则始于战国时期荀子的《劝学》篇：“故学至乎礼而止矣，夫是之谓道德之极。”意为：所以学习到了明礼的程度就可以停止了，这就是道德的极致。至此，“道德”一词出现。在这里，“道德”概念就开始具有对人们行为评价、规范人们行为的意义了。

## （二）道德的本质

所谓本质，是事物本身所固有的根本属性，是一事物区别于其他事物的特殊规定性。道德的本质，就是道德区别于其他事物的内在规定性。马克思主义科学揭示了道德的本质，认为道德作为一种特殊的社会意识形态，建立在一定社会经济基础之上，反映着特定阶级的利益；同时道德对社会经济的反映不是消极被动的，而是作为一种特殊的行为规范和人类的实践精神，以能动的方式来把握世界，引导和规范人们的社会实践活动。

第一，道德是反映社会经济关系的特殊意识形态。道德的产生及其发展变化，归根到底都是由经济基础决定，受社会经济关系的制约。一是社会经济关系决定道德的性质。有什么样的社会经济关系，相应的就有什么样的道德与之相适应。二是道德随着社会经济关系的变化而变化。在人类道德史上，新旧社会经济关系的变革，必然引起新旧道德的更替，新的道德必将取代旧的道德而居于主导地位。三是在阶级社会里，道德具有阶级性。在阶级社会中，社会经济关系主要表现为阶级关系，各个阶级总是为了维护和实现本阶级的利益而奋斗。作为社会意识形态的道德必然反映一定阶级的利益，具有鲜明的阶级性。四是道德具有相对独立性。这种独立性一方面表现为道德的历史继承性，即作为社会意识形态的道德总是反映那个时代的社会存在，并继承前人留下来的精神文化成果；另一方面也表现为道德对社会发展具有能动的反作用，也就是说，社会意识产生后，能够在一定条件下转化为物质力量，对社会存在起能动的变革和改造作用。

第二，道德是社会利益关系的特殊调节方式。作为一种调整人与人、人与社会、人与自然之间关系的特殊的行为规范，道德与法律规范、政治规范的不同之处在于，它是用善恶标准去评价，依靠社会舆论、传统习俗、内心信念来维持的，是一种非制度化的、柔性的和内在的规范。道德是处于同一社会或同一生活环境中的人们在长期的共同生活过程中逐渐积累形成的要求、秩序和理想，它通过社会的道德风尚和个人的道德风范来调节利益关系。

### ❀小知识

**人力资源眼中的道德**

有德有才，破格重用。

有德无才，培养使用。

有才无德，限制录用。

无才无德，坚决不用。

第三，道德是一种实践精神。作为一种实践精神，道德是一种旨在通过把握世界的善恶现象而规范人们的行为，并通过人们的实践活动体现出来的社会意识。具体来说，道德是一种以指导人的行为为目的、以形成人的正确行为方式为内容的精神，在本质上是知行合一的。道德把握世界的方式有自己的独特之处，它不是被动地反映世界，而是从人的需要出发，从特定的价值出发来改造世界；不是简单地再现世界或描述世界，而是对世界进行价值评价和行为选择。道德立足现实而追求理想，并以理想来改造和提升现实。

### ❀小链接

必须加强全社会的思想道德建设，激发人们形成善良的道德意愿、道德情感，培育正确的道德判断和道德责任，提高道德实践能力尤其是自觉践行能力，引导人们向往和追求讲道德、尊道德、守道德的生活，形成向上的力量、向善的力量。

——习近平

## 二、道德的起源与发展

### （一）道德的起源

道德起源问题是伦理学中极为重要的问题，是伦理道德存在的基础。在中外伦理思想史上，各学派对此问题众说纷纭。总体来说，在马克思主义诞生之前，有四种旧伦理学的道德起源学说比较有代表性，即神启论、天赋道德论、动物本能论、情感欲望论。马克思主义的道德起源学说是在旧伦理学道德起源学说之上建立的历史唯物主义道德起源说，此观点与以往伦理学家的论述有一定差异。

1．非马克思主义道德起源说

（1）神启论

此观点认为，道德是上帝（或佛祖、真主）或具有神秘性的“天”通过启示、征兆指示圣人或君主制定出来的，是神意或天意的产物。这是宗教唯心主义和客观唯心主义关于道德起源的观点。孔子认为道德来源于天，是上天把道德交给圣人，由圣人制定出规定，教导人们去遵守。西汉的董仲舒从这一观点出发，提出“王道之三纲可求于天”。他把封建道德纲常神圣化、宗教化，认为触犯封建道德就是违背天意。在西方，古希腊的柏拉图认为，道德是“神的意志决定的”，是神把“善的理念”放进人的灵魂的结果，由于人的灵魂不同，才产生了不同等级的德性。西方中世纪占统治地位的宗教伦理学认为道德根源于“上帝”的启示。基督教教义《旧约》上讲的“摩西十诫”便是“上帝”耶和华对摩西的启示，摩西再把得到启示的教规和诫律传给教民。

## ❊小知识

### 摩西十诫[①]

十诫，是《圣经》记载的上帝（天主）借由以色列的先知和众部族首领摩西（梅瑟）向以色列民族颁布的十条规定。犹太人奉之为生活的准则，也是最初的法律条文。传说是上帝在西奈山的山顶亲自将十诫传达给摩西的，是上帝对以色列人的告诫。上帝将这些话刻在石板上，送给摩西。但是，后来摩西看到族人根本不听从这些诫条，一怒之下将石板摔碎了。上帝又命令摩西再制作新的石板，完成后放在约柜里。以色列人将约柜看作圣物，放在圣殿里，任何人不得随便触摸。后来，石板失传，可能是在公元1世纪罗马军队焚烧耶路撒冷时被毁。但《摩西十诫》作为《圣经》中的基本行为准则流传下来，影响深远。它是以色列人一切立法的基础，也是西方文明核心的道德观。

第一诫　除了上帝，不可有别的神。

第二诫　不可为自己雕刻偶像；也不可作什么形像仿佛上天、下地和地底下、水中的百物。

第三诫　不可妄称耶和华。

第四诫　当记念安息日，守为圣日。

第五诫　当孝敬父母。

第六诫　不可杀人。

第七诫　不可奸淫。

第八诫　不可偷盗。

第九诫　不可作假见证陷害人。

第十诫　不可贪恋人的房屋；也不可贪恋人的妻子、仆婢、牛驴，并他一切所有的。

---

① 参见《圣经》，中国基督教三自爱国运动委员会、中国基督教协会，2008，第72页。

（2）天赋道德论

此观点认为，道德起源于人类的天性或自然本性，即人先天就有道德意识。这是主观唯心者的观点。“天”指与生俱来、生而固有、不待人为的某种渊源。这种观点把道德的起源或者归结为与生俱来的善性，或者归结为先天存在的良心、理念或精神。我国战国时代的孟子认为，人天生就有四种“善端”——恻隐之心、羞恶之心、辞让之心、是非之心，后来扩充为仁、义、礼、智“四德”；而“仁义礼智，非由外铄我也，我固有之也”，“仁义礼智根于心”。明代王守仁继承和发展了孟子道德根源于心的观点，提出所谓“致良知”，在中国伦理思想史上产生重要影响。德国哲学家康德认为，具有普遍道德价值的东西来自人的理性本身的善良意志，善良意志是人与生俱来的受理性支配不以环境为转移的内在机能，道德就是这种善良意志所发出的绝对命令。

**❀小知识**

## “仁义礼智，我固有之”

**【原文】**恻隐之心，人皆有之；羞恶之心，人皆有之；恭敬之心，人皆有之；是非之心，人皆有之。恻隐之心，仁也；羞恶之心，义也；恭敬之心，礼也；是非之心，智也。仁义礼智，非由外铄我也，我固有之也，弗思耳矣。故曰：“求则得之，舍则失之。”

**【译文】**同情心，人人都有；羞耻心，人人都有；恭敬心，人人都有；是非心，人人都有。同情心属于仁；羞耻心属于义；恭敬心属于礼；是非心属于智。这仁义礼智都不是由外在的因素加给我的，而是我本身固有的，只不过平时没有去想它，因而不觉得罢了。所以说：“探求就可以得到，放弃便会失去。”

（3）动物本能论

此观点认为，道德是动物的合群感或社会本能的简单延续和复杂化。其代表性人物有英国生物学家达尔文和俄国伦理学家克鲁泡特金。达尔文在《人类的由来及性选择》一书中认为，道德起源于群居性动物的社会性本能。道德不是人所独有的，一切群居性动物都有道德感。进化论伦理学倡导者、俄国的克鲁泡特金认为，生物进化的过程中，个体之间的利益是互相调合的，彼此之间具有天然的同情心。人类是由动物进化来的，人类社会道德是对动物所“固有的”道德本能和道德情感的继承，甚至善与恶、最高的幸福等观念，也是在进化过程中从动物身上继承来的。

（4）情感欲望论

此观点认为，道德起源于人的某种自然情感或欲望。英国哲学家霍布斯、洛克、边沁、密尔等人都认为快乐和痛苦是善恶道德之本源。功利主义伦理学说创始人边沁提出：“自然把人放在痛苦和快乐这两个最高主子的统治下。只是他们指出我们应该做什么，决定我们将要做什么。正误的标准，因果的联系，都和苦乐分不开的。我们一切言行和思维都受苦乐的制约。”18 世纪法国唯物主义者爱尔维修、霍尔巴赫和 19 世纪德国唯物主义者费尔巴哈都认为，道德是由人的内心苦乐感觉决定的，是从人的欲望中引申出来的。如爱尔维修认为，人是有感觉的动物，人的本性就是趋乐避苦，就是自利、自爱，也就是追求个人的利益和幸福，这是一切道德的根源。费尔巴哈认为，“没有快乐感和不快乐感的地方，也就不会有善恶的区别”。中国近代思想家严复提出，“乐者为善，苦者为恶，所视以定善恶者也”。

上述关于道德起源的诸多观点，要么是主观唯心主义或客观唯心主义的注解，要么是旧唯物主义形而上学的分析，均无法正确揭示道德的起源。

2. 马克思主义的道德起源说

马克思主义认为，道德作为一种社会意识形态，并不是从来就有的。

道德的产生受主客观条件的制约，其客观条件是指人类在社会生活中，由于生产和生活的需要，形成了复杂的社会关系，在这种复杂的社会关系中存在着各种复杂的利益关系和矛盾；其主观条件是指人的意识有了一定程度的发展，开始意识到这种利益关系和矛盾需要加以调整。道德赖以产生的这两个前提条件，都是人们在社会生产劳动过程中获得的，劳动是道德起源的基础。而“物质生活的生产方式制约着整个社会生活、政治生活和精神生活的过程”①，认识和把握道德的起源问题，就要立足于这一实际。

（1）劳动是人类道德起源的第一个历史前提

人区别于动物的根本标志在于人从事的是有意识、有目的、有计划的生产活动——劳动。劳动不仅创造了人本身，创造了社会和社会关系，也创造了道德。

道德萌芽于人类早期劳动和简单的交往。原始社会的人类，由于自然条件恶劣和本身能力低下，不得不以群体活动的方式来谋取物质生活资料，也不得不以平均分享这些物质生活资料的方式来维持群体活动的生存。这样，人们之间客观上便存在着一些简单的交往和关系。由于劳动和交往，促进了语言和思维的发展，为了协调劳动中的行动，交流彼此的感受，保持群体内应有的秩序，从而萌芽了道德。

**❊小知识**

### 劳动在道德起源中的作用

劳动为人成为道德主体创造了自然条件。劳动在人类形成过程中起了决定性作用：人类的祖先类人猿经过长期的劳动实践，才变成能制造工具的人。所以说，劳动为类人猿变成人奠定了自然基础。

---

① 中共中央马克思恩格斯列宁斯大林著作编译局：《马克思恩格斯选集》（第二卷），人民出版社，2012，第 2 页。

劳动为人成为道德主体创造了社会基础。在劳动中，由于恶劣的自然环境和单薄的个人力量，人要生存就必须联合起来，形成相互依赖、相互合作的关系。这种关系使群居的本能升华为人的社会本性，人在劳动中具有了社会性。

劳动为人成为道德主体奠定了观念基础。劳动促进了人的大脑器官的发展，还带动了人的意识发展，从中逐渐萌发出人类最初的语言和意识，这些都为人成为道德主体奠定了观念基础。

（2）社会分工是道德从萌芽到形成的关键性条件

道德形成于社会分工的出现和发展。随着生产的发展，出现了劳动分工。分工使个体劳动在生产过程中的作用提高了，从而逐步意识到个人的存在，自我意识增强了。而社会分工和交换，又加强了劳动者之间的联系和协作，并随之出现个人与个人、个人与整体之间的矛盾。这就必然产生调解这些矛盾的自觉追求，于是逐步产生了维护整体利益的义务观念，产生了义务和权利之类的道德意识。社会分工是道德形成的关键。

（3）私有制和阶级的出现是道德形成的基础

私有制的产生、阶级的出现使道德成为一种独立的意识形态。随着生产力的提高和剩余产品的出现，私有制逐步代替了原始公有制。在此背景下，原有的共同劳动、平均分配食物的原始共产主义局面被打破，体力劳动与脑力劳动开始分工。剥削阶级中的一部分人有可能靠另一部分人提供的剩余产品维持生活，自己不再从事体力劳动而专门从事脑力劳动。他们从本阶级的利益出发，对社会现象进行集中和概括，形成了较系统的道德原则和规范，使道德成为相对独立的意识形态。

可见，道德是人类特有的、在长期的物质生活和社会生活实践中产生和形成的一整套人与人之间的相处之道。其所形成的最基本动因，在于维系人类社会的生产方式和生活秩序，协调各方利益。由此，道德成为阶级冲突的一种调和剂，并在阶级利益冲突的基础上逐渐走向完备化和纯粹化。

**❀小链接**

思想、观念、意识的生产最初是直接与人们的物质活动，与人们的物质交往，与现实生活的语言交织在一起……表现在某一民族的政治、法律、道德、宗教、形而上学等的语言中的精神生产也是这样。

——马克思、恩格斯

### （二）道德发展的历史类型

马克思主义认为，人类道德发展的历史过程是随着社会生产方式的发展而不断进步的，虽然在一定时期可能有停滞或倒退的现象，但它发展的总趋势是向上的、前进的。据此，人类道德发展与人类社会发展的五种基本社会形态相适应，出现了原始社会的道德、奴隶社会的道德、封建社会的道德、资本主义社会的道德、社会主义社会的道德。社会主义社会中的部分先进分子还身体力行共产主义社会的道德。

1．原始社会的道德

在原始社会，生产工具的简陋和生产力水平的低下，迫使人们必须结成集体，共同劳动，相互协作，才能在恶劣的自然环境中生存和发展。个人一旦脱离了集体，其生存和发展的希望就化为泡影。在这样的历史条件下，维护氏族和部落的整体利益，无条件地服从集体利益，成为原始社会最基本的道德原则。因此，在原始人那里，无条件服从集体，既是义务也是权利，这种观念被看作是自然而然的事。在氏族内部，热爱劳动、团结互助、平等民主、勇敢刚毅，成为氏族成员竭力推崇的美德和道德规范。在原始社会里，劳动是每个氏族成员最基本的义务，团结互助是他们生存和发展的重要条件，大家共同劳动、平均分配产品，并特别推崇勇敢刚毅的美德。当时凡是有劳动能力的人，不论男人、女人，都必须尽力劳动；在捕获野兽时，都必须勇敢、刚强，任何偷懒、怯懦都被认为是可耻的。

原始社会的道德，是从当时人类可怜的外部生活条件与低下的思维能力中产生出来的人类幼稚期的道德，因此，这种道德具有朴素性、狭隘性、直观性和权威性等特点。氏族成员不能用准确的概念概括自己的道德准则和规范，只能以情感的、感性的、直观的形式来表达；一切道德要求仅存在于氏族和部落内部的范围内，而部落之间的冲突，不受道德约束，而是用战争和野蛮的残杀来解决；原始社会的道德风俗习惯对人们道德行为的调节具有极大的权威性和外在性，一切争端和纠纷，都由当时的氏族或部落来解决。原始社会的道德也具有两重性，一方面，原始社会由于生产资料共有，没有剥削压迫，形成了维护原始集体主义、热爱劳动、自由平等、团结互助、刚毅勇敢等高尚的美德和风尚；另一方面，由于生产力水平低下，人们刚刚脱离动物界，在道德上还有许多消极的表现，最突出的是氏族复仇、食人之风和血缘群婚。因此，对原始社会的道德，既不能简单地看成是粗野的、残暴的，也不能笼统地说成是理想的、无限美好的，而是要作历史地、具体地分析。

2. 奴隶社会的道德

随着私有制的产生，整个社会逐渐分裂为两大对立的阶级——奴隶主阶级和奴隶阶级。原始社会基本瓦解，进入奴隶社会，这是人类历史上的第一个阶级社会。奴隶主和奴隶之间是剥削与被剥削、压迫与被压迫的关系，从而形成了奴隶主道德和奴隶道德两种对立的道德。

奴隶主道德的主要特征表现在三个方面：一是维护奴隶对奴隶主的绝对屈从和人身依附关系。奴隶主不仅占有全部生产资料，而且占有整个奴隶阶级，还把奴隶当成“有生命的财产”“会说话的工具”，随意奴役、奸淫、买卖、屠杀或作殉葬品。二是鄙视劳动和劳动者。在奴隶主看来，劳动是不光彩的事，劳动人民是最下贱的。他们把一切劳动转嫁到奴隶身上，自己成为不劳而获的剥削阶级，追求贪欲、物欲、情欲，纵情享受。三是强调对奴隶主国家的绝对忠诚。要求所有人必须忠于奴隶主国家，要求奴隶主各阶层的自由人监督和警惕奴隶，同时在战争中要英勇果断，保卫奴隶主国家。四是信奉男尊女卑、男主女从。奴隶主压迫、剥削奴隶的这种阶级关系反映到奴隶主家庭关系中，就产生了男子压迫、奴役妻子女儿的道德。

与奴隶主阶级的道德相反，奴隶阶级不堪忍受奴隶主的残酷虐杀和非人的待遇，在长期斗争和劳动实践中也形成了自己的道德原则和规范。他们反抗奴隶主的虐杀，争取人的自由解放，对奴隶主阶级不劳而获、荒淫无道、卑鄙残暴的行径满怀强烈的道德义愤。为了反抗奴隶主的残暴统治，奴隶们常常怠工、破坏工具、逃跑甚至起义；并在反抗奴隶主的斗争中，形成了顽强勇敢、大公无私、团结互助的高尚品质。随着奴隶社会人际关系的复杂化，道德调节的范围和内容也日益多样化和复杂化。道德在社会生活各个领域发挥的作用愈来愈大，但同时会受到经济、政治、法律和文化等社会因素的制约。

从总体上看，奴隶社会的道德一定程度上克服了原始社会道德的消极成分，成为一种相对独立的社会意识形态，具有很大的进步意义，揭开了人类道德文明史上的崭新一页。但是，由于占主导地位的奴隶主阶级道德以漠视奴隶劳动者的人格尊严为特征，不利于社会生产力的发展，必然为较进步的封建社会道德所代替。

### （三）封建社会的道德

封建社会的生产关系是建立在封建土地所有制和封建地主剥削农民的基础之上的。在封建社会，生产资料为地主阶级所占有，农民没有或只有少量的土地，不得不租种地主的土地。农民在经济上受剥削，政治上受压迫，劳动产品归地主阶级占有，农民阶级和地主阶级有着不可调和的矛盾。

在封建制生产关系基础上产生的封建社会道德，主要包括地主阶级和农民阶级两种对立的道德，地主阶级的道德居于支配地位。

封建社会道德的主要特征表现为：一是维护封建的宗法等级关系，这是其最突出的特征。封建社会的等级秩序是一座“金字塔”。国王或天子是最大的封建主，高踞塔顶，拥有绝对权威。在国王和天子之下，则是由高到低的不同等级。在西欧，国王之下依次有公、侯、伯、子、男五爵；在中国，天子之下依次有诸侯、大夫、士、庶人，官职体系分为九级（从一品到九品）。各等级之间存在着难以逾越的鸿沟，不仅官职、财产、特权有严格规定，就是吃喝穿戴、仪礼、举止、风度、习惯也都有明显的界限。

二是“三纲五常”是中国封建社会最基本的道德规范。“三纲”是指“君为臣纲，父为子纲，夫为妻纲”，要求为臣、为子、为妻的必须绝对服从于君、父、夫，同时要求君、父、夫为臣、子、妻作出表率。为了维护封建宗法等级，封建道德在提出“夫为妻纲”的同时，还要求妻子做到“三从”（未嫁从父，既嫁从夫，夫死从子）“四德”（妇德、妇言、妇容、妇功）。封建地主阶级在宣传“三纲”的同时，还提出“五常”，即仁、义、礼、智、信，是用于调整、规范君臣、父子、兄弟、夫妇、朋友等人伦关系的行为准则。

### ❊小知识

#### 三从四德

“三从四德”是中国古代社会为维护父权制家庭的稳定、父权—夫权家庭（族）的利益，根据“内外有别”“男尊女卑”的原则，由儒家礼教对妇女的一生在道德、行为、修养方面进行规范要求。它是“三从”和“四德”的合称。所谓“三从”，是指女子未嫁从父、既嫁从夫、夫死从子。意思是说女孩子在未出嫁之前要听从家长的教诲，不要胡乱反驳长辈的意见；出嫁之后，要礼从夫君，与丈夫一同持家执业、孝敬长辈、教育幼小；如果夫君不幸先己而去，就要坚持好自己的本分，想办法抚养孩子长大成人，并尊重子女的生活理念。所谓“四德”，是指妇德、妇言、妇容、妇功，即做女子的，要品行端正，行己有耻；要择词而论，不道恶语；要稳重持礼，不轻浮随便；要有治家之道，相夫教子，勤俭节约。不可否认，“三从四德”作为古代社会普遍认可的女性行为规范，产生于特定时代的某些需要，确实包含了对女性的束缚和压迫，但并不完全是糟粕，其中的一些要求在现代仍然适用，需要客观辩证地看待。

三是道德进一步政治化、宗教化、规范化、理论化。中国封建地主阶级在加强王道统治的同时，历来十分重视道德的作用，并竭力把道德与政治融为一体，力求政治道德化、道德政治化，从而使他们的政治披上道德的外衣，赋予他们的道德以政治的地位和法律的权威。古代思想家的伦理学著作，也竭力把道德与政治、哲学结合起来，从各方面探讨他们的道德理论、道德原则和规范，使其成为完备的理论体系，使封建道德进一步规范化、理论化、系统化。同时，他们把道德与“天人感应”“天人合一”的神学目的论及宗教结合起来，以此来论证封建道德的合理性、神秘性和永恒性。如汉代董仲舒在《春秋繁露·基义》中提出，“王道之三纲，可求于天”，把封建道德直接说成“天”的意志。

在封建社会，同地主阶级道德相对立的还有农民阶级的道德。它是农民阶级政治经济地位和阶级利益的反映，是在长期反抗地主阶级压迫和剥削的斗争中形成的。农民阶级是劳动阶级，在封建社会中受到地主阶级的残酷剥削和压迫，农民阶级道德的基本原则是要求社会平等。农民起义提出“等贵贱、均贫富”“天下一家，共享太平”“无处不均匀，无人不饱暖”等口号，反映了他们反抗封建宗法制度、要求社会平等的强烈愿望。与此同时，热爱劳动，勤俭节约，反对不劳而获和奢侈浪费，是农民阶级道德的又一基本原则。由于农民阶级不是新的生产力的代表，本身又是小私有者，因此在道德上存在保守性、隐私性，绝对平均主义、散漫、保守和革命的不彻底性等消极因素。由于农民本身也处于宗法关系中，因而家长制、重男轻女、男尊女卑、男主女从等观念也有不同程度的表现。

总体来说，封建社会的道德相对于奴隶社会的道德有一定的进步性，表现在地主阶级多少承认了劳动者的人身自由、农民敢于提出平等要求等方面。但是，封建道德提倡的等级制、家长制、愚忠愚孝、安于现状、听天由命等思想，像链条一样严重束缚了人的自我意识和个性的发展，严重阻碍了社会生产力的发展及整个社会的发展进步。

### （四）资本主义社会的道德

资本主义生产方式①造就了资产阶级和无产阶级两大对立的阶级，也产生了资产阶级和无产阶级两种对立的道德。占统治地位的是资产阶级道德，无产阶级道德则作为一种全新的道德形态产生出来。

在资本主义社会，实行生产资料私有制，资产阶级占有全部生产资料，并以剩余价值形式最大限度地剥削无产阶级的劳动。因此，个人主义和利己主义成为资产阶级的道德原则。这个原则在资本主义制度下得到了最充分的发展，并在实践中表现为唯利是图、尔虞我诈、损公肥私、损人利己等。

**❊小知识**

### 马克思对资本的描述

马克思在《资本论》一书中指出：“资本害怕没有利润或利润太少，就像自然界害怕真空一样。一旦有适当的利润，资本就胆大起来。如果有

① 资本主义生产方式是指以生产资料的资本主义私有制为基础的、建立在机器大工业技术基础上的资本剥削雇佣劳动的生产方式，其基本矛盾是生产资料的私人占有制与生产社会化之间的矛盾。

10%的利润，它就保证到处被使用；有20%的利润，它就活跃起来；有50%的利润，它就铤而走险；为了100%的利润，它就敢践踏一切人间法律；有300%的利润，它就敢犯任何罪行，甚至冒绞首的危险。”

与资本主义商品经济及个人主义道德原则相联系，拜金主义、金钱万能成为资本主义社会占统治地位的主要道德规范。在资本主义社会，人与人之间的关系是赤裸裸的金钱关系，甚至连家庭关系也变成了金钱关系。在资产阶级看来，世界上没有一种东西不是为了金钱而存在，金钱高于一切，金钱万能，金钱是衡量一切是非善恶的标准，金钱能使恶行变成美德。正如莎士比亚在《雅典的泰门》一书中所描述的：“金子！黄黄的，发光的，宝贵的金子！……只一点点儿，就可以使黑的变成白的，丑的变成美的，错的变成对的，卑贱变成尊贵，老人变成少年，懦夫变成勇士。”

**❀小链接**

英国资产者对自己的工人是否挨饿，是毫不在乎的，只要他自己能赚钱就行。一切生活关系都以能否赚钱来衡量，凡是不赚钱的都是蠢事，都不切实际，都是幻想。

——恩格斯

针对封建社会对个人的压抑，资产阶级还提出“自由、平等、博爱”的口号，并把它作为资产阶级道德的外在表现形式。“自由、平等、博爱”的提出，肯定了人生而自由，否定了人身依附关系；肯定了人的平等，否定了等级、特权；肯定了博爱，否定了把人不当人的非人道主义，在人类道德发展史上是一个巨大的革新。但也应看到，资产阶级的自由、平等、博爱，实际上是为资产阶级利益服务的，本质上是个人主义、利己主义的，具有一定的局限性和虚伪性。

在资本主义社会，与资产阶级道德相对立，还存在着无产阶级道德。这种道德是建立在现代化大生产基础之上、在反对资产阶级的斗争中逐步发展起来的一种崭新的、革命的道德。推翻资产阶级统治，消灭剥削和阶级差别，维护无产阶级利益，成为无产阶级的最高理想和道德追求。无产阶级道德以集体主义为原则，并在同资产阶级的斗争中形成了大公无私、英勇斗争、团结互助、不怕牺牲、遵守纪律、公正诚实等优良道德品质。无产阶级道德作为共产主义道德的初级形式，必将随着无产阶级革命斗争的胜利，进一步发展成为社会主义道德乃至共产主义道德。

### （五）社会主义社会的道德

作为人类道德发展史上的一种崭新类型的道德，社会主义社会的道德根源于无产阶级的阶级地位和经济条件，反映了无产阶级和劳动人民的根本利益，它以马克思主义为指导，并在批判继承人类道德传统的基础上，随着社会的进步和实践的发展而与时俱进。社会主义社会确立了社会主义制度，消灭了剥削制度和剥削阶级，建立了以生产资料公有制为主体的经济制度，人与人之间的关系不再是阶级对立的关系，而是平等友爱、互助合作的关系。所有这些都为社会主义道德、共产主义道德的进一步发展开辟了广阔的前景；反映到道德领域就是要坚持集体主义，反对个人主义，正确处理国家、社会和个人之间的关系。因此，社会主义社会的道德以全心全意为人民服务为核心，以集体主义为原则，这既是无产阶级阶级本质的体现，是无产阶级评价人们行为有道德的最根本的标准，也是社会主义道德和共产主义道德区别于一切旧道德的最显著标志。

“在社会主义条件下，生产资料公有制的确立，为共产主义道德的传播奠定了坚实的物质基础。由于广大人民群众在根本利益上的一致，并且具有共同的理想和奋斗目标，客观上要求有一种共同的道德和纪律，这使共产主义道德开始从阶级道德向整个社会道德转化。”① 我国正处于并将长期处于社会主义初级阶段，受社会主义市场经济的影响，道德领域的情况错综复杂且问题丛生，但在社会上占主导地位的道德应是社会主义道德和共产主义道德，这是适应社会主义经济基础的上层建筑，并与社会主义的经济、政治、文化状况相适应。因此，我国的道德建设应以培育和践行社会主义核心价值观为统领，构建中华传统美德传承体系，弘扬民族精神和时代精神，铸牢理想信念根基，为凝聚全体人民奋进新征程、实现中华民族伟大复兴的中国梦和第二个百年奋斗目标提供强大精神力量和有力道德支撑。特别是中国特色社会主义进入新时代，对公民道德建设提出新的更高要求，爱国守法、明礼诚信、团结友善、勤俭自强、敬业奉献成为新时代公民的基本道德规范，并把加强社会公德、职业道德、家庭美德和个人品德建设作为着力点，注重道德教育引导和实践养成，推动全民族道德素质和社会文明程度达到一个新高度。随着人类道德实践的不断深入，还会不断出现新的公序良俗，社会主义道德反映的是民心所向、民意所趋，必将推动社会主义道德建设继续前进。

共产主义道德作为社会主义社会道德的最高要求，表现为要有崇高的共产主义理想，一切要为人民的利益和幸福着想，始终站在时代潮流的前面，公而忘私且要勇于献身，为实现共产主义奋斗终生。共产主义道德要成为全体社会成员普遍奉行的道德准则，需要经历一个漫长的历史过程。到共产主义社会，随着阶级的消亡和国家的消亡，道德的阶级性也随之消亡。共产主义道德不再为哪个阶级服务，而是转化为全民道德，着力培育品德高尚、大公无私、全面发展的共产主义新人。

---

① 张治江：《立德铸魂：新时代公民道德建设》，东方出版社，2019，第 23 页。

## 三、道德的功能与作用

道德作为人类社会生活发展到一定阶段的必然产物，源于人的社会生活需要，又服务于人的社会生活需要。道德在人类社会中具有特别重要的地位，具有特殊的功能和作用。

### （一）道德的功能

什么是道德的功能？它是指道德作为社会意识的特殊形态对于社会发展所具有的功效与能力。道德的功能是多样的，也是多层次的。在道德的功能系统中，最基本的功能主要有认识功能、规范功能和调节功能，此外还有激励功能、教育功能等。

1．道德的认识功能

道德的认识功能，是指道德反映社会现实，特别是反映社会经济关系的功效与能力，是人们认识和反映社会状况以及人与人之间关系的一种方式。其立足点是解决一个“知”的问题。道德往往运用善恶、荣辱、义务、良心等范畴，反映人类的道德实践活动和道德关系，从中揭示社会道德发展的趋势，为人们的行为选择提供指南。

良好的道德修养，不是与生俱来的，而是学校、家庭、社会长期教育的结果。人们正是借助道德认识自己对他人、家庭、社会的道德义务和责任，使自己的道德选择建立在明辨善恶的道德认识基础上，从而正确选择自己的道德行为，积极塑造自身的良好道德品质。

**❊小知识**

**弃恶从善小故事**

《珠海特区报》曾报道这样一个事例：一个年轻人发现自己的自行车丢

失后，一怒之下在车棚里偷了一辆新车。当他骑车到家门口，却发现装有1000 多元的钱包忘在了车棚，于是又骑车回去找。当他来到车棚，看见一个 20 多岁的女孩正拿着自己的钱包等在车棚，经证实后女孩把钱包还给了他。

女孩对他说："我的车被人偷了，身上没带钱，你能不能先借我 2 元钱坐车，然后告诉我地址，我明天还给你。"听了这话，偷车人脸一红，慌乱地向后一指说："我刚才看到那边有辆自行车，也许是你的吧。"说完，撒腿就跑。那一刻，用他自己的话说："真希望天上响个炸雷，将自己肮脏的灵魂炸个彻底。"他发誓：今生绝不再做亏心事。

从这个故事中可以看到：正是这个女孩高尚的道德行为，挽救了一个险些变坏的灵魂。由此可见，道德是可以帮助一个人弃恶从善的。道德是引导人们追求至善的良师。

2. 道德的规范功能

道德的规范功能，是指在正确善恶观的指引下，规范社会成员在社会公共领域、职业领域、家庭领域的行为，并规范个人品德的养成，引导并促进人们崇德向善，也就是教人们如何做一个好人。如爱岗敬业、诚实守信，遵纪守法、爱护公物，尊老爱幼、男女平等。道德和法律一样，都是通过规范人的行为发挥作用。

**❀小知识**

## 赵春梅——柔肩撑起一片天

河北青县马厂镇陈缺屯村的赵春梅是一个柔弱的女人，命运苛待了她。在她婚后的第三年，丈夫患病瘫痪在床。面对瘫痪的丈夫、年迈的婆婆和年幼的孩子，悲痛的赵春梅依然用她那柔弱的肩膀挑起了家庭的重担。祸不单行，几年后，赵春梅的小叔子也患上了同样不明原因的奇怪病症，瘫痪在床，生活不能自理。赵春梅又默默地承担起了照顾小叔子的任务。为了避免瘫痪在床的丈夫和小叔子生褥疮，赵春梅每天给他俩按摩、擦拭身体，几天换一次被褥床单。在随后的几年里，年迈的公公和婆婆相继患上了脑栓塞也瘫痪在床。一个柔弱的女人既要照顾瘫痪在床的公婆、丈夫和小叔子，抚养年幼的孩子，还要为了维持生计，耕种家里的农田。赵春梅用自己柔弱的双肩撑起了这个多灾多难的家。三十年来始终不离不弃照顾瘫痪的丈夫，二十多年如一日伺候生活不能自理的小叔子，十几年精心照顾瘫痪的公婆，善良贤淑的赵春梅用大爱诠释了人间真情，用坚韧为自己的家庭带来阳光，也用道德的力量感动了中国，荣登“中国好人榜”。

3. 道德的调节功能

道德的调节功能，是指道德通过评价等方式，指导和纠正人们的行为和实践活动，协调社会关系和人际关系的功效与能力。其立足点是解决一个“行”的问题。

道德是社会矛盾的调节器。一个人生活在社会中，总要和同类发生这样或那样的关系，并不可避免地会产生各种矛盾。在非对抗性的矛盾范围内，就需要道德加以调节，也就是通过社会舆论、传统习俗、内心信念等特有形式，依据善恶标准，使人们择其善者而从之、其不善者而改之，从而使个人、社会与他人的关系逐步完善和谐。

### ❊小链接

人与人之间，各自追求自己的利益，往往发生矛盾冲突。如果人与人之间的矛盾冲突过于激烈，毫无调和之余地，势必同归于尽。为了保持社会生活的继续存在，必须对于个人利益的冲突加以调节，使人与人之间遵守一定的行为准则，这类准则即是道德。道德是调节社会中人与人之间关系的基本准则。

——张岱年

在社会生活中，道德的调节功能并不是孤立进行的，而是和其他社会调节手段密切配合、共同发挥调节作用的。与法律调节相比，道德调节具有多层次性，下面这段话道出了从底线道德到道德理想之间的层次和递进。

大公无私是圣人，公而忘私是贤人；

先公后私是善人，公私兼顾是常人；

私字当头是小人，假公济私是痞人；

以公肥私是坏人，徇私枉法是罪人。

可见，道德调节具有多层次性，不能用一个标准要求所有的社会成员，而是要倡导积极的，支持有益的，允许无害的，改造落后的，抵制腐朽的。正是这种区分度和层次性，道德作为调节手段与法律相比具有更大的灵活性。

4．道德的激励功能

道德的激励功能，是指道德具有激发人们向善的内在积极性，能促使人们自我肯定、自我发展和自我完善，促使社会关系进一步符合人性化的功能。道德激励功能的实现分为两个方面：一是通过道德理想、道德榜样、道德评价等外在诱因，激励人们向往、追求并力图实现道德人格的完美；二是通过人们对自己道德上的成就感、认同感、尊严感和荣誉感的激励，从内心获得价值认同和情感上的满足而进行的自我激励。周恩来总理青年时代曾写道：“荣誉感可使‘有为之士益奋其勇气，以求闻达；不法之徒，思考其过失，以补前愆’。”① 这句话揭示了荣誉感的自我激励作用。道德激励通过自我评价和社会评价的方式，激发人们的道德信念、道德情感，

① 吕俊华：《自尊论》，上海文化出版社，1998，第103页。

促使人们形成一定的道德信念与道德习惯，进而坚定地追求和选择善的行为。

5. 道德的教育功能

道德的教育功能，是指道德通过评价、命令、指导、示范等方式和途径，造成社会舆论，形成社会风尚，树立道德榜样，塑造理想人格，以培养人们的道德观念、道德情感和道德品质。道德教育不同于道德说教，不能把社会成员分为教育者和被教育者。在道德教育中，每个人既是教育者又是被教育者，教育者本身也要受教育，没有一个人是只教育别人而自己不需要接受教育的。道德教育强调把对人的严格要求和对人的个性、愿望的尊重相结合，唤起受教育者完善自己和改造社会的热情，使其自觉将外在的道德知识变为内在的道德情感和道德观念，把社会的客观要求变为自己的内在欲求。道德教育的目标，是使受教育者成为道德纯洁、理想高尚的人。

### （二）道德的作用

道德的作用，是指道德的认识、规范、调节、激励、教育等功能的发挥和实现所产生的社会影响及实际效果。“国无德不兴，人无德不立”，讲的就是道德对一个国家、一个民族、一个社会，乃至每一个人的发展、进步所具有的重要价值和意义。

**❊小知识**

**习近平关于国无德不兴、人无德不立的论述**

国无德不兴。如果一个民族、一个国家没有共同的核心价值观，莫衷一是，行无依归，那这个民族、这个国家就无法前进。

人无德不立。人而无德，行之不远。没有良好的道德品质和思想修养，即使有丰富的知识、高深的学问，也难成大器。

在道德作用问题上，有两种极端的观点，即“道德万能论”和“道德无用论”。“道德万能论”片面夸大道德的作用，认为道德决定一切、高于一切、支配一切，只要人们的道德水平提高了，一切社会问题都可以迎刃而解。这种理论认为，社会的更迭、国家的兴亡、人生的祸福等，都取决于道德。道德教化是医治社会百病的灵丹妙药，把社会进步的希望完全寄托在人的道德本身。比如，欧洲 19 世纪的空想社会主义者就夸大了道德的作用，他们试图用道德手段、爱的说教劝富人仁慈，为社会作出牺牲，劝穷人要忍让，在物质利益上知足，空想爱能够化干戈为玉帛，使阶级对抗的社会得以改造。这种观点的根本错误在于，颠倒了社会存在和社会意识、经济基础和上层建筑的决定与被决定的关系，否定了物质资料的生产方式在社会发展中的决定作用。事实上，无论是古代社会，还是现代社会，道德都不是社会历史发展的最终决定因素。另一种是“道德无用论”，该观点贬低甚至完全否定道德的社会作用，或者通过强调非道德因素的作用来否定道德的积极作用。比如，中国先秦的商鞅就认为，道德不但无益反而有害，他把礼乐、诗书、修善、孝悌、诚信、仁义、贞廉、非兵和羞战统称为“六虱”，认为应该统统毁灭。19 世纪末德国哲学家尼采的超人哲学鼓吹权力意志决定论，认为道德在弱肉强食面前是无能为力、完全无用的，至多也不过是弱者为了反对强者而提出的借口而已。道德无用论的根本错误在于，忽视了道德作为上层建筑的重要组成部分对经济基础和生产力发展有一定的反作用。

在马克思主义看来，道德作为维系社会稳定、促进国家发展的重要因素，对巩固特定社会的经济基础和上层建筑具有不可替代的重要作用。在阶级社会中，道德还是阶级斗争的重要工具。

### ❊小链接

大凡一个国家所以能够强盛的原故，起初的时候都是由武力的发展，继之以种种文化的发扬，便能成功。但是要维持民族和国家的长久地位，还有道德问题，有了很好的道德，国家才能长治久安。

——孙中山

同时，道德也是影响社会生产力发展的一种重要精神力量，是提高人的精神境界、促进人的自我完善、推动人的全面发展的内在动力。几千年来，面对自然灾害、外敌入侵等种种巨大的灾难，中华民族从来没有动摇过战胜困难的意志和决心，迎难而上、团结互助、战胜强敌的精神正是道德作用的集中体现。所以，道德是人类文明的结晶，是时代进步的标尺，更是支撑个人、社会、国家进步的精神力量。

### ❊小链接

人无精神则不立，国无精神则不强。唯有精神上站得住、站得稳，一个民族才能在历史洪流中屹立不倒、挺立潮头。同困难作斗争，是物质的角力，也是精神的对垒。伟大抗疫精神，同中华民族长期形成的特质禀赋和文化基因一脉相承，是爱国主义、集体主义、社会主义精神的传承和发展，是中国精神的生动诠释，丰富了民族精神和时代精神的内涵。我们要在全社会大力弘扬伟大抗疫精神，使之转化为全面建设社会主义现代化国家、实现中华民族伟大复兴的强大力量。

——习近平

道德发挥作用的性质与社会发展的不同历史阶段相联系，由道德所反映的经济基础、所代表的阶级利益决定。只有反映先进生产力发展要求和先进阶级利益的道德，才会对社会的发展和人的素质的提高产生积极的推动作用，否则，就不利于甚至阻碍社会的发展和人的素质的提高。总之，道德的力量是广泛的、持久的、深入的，既深刻地影响着人们的意志、行为和品格，也深刻影响着社会的存在和发展。

# 第二章　中国传统道德的历史考察

我国历来重视道德、崇尚修德，素以礼仪之邦、文明古国著称于世，并在五千多年的文明演进中孕育形成了独具民族特色的中国传统道德。作为凝聚民族精神、民族之魂的一个重要组成部分，中国传统道德在中华民族的文明发展中起着十分重要的作用，对中华民族的生存和发展意义重大，影响深远。中国传统道德是如何发展演进的？有哪些内容流传千年、影响至今？今天应如何认识和对待中国传统道德？本章将对这些问题作一简要梳理。

## 一、中国传统道德的形成与发展

所谓传统道德，是历史上不同时代人们的行为方式、风俗习惯、价值观念和文化心理的集中体现，是对道德实践经验的提炼总结。中国传统道德是指从原始社会末期至清朝灭亡，中华民族在长期社会实践中形成的一切处理人际关系和指导人们实践活动的伦理道德思想和行为规范的总和，它是以儒家道德为主体，兼收墨、道、法、佛各家思想的一整套较完备的伦理道德体系。在漫长的人类历史长河中，中国传统道德的形成与发展大致可划分为以下几个阶段。

第一阶段：原始社会末期，是中国传统道德的萌芽时期。根据现有资料推断，中国传统道德最早起源于原始社会末期的尧舜时代。《尚书·尧典》中就有“克明俊德，以亲九族。九族既睦，平章百姓。百姓昭明，协和万邦”的记载，说的是家庭、家族和政治伦理。到了舜的时代，“父义、母慈、兄友、弟共（恭）、子孝”的“五教”思想被提出来，这可以说是家庭伦理的最早提法。①

第二阶段，夏商周时期，是中国传统道德的初步发展时期。夏朝是中国历史上第一个有文字记载的王朝，早在夏朝时期的文献《夏书》中就提到了德性思想，强调君主的德行和品德，并把道德高尚的人视为社会的楷模和榜样；同时把孝道也视为德性的一种，认为孝敬父母是维护家庭和睦和社会稳定的重要因素。在殷墟的甲骨文字里还有“礼”“德”“孝”等文字，这说明商代就已有体系性道德规范。西周时期，统治阶级十分重视孝、友等道德规范，把孝于父母、友于兄弟看得十分重要，同时也倡导“六德”（知、仁、圣、义、忠、和），初步形成了以德摄政的伦理道德思想体系。中国古代的德治思想发端于西周，周公姬旦辅助周成王当政时提出了“以德配天”“明德慎罚”的治国基本策略，确立了德刑结合的治国理念，对后世儒学“德主刑辅”思想产生了极大影响。

第三阶段，春秋战国时期，是中国传统道德的成形时期。春秋战国时期，我国社会制度发生变革，由奴隶制向封建制过渡，代表各派社会势力的伦理道德思想家纷纷登场，阐述自己的伦理主张和道德思想，形成诸子百家争鸣的繁荣昌盛局面。其中，以儒家、墨家、道家、法家的道德学说最具代表性。

---

① 参见吴奕新《当代中国道德建设研究》，中国社会科学出版社，2003，第30页。

儒家学派的创始人孔子崇周礼，重德教，又推陈出新，对传统奴隶制时代的“周礼”进行根本性改造，确立了以“仁”为核心的道德规范体系，即把“仁”作为最高的道德境界，将“孝”“悌”“礼”“信”等德目置于其下，形成了中国最早的道德学说。他还对亲亲、尊尊的伦理秩序进行了规范，提出“仁者，人也，亲亲为大。义者，宜也，尊贤为大”①，进一步规定了道德的基本规范“仁”与“义”。这一学说为即将登上政治舞台的新兴地主阶级提供了最适合的统治思想工具。到战国时期，孟子继承和发展了孔子的道德学说，在提倡“仁”的同时还特别强调“义”。他提出“四德”，即仁、义、礼、智；提出“五伦”，即“父子有亲，君臣有义，夫妇有别，长幼有序，朋友有信”②；提出所谓“十义”：“父慈，子孝，兄良，弟悌，夫义，妇听，长惠，幼顺，君仁，臣忠，十者谓之人义。”③ 集孔孟之大成者的荀子崇尚礼法、重仁义，开启了以后两千年的纲常名教，使儒家道德规范得到系统全面的理论阐释。他主张“隆礼”“重法”，“尚贤使能”“赏功罚罪”，“强国”“富国”；同时提出“性恶论”，以说明“礼”“法”兼施的合理性。

### ❊小知识

## 孔子的仁学思想

孔子（前551—前479），名丘，字仲尼，是我国古代伟大的思想家、教育家、政治家，中国传统伦理思想的奠基人，儒家学派的创始人。他出生在“周礼尽在鲁”的鲁国，活跃于春秋末期，自幼因好学“知礼”而闻名于世，被后世统治者尊为孔圣人、至圣先师、万世师表。孔子道德教育的主要内容是礼和仁，其中礼为道德规范，仁为最高道德准则。礼是仁的

---

① 《中庸·第二十章》。
② 《孟子·滕文公上》。
③ 《礼记·礼运》。

形式，仁是礼的内容，有了仁的精神，礼才真正充实。在道德修养方面，他提出树立志向、克己、践履躬行、内省、勇于改过等方法。孔子“仁”的主张是“仁者爱人”，要求统治阶级体察民情，反对苛政。孔子认为，要实现“爱人”，还要遵循“忠恕”之道，就是“己所不欲，勿施于人”的要求。“礼”的主张是克己复礼，就是说要克制自己，使自己符合“礼”的要求，孔子追求的“礼”是西周的等级名分制度。孔子在《论语》中提出了很多道德规范，最重要的是仁。用仁改造礼，使“仁政”与“礼政”贯通起来，这一做法丰富了传统礼制的历史内涵，为新兴地主阶级提供了最适合的统治思想工具，这是孔子最大的历史功绩。

墨家学派的创始人墨子主张“兼爱”“非攻”，倡导人与人之间应该相互关爱，反对侵略战争。他认为，人与人之间的不相爱是导致社会混乱和冲突的根源，提倡“兼相爱，交相利”，要求人们平等互爱，以“视人之国若视其国，视人之家若视其家，视人之身若视其身”① 为原则，视人如己，兴天下之大利，除天下之大害，社会上就没有强凌弱、贵傲贱、智诈愚和各国之间互相攻伐的现象了。正所谓“诸侯相爱，则不野战。家主相爱，则不相篡。人与人相爱，则不相贼……贵不傲贱，诈不欺愚”②。他对统治者发动战争带来的祸害以及平常礼俗上的奢侈佚乐，都进行了尖锐的揭露和批判，提出“节用”“节葬”“非乐”等主张，反对奢侈，主张厉行节约、节葬短丧、废除音乐，也反对以大欺小、恃强凌弱的非正义战争，倡导用和平方式解决争端。在用人原则上，墨子提出“尚贤”“尚同”的政治思想，主张“官无常贵，而民无终贱，有能则举之，无能则下之”③，从天子、诸侯国君到各级正长，都要“选择天下之贤可者”来充当；而人民则

---

① 《墨子·兼爱中》。
② 《墨子·兼爱中》。
③ 《墨子·尚贤上》。

要服从君上，做到“一同天下之义”。他还强调信守承诺是为人处世的行为准则，倡导言行一致，“言必信，行必果”；指出“四行”是修身的基本准则，即“贫则见廉，富则见义，生则见爱，死则见哀”[①]，认为修身要从贫、富、生、死四个方面做起，将圣人作为人格榜样并积极主动向圣人学习，以提高自身的道德素质。

道家学派的创始人老子主张“无为而治”，道法自然，追求人与自然和谐相处。其核心思想是“道”，认为“道”是宇宙万物的本原，也是宇宙万物赖以生存的依据，强调人们在思想、行为上应效法“道”的“生而不有，为而不恃，长而不宰”；政治上主张“无为而治”，“不尚贤，使民不争”，强调以无为实现无不为，尊重客观规律，守朴去智，反对“权谋智诈”的官德言行，认为“以智治国，国之贼；不以智治国，国之福”[②]，“我无为，而民自化；我好静，而民自正；我无事，而民自富；我无欲，而民自朴”[③]；伦理上主张“绝仁弃义”，认为“夫礼者，忠信之薄，而乱之首”[④]，这与儒墨之说形成明显对立。

道家学说的另一位代表人物是庄子，与老子并称为“老庄”，主张顺从天道、摒弃人为，即一切应顺应自然，不要过多地人为干预，“安时则处顺”，“知其不可奈何而安之若命”[⑤]，并在政治上主张无为而治，反对一切社会制度，摒弃一切文化知识，认为人生的最高境界是逍遥自得，是绝对的精神自由。总之，道家思想崇尚自然，有辩证法的因素和无神论的倾向，同时主张清静无为，反对斗争，以无为达到无所不为，这些思想都为后世留下了宝贵的精神财富。

法家的主要代表人物是春秋时期的管仲和战国时期的商鞅、韩非。管

---

① 《墨子·修身》。
② 《道德经》。
③ 《道德经》。
④ 《道德经》。
⑤ 《庄子·人间世》。

仲被誉为法家先驱，主张法治，全国上下不管贵贱都要守法，赏罚功过都要依法办事；重视经济发展，强调“仓廪实而知礼节，衣食足而知荣辱”①，认为国家能否安定，人民能否守法，都与经济是否发展密切相关；强调“天道”与“民道”统一，以民为本，制定法律要顺民心；提出著名的“四维”说，以“礼、义、廉、耻”为治国之四大纲维，推行道德教化。

商鞅讲法，著有《商君书》，提出“定分”“立禁”，认识到法律产生与权利保护的关系；主张“缘法而治”，以“法”代“礼”，反复告诫国君“不可须臾忘于法”，因为法有“定分止争”和“兴功禁暴”的作用，并改“法”为“律”，要求全国上下都要学习法律；提出“刑无等级”“不赦不宥”的法律适用平等思想，反对“刑不上大夫”的旧传统，强调在行赏施罚时要做到“不失疏远，不违亲近”，有功必赏，有罪必罚。

韩非（又称韩非子）是先秦法家思想的集大成者，提出君主专制中央集权的理论；著有《韩非子》一书，集法家之大成，主张法、术、势三者并用，以达到强权富国的目标。他主张“事在四方，要在中央。圣人执要，四方来效”②，国家的大权，要集中在君主（“圣人”）一人手里，君主必须有权有势，才能治理天下；认为法是由国家来编订，让官府来具体实施，并让老百姓周知和遵守的规范，要“以法为本”，“以法为教”，约束民众，并严格执法，任何人不能例外，做到“法不阿贵，绳不绕曲”“刑过不避大臣，赏善不遗匹夫”③；认为“奉法者强，则国强；奉法者弱，则国弱”④，把“法”视为衡量一个国家强弱的标志，要求“君明而笃行之”；强调“术”，认为“术者，因任而授官，循名而责实，操杀生之柄，课群臣之能者也”⑤，把“术”看作君主统治的手段和策略；提出统治者要“法势合

① 《史记·管晏列传》。
② 《韩非子·扬权》。
③ 《韩非子·有度》。
④ 《韩非子·有度》。
⑤ 《韩非子·定法》。

一”，必须同时兼备两种权威，即制订“法的权威”与实施“法的权威”，以达到“抱法处势则治”的境界。此外，在《韩非子·忠孝》中还出现“臣事君、子事父、妻事夫”的提法，这是对封建“三纲”内容的阐释，表明中国传统道德的核心内容“三纲五常”在先秦已具雏形。韩非子将商鞅的“法”、申不害的“术”、慎到的“势”三者融为一体，形成了一整套的法治理论，对秦汉以后中国封建统治制度的建立产生了重大影响。

第四阶段：秦汉隋唐时期，是中国传统道德的成熟时期。从秦汉开始，经魏晋南北朝到隋唐，是我国封建社会从建立走向鼎盛的时期，也是中国传统伦理道德思想的发展成熟阶段。西汉董仲舒明确提出“三纲五常”的道德规范，把仁、义、礼、智、信列为“五常之道”，并与“君为臣纲、父为子纲、夫为妻纲”一起，作为封建道德的核心内容。以“三纲五常”为核心的儒家道德思想，成为中国封建社会处理人与人之间关系最基本的道德原则和规范。魏晋时期，魏晋玄学思潮出现，崇尚老庄之学，在反对“仁义礼教”、否定“三纲五常”的同时，又推崇自然人性、倡导任其自为的人生观。南北朝开始，佛学流行，主张人生苦海无边，宣扬善恶因果、灵魂三世轮回等教义，主张过一种禁欲主义的人生。隋唐时期儒学复兴，隋代大儒王通主张明王道、行仁政，提出“民贵君轻”，还主张儒、释、道三教合一，成为理学思想的先驱者。唐代韩愈主张恢复儒家的“道统”，提出“文以载道”，要求世人遵循儒家学说代表的先王之道。其追随者李翱又进一步提出“复性论”，认为“性善情恶”，人性本来是善的，但由于接触恶而产生情，必须摒除七情六欲才能恢复自己善的本性，这开启了宋明理学思想之先河。柳宗元则以儒家思想为标准，主张儒释一统，融会贯通，竭力寻求儒佛之间的相通之处。他们的思想为宋明时期道德的发展作了重要的历史铺垫。

第五阶段：宋元明清时期，是中国传统道德进一步完善与转型时期。宋明时期，宋明理学的创立，标志着中国传统伦理道德思想的进一步完善。

宋明理学不仅继承了孔孟之道的儒家道德，而且还糅合了佛学、玄学思想中的一些合理因素，形成了以“理”或“天理”为核心的观念体系，并将“天理”与“人欲”对立，主张“存天理，灭人欲”，是一种能治理国家的新儒学。宋明理学开创于北宋的周敦颐，形成于北宋的程颢、程颐兄弟，集大成于南宋的朱熹；其主要流派是程朱理学和陆王心学。

周敦颐，北宋著名哲学家、文学家、教育家，宋朝儒家理学思想的开山鼻祖，他与邵雍、张载、程颢、程颐号称“北宋五子”。周敦颐的理学著作《太极图说》是理学思想的奠基之作。他提出的无极、太极、阴阳、五行、动静、主静、至诚、无欲、顺化等理学基本概念，被后世理学家反复讨论和发挥，构成了理学范畴体系中的重要内容。其对宋明理学最主要的贡献在于恢复了儒家自孔孟以来中断近千年的所谓“道统”，同时大胆援引佛道，开创了重要的理学方法论，对后世的儒学发展起到了巨大的推动作用。上承孔孟，下启程朱，周敦颐的思想连接起中国古代千年思辨，开启了一代学术思潮，在中国思想史上占有重要地位并产生深远影响。

**小知识**

## 张载的“横渠四句”

张载（1020—1077），字子厚，北宋思想家、哲学家和教育家，理学创始人之一，关学的开创者。祖籍大梁（今河南开封），侨居郿县（今陕西宝鸡眉县）横渠镇，著书讲学，传道授业，“为关中士人宗师”，世称“横渠先生”，有《正蒙》《横渠易说》等著述传世。其在《横渠语录》中的“为天地立心，为生民立命，为往圣继绝学，为万世开太平”名言被哲学家冯友兰称作“横渠四句”，因言简意宏，为历代传颂。这四句话可以说是张载一生为学的归宿，也是其思想的精髓。“为天地立心”，是要为人类社会建立“以仁为核心”的价值体系；“为生民立命”，是要让天下百姓都有安身立命之处；“为往圣继绝学”，是要把孔孟的绝学继承下来，发扬光大；“为万世开天平”，是要给人间创造一个太平盛世。“横渠四句”不仅是张载对自己一生抱负和理想的概括，还代表了北宋理学的根本精神，具有深刻的哲学意义和历史价值，对后世影响深远，成为无数仁人志士的至高追求和精神坐标。

程朱理学的创始人是北宋的程颢、程颐和南宋的朱熹。他们认为：理是世界的本原，是天地万物都要遵循的普遍原则。理体现在社会上就是儒家的封建道德伦理和等级秩序，体现在人身上就是人性，应该存天理，灭人欲。求理的方法是格物致知，即接触事物，获得知识，简单理解就是通过实践、学习以明“理”。其思想实质是以儒家的纲常伦理来约束社会，维护封建专制统治和等级秩序，遏制人的自然欲望。这一时代出现了“愚忠”“愚孝”的忠孝绝对论以及“饿死事小，失节事大”的贞节观念等。

### ❊小知识

#### 朱熹生平及著述

朱熹（1130—1200），字元晦，又字仲晦，号晦庵，晚称晦翁，谥号文，世称朱文公。祖籍徽州府婺源（今属江西），出生于南剑州尤溪（今属福建）。宋朝著名的理学家、思想家、哲学家、教育家、诗人，闽学派的代表人物，儒学集大成者，世尊称为朱子。他师从李侗，与程颢、程颐合称“程朱学派”，是唯一非孔子亲传弟子而享祀孔庙，位列大成殿十二哲者中。曾任江西南康、福建漳州知府，浙东巡抚，甚至官拜焕章阁侍制兼侍讲，为宋宁宗皇帝讲学。有《四书章句集注》《太极图说解》《通书解说》《周易本义》《楚辞集注》等著述，后人辑有《朱子大全》《朱子集语象》等，其中《四书章句集注》成为钦定的教科书和科举考试的标准。

陆王心学的代表人物是南宋的陆九渊和明朝的王守仁。陆九渊开创了心学，在哲学命题上提出心是天地万物的渊源，“心即理也”，断言天理、人理、物理只在吾心中，心是唯一实在；还提出“宇宙便是吾心，吾心即是宇宙”①，认为“理”就是内在的“心”，是永恒不变的，把心和理、心和封建伦理纲常等同起来。求理的方法是“发明本心”，即要直达自己的内在良知，“理”就是进行内心的反省，强调自我的能动作用。到了明代，王守仁发展了心学，成为心学的集大成者，认为人生而有“圣人之心”，社会伦理道德观念其实就存在于本心之中，良知就是本心，就是理，天理就在自己心中，不必外求，只要克服私欲、恢复良知就能成为圣贤，这就强调了自我的主动精神，激励人们奋发立志。

### ❊小知识

## 陆九渊、王守仁简介

1. 陆九渊（1139—1193），字子静，号存斋，南宋金溪县人，因曾在江西象山书院讲学（今江西贵溪西南），人称“象山先生”。他是南宋著名的理学家、教育家，与朱熹合称“朱陆”，是宋明两代“心学”的开山之祖。他提出“心即理”说，认为“宇宙便是吾心，吾心即是宇宙”，主张“发明本心”，“学苟知本，六经皆我注脚”，并著有《象山先生全集》（后更名为《陆九渊集》）。明代王守仁继承发展其学说，成为中国哲学史上著名的“陆王学派”，对近代中国理学产生了深远影响。

2. 王守仁（1472—1529），字伯安，号阳明子，世称阳明先生，故又称王阳明，浙江余姚人，明代著名的哲学家、思想家、书法家、教育家和军事家。他不但精通儒、道、佛等诸家学说，而且能够统军征战，是中国历史上罕见的全能大儒，也是陆王心学的集大成者。他创立的“心学”，又称“阳明心学”，其思想精髓在于“心即理”“知行合一”和“致良知”，对

① 《陆九渊集》卷三十六。

明代乃至后世都产生了巨大影响。著作由门人辑成《王文成公全书》传世。

程朱理学与陆王心学是儒学的新发展，继承了孔孟“仁”“礼”的思想，都认同世界本原不是客观的物质世界，是“理”或者“心”，属于唯心主义，有助于统治者维护专制统治，压抑、扼杀人们的自然欲求，产生了消极影响；同时注重主观意志力量，注重气节、品德，讲求以理统情、自我节制、发愤图强，强调人的社会责任和历史使命，又凸显人性的庄严，对塑造中华民族的性格有着积极影响。

而元代理学作为理学的重要组成部分，上承宋代理学，下启明代心学，为宋代理学转入明代心学奠定了理论基础，在理学发展史上占有重要地位。其代表人物许衡，是元代著名的理学家、政治家、思想家和教育家，“尊奉程朱，以陆补朱”，“兴绝学于北方，其功不可泯”，被明朝儒士尊为“元代第一通儒”“朱之后一人”“继往圣开来学”。他一生以弘扬儒道、承继道统为己任，尊崇程朱，兴办学校，传播儒家文化，劝诫元世祖忽必烈推行“汉法”政策和“兴儒”方略，使程朱理学在元代实现了官学化，对后世产生深远影响。他对理学的贡献主要表现在“践履”方面，提出“道”为“民生日用”的观点，对理学作了通俗化的解释。他继承了朱熹在社会政治领域的心性学说，极力推行王道德治，认为三代帝王心术正，天理流行，故成王道盛世，强调人君担天下重任，要正身心，不可贪图享乐，务必勤勉谨慎，方能治天下；提出“治生论”，倡导“为学者，治生最为先务”“治生者，农工商贾”，“士君子”可以行商坐贾，商贾“亦有可为者”，人生的道路并非仅被限制在“教学与做官”上；继承了朱熹格物致知的思想，但又强调反求于己，认为人皆有良知，只要人能“至诚”，求之于己，就可体道而得天理，体现出浓烈的陆学特点。许衡的理学思想合会了朱陆之争，构成了程朱理学到阳明心学过渡的桥梁。

明末清初，是理学发展的自我批判时期。当时的中国经历着翻天覆地的变化。政治上，专制政治腐败，农民起义风起云涌；经济上，商品经济发展，资本主义萌芽缓慢发展；思想上，西学东渐的趋势渐显，近代科技开始传入中国，开阔了人们眼界，而程朱理学、八股取士严重束缚了人们的思想。在这种背景下，一批进步思想家展开了反封建专制统治、追求个性解放的思想批判斗争。其代表人物有明末的“异端”思想家李贽和明末清初的进步思想家黄宗羲、顾炎武、王夫之等。

被明朝官府称作“异端之尤”并下狱致死的李贽，对统治阶级极力推崇的程朱理学大加鞭挞，反对“存天理，灭人欲”，主张每个人都可以顺其“自然之性”，提出“穿衣吃饭，即是人伦物理”的主张；否认孔孟学说是万世之至论，反对以孔孟学说为权威和教条，挑战孔子及其儒家思想的正统地位，提出不能“以孔子之是非为是非”；批判道学家的虚伪，揭露其“阳为道学，行若猪狗”；批判封建社会男尊女卑的现象，提倡男女平等，追求个性发展。李贽将矛头直指封建礼教和整个正统思想，其思想具有鲜明的封建叛逆色彩和战斗精神，有利于反封建民主思想的产生。

黄宗羲、顾炎武、王夫之共同的思想主张表现在：一是政治上反对君主专制独裁，提倡“人民为主”。黄宗羲认为君主专制是天下之大害，提倡“法治”，强调衡量治理天下成功的标准应当是看广大百姓快乐与否。顾炎武也激烈反对君主专制，主张限制君权，提出亡国与亡天下的区别，认为“天下兴亡，匹夫有责”，鼓励人民关心国家大事。王夫之认为天下的土地不能为君主一人所有，而应当是从事农业的老百姓都有份。二是强调经世致用。黄宗羲认为，要学习对现实社会有用的东西，研究学问要与社会实际相结合，不要空谈，要活学活用。顾炎武、王夫之主张文人应多研究一些有关国计民生的现实问题，反对空谈。三是思想上批判继承传统儒学，构筑具有时代特色的新思想体系。黄宗羲批判旧儒学的“君为臣纲”的思想，继承先秦儒家的民本思想，提出“天下为主君为客”的新思想命题。顾炎武批判道学脱离实际的学风，提倡走出门户，到实践中求真知。王夫之继承荀子朴素的唯物思想批判理学先前宣扬的“天命论”和“生知论”，建立了超越前人的唯物主义思想体系。他们继承了晚明进步的思想传统，反对民族压迫和封建专制主义，倡导经世致用和唯物思想，批判继承传统儒学，构筑具有时代特色的新思想体系，这些主张在一定意义上反映了资本主义萌芽时代的要求，具有解放思想的历史进步性。

**❀小知识**

### “经世致用”及其影响

“经世致用”，又称经世致用之学，是中国宋代后逐渐形成的一种提倡研究当前社会政治、经济等实际问题，要求把经书研究与当时社会的迫切问题联系起来，并从中提出解决重大问题方案的治学方法。其特点是以史为鉴，学术研究和现实结合，以解释古代典籍为手段，从中发挥自己的社会政治见解，并用于社会改革。

经世致用思想的影响，表现为其重视调查研究、实事求是、博学考据的治学方法，这种治学方法开启了清代考证学术之风气。而立足现实、学以致用的观念为后世理论联系实际的学风提供了重要的思想源泉。

明末清初思想家对理学的批判对后人产生了启迪和影响。清代中期，戴震以敢于怀疑、敢于批判的学术品格，重新阐释了天理的内涵，又主张人性自然，对程朱理学存理灭欲观点作出尖锐的批判，发出“酷吏以法杀人，后儒以理杀人”的审问，指出所谓天理只是尊者、长者、贵者用来压制贱者、幼者、卑者的工具，揭露了统治者以理杀人的罪恶行径，将反理学的斗争推进到一个新的阶段。这种批判对解除人们的思想禁锢具有积极意义。

鸦片战争后，由于民族危机和社会危机的加深，以及西方资产阶级伦理道德学说的传入，在伦理道德学术领域中，出现新旧道德的冲突、中西伦理道德的对峙，改良与革命的斗争十分激烈，这些都推进了传统伦理道德在近代的历史转型。其中主要有：

一是鸦片战争前后以龚自珍、魏源为代表的地主阶级进步思想家对腐败的吏治、虚伪的理学、道德沦丧现象进行了严厉的揭露和批判，提出整肃道德、改造人心风俗的主张，以改造传统伦理道德；提倡“经世致用”之学，提出“师夷长技以制夷”的思想，主张学习外国先进的军事和科学技术，以期富国强兵、抵御外国侵略，从思想上开创了中国近代向西方学习的新风。

二是以洪秀全为代表的太平天国农民起义者的伦理道德理想是平等，他们把基督教中纯宗教上的平等扩大到现实的政治、经济领域，进而推演出男女平等及国家平等的思想；其伦理道德的核心是正直，倡导为公莫为私的高尚品德，对延续几千年的封建伦理道德思想给予了猛烈冲击。

三是以李鸿章、左宗棠等为代表的洋务派，主张“中体西用”，创办新式学堂，学习西方先进技术和科学知识，以实现“自强”“求富”；以康有为、谭嗣同为代表的资产阶级改良派主张学习西方资本主义政治制度，试图通过改良、变法维新，革除旧弊，以君主立宪取代君主专制，批判封建君权和纲常伦理。这种批判有利于民主思想在中国的传播和人们的思想解放，推动了中华民族的觉醒。但由于历史和阶级的局限难以超越，洋务运动和改良维新并不能改变几千年的封建道统。

四是辛亥革命时期以孙中山为代表的资产阶级革命派以救国救民为己任，提出“忠、孝、仁、爱、信、义、和、平”八德，重塑民族精神，信奉中国固有道德；主张以德治国，以天下为公、官为民仆为道德规范与政治理想；并把三民主义作为资产阶级民主革命纲领，建立以自由、平等、博爱为核心的新的道德体系，开始冲击几千年的封建道统。1912 年 2 月，清帝退位，清王朝灭亡，封建帝制彻底结束，民主共和观念渐入人心。

辛亥革命后，西方启蒙思想进一步传播，民主共和的思想深入人心；

与此同时，以袁世凯为首的北洋军阀为复辟帝制推行尊孔复古的逆流，与民主共和观念势不两立；而一些先进的知识分子通过对辛亥革命失败的反思，认为失败的根本原因在于没有进行一场彻底的思想文化革命。由此，新文化运动应运而生。新文化运动以 1915 年 9 月陈独秀在上海创办《青年杂志》（后改名《新青年》）为起点和中心阵地，高举民主与科学两面旗帜，提倡民主、反对专制，提倡科学、反对迷信，提倡新道德、反对旧道德，提倡新文学、反对旧文学，向封建主义展开了猛烈攻击。其代表人物是陈独秀、李大钊、胡适、鲁迅等。陈独秀在其主编的《青年杂志》上刊载文章，提倡民主与科学，反对封建文化，揭开了新文化运动的序幕；李大钊也相继发表文章，抨击旧礼教、旧道德；胡适发表《文学改良刍议》，提倡以白话文代替文言文，以白话文学代替仿古文学；鲁迅发表白话小说《狂人日记》，对吃人的封建礼教进行血泪控诉和无情鞭挞，树立了把文学革命的形式和内容相结合的典范，开拓了中国新文学的道路。新文化运动是中国近代史上一次前所未有的思想解放和启蒙运动，有力地打击和动摇了封建正统思想的统治地位，为马克思主义伦理思想在中国的传播扫清了道路。直到五四运动和马克思主义在中国的传播，才开始了对封建旧礼教、旧道德、旧文化批判继承的新时期，中国社会的道德变革进入一个崭新的时代。

## 二、中国传统道德的学理分析

中华民族在漫长的历史进程中形成的独具中国特色的传统道德理论，是适应我国古代社会宗法、等级制度的需要而产生并为其服务的。从学理上分析，中国传统道德的主要内容以儒家道德为主体，兼收墨、道、法、佛各家道德思想的精华，大体包括中国传统道德理论和中国传统道德规范两个方面。

## （一）中国传统道德理论

在中国传统道德理论形成和发展过程中，历代思想家主要围绕以下道德理论问题进行探讨，形成了中华民族特有的传统道德理论体系。

1．道德本原论

道德是人类特有的一种社会现象，寻求其本原必须落脚到人本身。尽管古代中国对道德本原问题有各种不同的认识，但主导性的认识是人性论，尤以儒家圣贤孟子的性善论为主流。孟子认为，人性是人类本身所特有的"善"，并指出"人性之善也，犹水之就下也。人无有不善，水无有不下"①。人性本善，人性中天生有"恻隐之心、羞恶之心、辞让之心、是非之心"四大善端，通过后天的修身养性可以形成仁义礼智等一系列美德。荀子反对孟子的性善说，认为人性是恶的，指出"人之性恶，其善者伪也"②。先秦道家主张"人性自然"，认为真正的道德应该是顺应自然，乐天知命。正如庄子所说："人生天地之间，若白驹之过隙，忽然而已……已化而生，又化而死。"③ 战国时期的法家认为，人性就是为了满足私欲和争夺自身利益，"故王良爱马，越王勾践爱人，为战与驰。医善吮人之伤，含人之血，非骨肉之亲也，利所加也"④。

2．义利关系论

义利关系是人们获取利益时所应遵循的行为规范，它不仅涉及道德原则、道德规范、道德作用、道德选择、道德评价以及道德主体人格理想等伦理学的一系列基本问题，也涉及如何处理理欲与公私问题以及王道、霸道等治国方针的抉择。义利关系问题是贯穿中国古代伦理思想史的一个重

① 《孟子·告子上》。
② 《荀子·性恶》。
③ 《庄子·知北游》。
④ 《韩非子·备内》。

要命题，对此问题的不同观点大致可归结为道义论和功利论两种倾向。儒家鄙视道德主体的个人利益，主张“见利思义”“以义制利”“先义后利”“重义轻利”。宋明理学更是销利归义，甚至认为“凡有利心便不可”，最终陷入了禁欲主义。墨家注重功利，认为兼相爱、交相利是“圣王之道，而万民之大利”①，追求和实现“天下之大利”，把义、利统一起来。法家则反对儒家的观点，主张“重利轻义”。西汉董仲舒主张贵义贱利，提出“正其谊不谋其利”② 的观点。宋代程朱理学提倡“明天理，灭私欲”“存天理，灭人欲”的观点，主张去利存义，消灭人们追求物质利益的要求。宋代以后，反理学的进步思想家也在不同程度上重视道德实践的功利原则，提倡“功利之学”。由于儒家思想一直占统治地位，因而以“仁”为价值本涵的道义论在整个中国封建社会中居于主导地位。③

3. 人生观

人生观是指人们在实践中形成的对于人生价值、人生目的和人生意义的基本看法和态度，主要回答人为什么活着，人生的意义、价值、目的、理想、信念、追求等问题。“人生观决定了一个人在社会生活实践中做人的基本准则。中国古代伦理思想中关于人生的目的、意义和理想等问题，反映在生与死、荣与辱、义与利、理与欲、群与己以及行为准则、人格理想等问题的讨论中。”④ 墨家主张积极有为，反对享乐，以兴天下为己任，把“兴天下之利，除天下之害”视为人生的奋斗目标。儒家倡导“内圣外王”的人生观、忧国忧民的忧患意识和积极进取的奋斗精神，提出“仁者爱人，义高于利”的人生价值观；主张以德治国，重视仁政，把修身齐家治国平天下与经邦济世作为人生追求；提倡“杀身成仁、舍生取义”，激励后世之

① 《墨子・兼爱》。
② 《汉书・董仲舒传》。
③ 参见陆昱《中国传统道德建设的历史背景和基本内容》，《经济与社会发展》2009 年第 9 期。
④ 陆昱：《中国传统道德建设的历史背景和基本内容》，《经济与社会发展》2009 年第 9 期。

仁人君子以天下为己任，自觉为国分忧，为人民大众分忧。道家主张消极无为，以致厌世颓废、弃世脱俗，提倡一种以保全自身为宗旨的个人主义人生哲学。佛教视人生为“苦海”，主张超脱尘世，以求“来世福果”，这是一种悲观出世的宗教人生观。

4．道德修养和道德教育论

道德修养和道德教育理论是中国古代伦理思想中最具特色的内容之一。儒家主张治国应“以修身为本”，把道德修养作为理想人格的实现方式，提出“为仁由己”，更注重自我道德修养。“在道德修养的途径和方法上，唯心主义思想家主张通过‘养心’和‘内求’，以发明本心，扩充善端，提出并形成了‘正心’‘诚意’‘内省’‘自讼’‘慎独’‘主静’‘居敬穷理’‘省察克治’等一套系统的内心修养方法。这些道德修养方法是提高个人道德品性的有效途径，但由于这些方法脱离了道德实践，常常难免陷入空谈。唯物主义思想家则主张‘养心’与‘践履’‘习事’相结合，重视习俗环境的作用，具有更多的价值合理性和实践可行性。”①

5．道德作用论

中国传统道德在社会生活中的作用问题一直是古代思想家们不断探讨和论证的问题。对于这一问题的争论，春秋战国时期集中体现在关于“德治”与“法治”及“王道”与“霸道”的争辩之中。儒家主张“为政以德”，以“王道”统一天下，强调用道德教化来调节和维护宗法等级关系，并注重统治者自身道德的表率作用，把个人的“修身”作为“齐家”“治国”“平天下”的立足点。墨家提倡“察色修身”“以身戴行”，重视道德践履，强调修身的重要性。道家主张“无为而治”，否定道德规范的积极作用。法家提出以法治国，主张“法治”“霸道”和“不务德而务法”，有一定的非道德主义倾向。自西汉时期“罢黜百家，独尊儒术”之后，道德的

① 吴灿新、孙燕青：《当代中国道德建设论纲》，中国社会科学出版社，2009，第47页。

社会作用已很少有人公开否认。①

## （二）中国传统道德规范

道德规范是对人们的道德行为和道德关系的普遍规律的反映和概括，是从一定社会或阶级利益出发，用以调整人与人之间的利益关系的行为准则，也是判断、评价人们行为善恶的标准。道德规范既源于又高于人们的道德生活和社会实践。中国传统道德规范以儒家道德规范为主要内容，具体包括道德规范的基本原则和道德的具体规范两方面的内容。

1. 中国传统道德规范的基本原则

道德原则是一定社会或阶级对人们行为提出的最基本的要求，是道德规范体系的核心。中国传统道德规范的基本原则是“三纲五常”，这是封建礼教所提倡的人与人之间的道德标准。

“三纲”源于先秦时代的孔子，他强调“为政”要做到“君君、臣臣、父父、子子”。孟子进而提出“父子有亲，君臣有义，夫妇有别，长幼有序，朋友有信”的“五伦”道德规范。西汉董仲舒按照“贵阳而贱阴”的阳尊阴卑理论，对“五伦”观念作了进一步的发挥，提出三纲原理和五常之道，作为封建社会的基本道德原则和规范。董仲舒认为君为主、臣为从，父为主、子为从，夫为主、妻为从，以此确立了君权、父权、夫权的统治地位，把封建等级制度、政治秩序神圣化为宇宙的根本法则，并在此基础上逐步形成了“君为臣纲、父为子纲、夫为妻纲”这一封建社会的基本道德原则。“三纲”反映了封建社会中君臣、父子、夫妇之间的前尊后卑、前主后从的三种道德关系，其本质在于维护封建等级制度。

“五常”即“仁、义、礼、智、信”，是用以调整、规范君臣、父子、兄弟、夫妇、朋友等人伦关系的行为准则。董仲舒认为，“仁、义、礼、

① 参见陆昱《中国传统道德建设的历史背景和基本内容》，《经济与社会发展》2009年第9期。

智、信”五常之道是处理君臣、父子、夫妻等关系的基本法则。“五常”的出现标志着封建伦理道德原则与道德规范的理论化与系统化，进而构成了封建道德的核心。从宋代朱熹开始，“三纲五常”联用，它为封建阶级统治和等级秩序的神圣性与合理性提供学理依据，成为中国封建专制主义统治的理论基石，为历代封建统治阶级所维护和提倡。

在中国两千多年的封建专制制度下，“三纲五常”这一道德原则在维护社会秩序、规范人际关系方面起到了一定的积极作用，但由于其长期禁锢了民众的思想，压制了个性的发展，延缓了社会进步，进而使中国的封建政权表现出极大的保守性。①

2. 中国传统道德的具体规范

中国传统道德的基本内容还包括一系列具体的道德规范，主要表现在以下几个方面。

第一，公忠。公忠，是中国古代道德规范之一，强调的是国家利益至上，为社会尽责、为天下尽忠的献身精神。《诗经》有“夙夜在公”的道德要求，《左传》有“临患不忘国”的爱国情怀，《尚书》有“以公灭私”的坦荡思想；西汉贾谊提出“国而忘家，公而忘私”，宋代范仲淹有“先天下之忧而忧，后天下之乐而乐”的著名语句，都体现了强烈的国家、民族情怀。儒家强调“忠”，提出“忠先于孝”的思想，主张“与人忠”，对人要“忠告”“忠诲”，对工作要“行之以忠”，反对“为人谋而不忠”。随着中国封建专制主义的形成和加强，“忠”成为臣民绝对服从于君主的一种片面的道德义务。宋代以后，“忠”更是发展到“君叫臣死，臣不得不死”的愚忠。后来的进步思想家都提倡“天下兴亡，匹夫有责”，倡导为民、为国、为天下的公忠精神。“公忠”不仅是中国传统道德的最重要规范，也是中华民族传统美德的重要内容。

---

① 参见陆昱《中国传统道德建设的历史背景和基本内容》，《经济与社会发展》2009 年第 9 期。

第二，正义。正义是中国传统道德的一个重要规范，是儒家恪守的“五常”之一，通常指人们按一定道德标准所应当做的事，也指一种道德评价，即公正。《易经》中有“敬义立而德不孤”的观点，荀子提出“凡奸人之所以起者，以上之不贵义、不敬义也。夫义者，所以限禁人之为恶与奸者也。今上不贵义、不敬义，如是，则下之人百姓皆有弃义之志而有趋奸之心矣，此奸人之所以起也”[①] 的看法，将正义提升到治国理政的高度。西汉董仲舒在《春秋繁露》中将“义”与生活本身结合起来，认为“心不得义，不能乐”。清代颜元把道义与功利结合起来，提出“正其谊以谋其利，明其道而计其功”[②]，比较合理地解决了义利关系问题。这些观点和看法，充分体现了我国传统道德对正义的重视，激励着无数仁人志士为正义而献身。

第三，仁爱。仁爱是中国传统道德中极为重要的内容，也是中国最重要的传统道德规范之一。孔子在《论语》中提出“仁者爱人”，最早以“爱人”解释“仁爱”，倡导对人的人文关怀。孟子继承和发展了孔子的仁爱思想，认为“恻隐之心”是“仁爱”的发端，强调“亲亲而仁民，仁民而爱物”[③]，这种由己及人的思维，是仁爱的典型写照。荀子强调“仁者自爱”；韩愈提出“博爱之谓仁”；朱熹认为“仁者，心之德，爱之理”，以爱释仁，都是仁爱思想的典型体现。而墨家主张兼爱，其理想境界是“天下之人皆相爱，强不执弱，众不劫寡，富不侮贫，贵不傲贱，诈不欺愚”[④]，这也体现了仁爱的精神。

第四，中和。“中和”作为一个完整的道德概念，始见于《礼记·中庸》，其指出：“喜怒哀乐之未发，谓之中；发而皆中节，谓之和。中也者，

---

① 《荀子·强国》。
② 《颜元集》。
③ 《孟子·尽心上》。
④ 《墨子·兼爱》。

天下之大本也；和也者，天下之达道也。致中和，天地位焉，万物育焉。”这段论述将“中”与“和”结合起来，提出“中和”这一概念，认为中和是至善至美的道德。儒家思想的基本道德标准是“中和”。孔子强调“中庸之为德也，其至矣乎”①，《尚书·大禹谟》提出“允执厥中”的要求，将“中和”提升到本体之地位，凸显中和在传统道德中的重要地位。宋代朱熹正式把《礼记》中的《大学》《中庸》独立出来，与《论语》《孟子》并列编著《四书》，使中和思想在当时和后来的社会生活中产生了极大的影响。“中和”作为中国传统道德中的一条重要原则和基本道德标准，包含着丰富的辩证内容。它既是人伦之道，又是君子之德；它要求人们的喜怒哀乐之情思和欲望应保持适当的限度，行为要合乎礼仪，中正不偏，和而不同，防止中心不正，情欲失和，行为偏离，背离人道。②

第五，孝慈。孝慈者，孝敬父母、慈爱子女之谓也。孝慈是处理家庭内部父母与子女之间的道德规范。我国孝的观念源远流长，甲骨文中就已经出现“孝”字，说明公元前 11 世纪前就有了孝的概念。《尚书·酒诰》载：“肇牵车牛远服贾，用孝养厥父母。”意思是说，人们于农事完毕之后，赶着牛车出外做些生意，用于奉养自己的父母。儒家创始人孔子提出“孝”为“仁”本的思想。《论语》记载孔子学生有子的一段话，说：“君子务本，本立而道生。孝弟也者，其为仁之本与!”③ 意思是说，君子要致力于根本，根本确立了，道就会产生。孝悌就是仁的根本。孔子指出：“今之孝者，是谓能养。至于犬马，皆能有养。不敬，何以别乎?”④ 孟子对此作了发挥，指出“孝子之至，莫大乎尊亲”⑤。孟子还以“父子有亲”概括了父子之间的伦理关系和原则，并将其置于五伦之尊，很好地反映了父慈子孝

---

① 《论语·雍也》。

② 参见吴奕新《当代中国道德建设研究》，中国社会科学出版社，2003，第 38 页。

③ 《论语·学而》。

④ 《论语·为政》。

⑤ 《孟子·万章上》。

的伦理关系。“慈者，父母之高行也。”[①] 父慈，作为一种为人父母者的人伦义务与道德要求，最早出现于《左传·隐公三年》中提到的“六顺”：“君义、臣行、父慈、子孝、兄爱、弟敬，此数者累谓六顺也。”汉代贾谊在《新书·道术》中指出“亲爱利子谓之慈”，这可以视为对“慈”作为人父的伦理规范的明确定义。司马光对传统慈道伦理作了更为全面的阐述，指出父母对子女慈爱，不仅需要提供基本的物质生活保障，更需要树立恰当的威严，并且教之于孝、仁、礼、义。“父慈”，始于爱，应有严，完成于“有教”，可概括为慈、爱、严、教并重，终极目标是养其德，以成才。“孝慈”作为传统道德之本，在维护社会秩序和改善人伦关系方面仍具有不可忽视的重要作用，是中华民族宝贵的精神财富。

第六，宽恕。宽恕是中国传统道德中的一个重要规范，是处理个人与他人道德关系的一个基本态度和要求。宽，是指与他人交往时要有宽广豁达的胸怀，推己及人，以直报怨，严于律己，宽以待人。恕，就是要推己及人，设身处地为他人着想，理解他人，与人为善，“己所不欲，勿施于人”。在儒家伦理思想中，宽恕占有十分重要的地位。[②] 孔子把“恕”视为“可以终身行之”的“一贯之道”，提倡“不念旧恶，怨是用希”[③]。孟子强调“强恕而行，求仁莫近焉”[④]。荀子则称之为“兼术”，指出“故君子贤而能容罢，知而能容愚，博而能容浅，粹而能容杂，夫是之为兼术”[⑤]。可以说，儒家关于宽恕的道德规范，是一种与人为善、宽宏大度的道德情操的体现，反映了人与人之间平等相处的愿望和要求。

第七，谦敬。谦敬是中国传统道德中的一个重要规范，是与人相接时所应持的态度方面的规范。谦，即自谦，虚以处己；敬，即敬人，礼以待

---

① 《管子·形势解》。
② 参见吴灿新、孙燕青《当代中国道德建设论纲》，中国社会科学出版社，2009，第40页。
③ 《论语·公冶长》。
④ 《孟子·尽心上》。
⑤ 《荀子·非相》。

人。谦敬既是个人自身修养的传统美德，也是为人处世的基本道德要求。古人强调“事思敬”“不自矜”“不自是”“不居功”“能下人”“择善而从”“自反自省”等经世致用的谦敬规定。[①]《周易》将谦敬作为君子之道的基础，认为“谦，亨，君子有终”。老子则将谦敬的思想与个人的道德结合起来，如“不自见，故明；不自是，故彰；不自伐，故有功；不自矜，故长”[②]。由此要求人们在塑造理想人格的过程中，始终保持认识自己、谦让有礼的作风。

第八，诚信。诚信是中国传统道德规范中最重要的规范之一。诚信，即“内诚于心”“外信于人”，也就是以真诚之心行信义之事。诚信是做人做事的原则要求。孔子提出“与朋友交，言而有信”“道千乘之国，敬事而有信”[③]，可见其对“信”的高度重视。孔子提出“人无信不立”“民无信不立”的思想，意思是说人没有信用就没有立足之地，一个国家不能得到老百姓的信任就要垮掉。孟子提出处理人际关系的“五伦”说，并将“朋友有信”上升到“五伦”之一的高度，认为“信”是朋友之间交往的基本道德准则，体现了孟子对诚信之德的高度重视。荀子则进一步将信推行于选贤治国，使信不仅成为朋友伦理、交际伦理的规范，而且扩展至一切伦理关系皆应以诚信为本。在儒家看来，“信”不仅是为人处世之本，也是立身立国之本。

第九，礼让。礼让是中国传统道德的一个基本规范。“礼”作为道德规范，既是辨别善恶的准则，也是识别尊卑的尺度。《左传・昭公二十六年》载：“君令臣共，父慈子孝，兄爱弟敬，夫和妻柔，姑慈妇听，礼也。”可见，作为封建道德规范之一的“礼”在本质上是维护封建等级名分的。儒家要求人们的一切言行都要符合“礼”的道德规范，孔子提出“不学礼，

① 参见吴奕新《当代中国道德建设研究》，中国社会科学出版社，2003，第40—41页。
② 《道德经》。
③ 《论语・学而》。

无以立"[1]。儒家反对争权夺利、夸功邀名，主张谦让之风。孔子说："能以礼让为国乎，何有？不能以礼让为国，如礼何？"[2] 儒家的"让"既是一种道德规范，也是一种先人后己、舍己为人的美德。

第十，自强。自强是中国传统道德的重要规范，也是中华民族的传统美德之一。《周易》中就有"天行健，君子以自强不息"的思想，《道德经》三十三章中的"胜人者有力，自胜者强"，分析了自强对个人成功的重要作用。《孟子·告子下》指出，"天将降大任于是人也，必先苦其心志，劳其筋骨，饿其体肤，空乏其身，行拂乱其所为，所以动心忍性，曾益其所不能"，强调了自强对成就事业的意义。在历代中国人民的努力奋斗中，自强逐渐积淀为中华民族的内在气质，成为鞭策中华儿女不断进取的精神力量。

第十一，勤俭。勤俭是中国传统道德中的一个重要规范。中国古代特别强调勤劳的伦理思想，"民生在勤，勤则不匮"[3]，"赖其力者生，不赖其力者不生"[4]，"只可过于勤劳，不可使之怠惰"[5]，都反映了传统道德对勤劳的要求。大禹治水"克勤于邦，克俭于家"成为千古佳话。节俭也被看作是善德中的大德。"慎乃俭德"，"俭，德之共也；侈，恶之大也"[6]，"惟俭养德，惟侈荡心"[7]，都强调了节俭对个人品德修养的重要性。勤俭是人们不可或缺的美德，是必备的品质和要求。"戒奢以俭"是"修身齐家""治国平天下"必不可少的"法宝"，必须把勤俭作为自己的道德准则，并身体力行。

第十二，勇毅。勇毅作为一种基本道德规范，主要体现为英勇无畏、

---

① 《论语·季氏》。
② 《论语·里仁》。
③ 《左传·宣公十二年》。
④ 《墨子·非乐上》。
⑤ 《朱子大全·劝农文》。
⑥ 《左传·庄公二十四年》。
⑦ 《明通鉴》。

自强不息、勇于担当。“勇”是儒家的重要道德范畴之一，指勇敢果断的品格。孔子将勇看作是仁者所必备的条件，并将勇与智、仁、义相提，提出“知者不惑，仁者不忧，勇者不惧”①“仁者必有勇”“君子有勇而无义为乱，小人有勇而无义为盗”②。与“勇”这一道德规范的要求相一致，儒家主张见义勇为，提倡杀身成仁、舍生取义的精神。

当然，中国传统道德的具体规范并不仅仅限于上述十二个方面，著名伦理学家罗国杰在肯定上述内容的基础上又增加了“持节、明智、知耻、节制、廉洁、爱物”等内容，将中国传统道德归纳和概括为十八个基本规范。吴奕新在《当代中国道德建设研究》一书中将中国传统道德规范的基本内容概括为三个方面。一是人际交往道德规范，共有九个：公忠、正义、仁爱、中和、孝慈、诚信、宽恕、谦敬、礼让。二是处己利身道德规范，也有九个：自强、持节、知耻、明智、勇毅、节制、廉洁、勤俭、爱物。三是职业道德和文明礼貌规范，体现在敬业和礼仪两方面道德规范之中。

## 三、正确对待中国传统道德

任何道德都是时代的产物。中国传统道德中的很多思想观念和道德规范既有其永不褪色的价值，又有与现代社会不相适应的时代局限性。对待中国传统道德，要结合时代条件加以继承和弘扬，坚持把马克思主义基本原理同中华优秀传统道德文化相结合，在批判继承基础上进行科学分析和鉴别，努力实现中华优秀传统道德创造性转化和创新性发展，使其在中国式现代化的伟大实践中展现出永久魅力和时代风采。

---

① 《论语·子罕》。
② 《论语·阳货》。

## （一）要辩证地认识和扬弃地继承

中国传统道德是一个矛盾的统一体，本身具有鲜明的两面性。一方面，它作为中华传统文化的重要组成部分，其精华部分是推动中华民族生生不息、发展壮大的精神动力；另一方面，由于中国传统道德形成和发展于奴隶社会和封建社会，不可避免地带有时代和阶级的烙印，其中必然包含诸多消极、腐朽、落后的成分。对此，要辩证地认识，有鉴别地对待，有扬弃地继承。习近平总书记指出，“我们要对传统文化进行科学分析，对有益的东西、好的东西予以继承和发扬，对负面的、不好的东西加以抵御和克服，取其精华、去其糟粕，而不能采取全盘接受或者全盘抛弃的绝对主义态度”①，“要认真汲取中华优秀传统文化的思想精华和道德精髓，大力弘扬以爱国主义为核心的民族精神和以改革创新为核心的时代精神，深入挖掘和阐发中华优秀传统文化讲仁爱、重民本、守诚信、崇正义、尚和合、求大同的时代价值”②。我们的祖先曾经留下了许多传承千年的优秀品质和道德传统，如“先天下之忧而忧，后天下之乐而乐”的政治抱负，“天下兴亡，匹夫有责”的爱国情怀，“富贵不能淫，贫贱不能移，威武不能屈”的浩然正气等，都应当继承和发扬。当然，也必须清楚地看到，中国传统道德中也有一些糟粕的东西，对此，习近平总书记提醒我们：“对历史文化特别是先人传承下来的价值理念和道德规范，要坚持古为今用、推陈出新，有鉴别地加以对待，有扬弃地予以继承。”③

## （二）做好创造性转化和创新性发展

所谓创造性转化，就是要按照时代特点和要求，对那些至今仍有借鉴

① 习近平：《牢记历史经验历史教训历史警示 为国家治理能力现代化提供有益借鉴》，《人民日报》2014年10月14日。

② 习近平：《习近平谈治国理政》（第一卷），外文出版社，2018，第164页。

③ 习近平：《习近平谈治国理政》（第一卷），外文出版社，2018，第164页。

价值的内涵和陈旧的表现形式加以改造，赋予其新的时代内涵和现代表达形式，激活其生命力；所谓创新性发展，就是要按照时代的新进步、新进展，对中华优秀传统道德的内涵加以补充、拓展、完善，增强其影响力和感召力。推动中华优秀传统道德创造性转化和创新性发展，一要立足中国又面向世界，坚定文化自信。中华优秀传统道德作为中华文化的重要组成部分，为推动人类文明发展和社会进步作出了重要贡献，对此，要有高度的文化自信，在汲取中国传统道德思想精华的同时，以海纳百川的宽阔胸襟借鉴吸收全人类一切有益的伦理道德遗产，为我所用并创新发展，让中华优秀传统道德呈现新活力；二要使传统道德与现代社会相协调，深入挖掘传统道德文化中的思想精华，并赋予其新的时代内涵，实现创造性转化和创新性发展，为社会主义现代化强国建设提供丰厚道德资源和强大精神动力；三要立足大众、服务人民，善于运用时代化、艺术化的表达手段对传统道德作出新的“阐释”，以人们喜闻乐见的传播方式讲好中华传统美德故事，使中华优秀传统道德与现实生活相融相通，成为全体人民精神生活、道德实践的标识，并在守正创新中赓续中华文脉，建设中华民族现代文明。

### （三）反对文化复古主义和历史虚无主义两种错误思潮

正确对待中国传统道德，要坚决反对文化复古主义和历史虚无主义两种错误思潮。文化复古主义作为近代产生的一种文化思潮，是在中西文化的对撞中产生的。它认为中国之所以衰落，就是因为传统文化特别是儒家文化的衰落。近代变法维新运动的领袖康有为在《中国颠危误在全法欧美而尽弃国粹说》一书中提出，“中国颠危误在全法欧美而尽弃国粹”，要“冒万死以力保旧俗，存礼教而保国魂”，坚决反对西化主张，要求返回孔孟之道，重新确立传统文化的主导地位。文化复古主义思潮主张道德建设的最终目标就是要恢复中国“固有文化”，形成以中国传统文化为主体的道德体系，并通过这种传统道德的复兴来衍生出现代的科学和民主，即所谓

"返本开新"。历史虚无主义思潮认为中国传统道德从整体上来说在今天已经失去了意义和价值，必须予以全盘否定；主张道德建设的目标就是要把西方道德整体移植过来，特别是要用西方个人主义价值观来取代集体主义价值观。

这两种观点都是错误的。从中国社会发展的历史过程来看，无论是复古论还是虚无论，都割断了道德的历史与发展的关系，都不利于社会的发展和道德的进步。文化复古主义思潮是将中国传统道德与现代社会道德相等同，否认了道德本身的历史发展性。历史虚无主义思潮则只承认中国传统道德的个别性、特殊性，否认其一般性、普遍性，割断了道德发展的历史继承性。推进新时代道德建设，既要反对文化复古主义，又要反对历史虚无主义，坚持以我为主、为我所用的原则，把马克思主义基本原理同中华优秀传统道德文化相结合，在继承传统中创新发展，不断增强道德建设的时代性和实效性。

**❀小链接**

传承中华文化，绝不是简单复古，也不是盲目排外，而是古为今用、洋为中用，辩证取舍、推陈出新，摒弃消极因素，继承积极思想，"以古人之规矩，开自己之生面"，实现中华文化的创造性转化和创新性发展。

——习近平

# 第三章　中国革命道德的生成发展与当代价值

俄国十月革命一声炮响，给中国送来了马克思列宁主义。中国的先进分子从中看到了解决中国问题的出路，开始接受并积极宣传马克思主义，从而促进了马克思主义在中国的传播。马克思主义传入中国，成为摧毁旧道德、建设新道德的有力思想武器。1919 年的五四运动具有划时代的历史意义，不仅推动了社会主义思潮在中国的蓬勃兴起，也促进了马克思主义与工人运动的结合，为中国共产党的成立作了思想上、干部上的准备，这标志着中国新民主主义革命的伟大开端。1921 年中国共产党成立，是中国历史上开天辟地的大事变。自从有了中国共产党，中国革命的面貌就焕然一新了。中国革命道德伴随着新民主主义革命的实践而孕育产生并不断发展，是马克思主义伦理思想同中国革命具体实践相结合的产物，是对中华传统美德的延续和发展，是中华民族极其宝贵的道德财富。它作为一种精神力量，在中国革命、建设、改革事业中发挥着极其重要的作用。传承和弘扬中国革命道德，对于新时代推进中国特色社会主义道德建设具有重要的时代价值。

## 一、中国革命道德的形成与发展

本章所探讨的中国革命道德，特指1919年五四运动以来，中国共产党人、人民军队、一切先进分子和人民群众在中国新民主主义革命实践中所形成的优良道德。需要说明的是，目前理论界和学术界对中国革命道德内涵的界定尚未达成共识，其分歧的焦点在于时间节点的划分上。中国革命道德在时间跨度上大致形成了三种不同的观点：一是认为从1919年五四运动至1949年新中国成立这一时间段。如2013年出版的《思想道德修养与法律基础》一书中指出："中国革命道德传统是指1919年五四运动以来，中国共产党人、一切先进分子和人民群众在中国新民主主义革命实践中所形成的革命气概、精神品质和道德情操。"① 依据这一定义，陈旻、李甦在《论正确继承和弘扬中国革命道德传统》一文中明确指出："中国革命道德传统形成和发展的时间跨度的上限是从1919年五四运动开始，下限截止到中华人民共和国成立。"② 二是认为从1919年五四运动前后，到1956年社会主义改造基本完成这一时间段。如张博颖在《中国革命道德与当代中国国家伦理内涵的确立和发展》一文中指出："中国革命道德主要是指从1919年五四运动前后，到1949年中华人民共和国成立（这是夺取政权的政治制度革命），再到1956年生产资料所有制社会主义改造基本完成（这是经济制度革命）这一时间段。"③ 三是认为从1919年五四运动至中国特色社会主义新时代长达百年这一时间段。如罗国杰在《中国革命道德简编

---

① "马克思主义理论研究和建设工程重点教材"编写组：《思想道德修养与法律基础》，高等教育出版社，2013，第100页。

② 陈旻、李甦：《论正确继承和弘扬中国革命道德传统》，《北京政法职业学院学报》2013年第4期。

③ 张博颖：《中国革命道德与当代中国国家伦理内涵的确立和发展》，《吉首大学学报（社会科学版）》2005年第1期。

本》一书中指出："中国革命道德是指中国共产党人、人民军队、一切先进分子和人民群众在中国新民主主义革命和社会主义革命与建设中所形成的优良道德。"① 据此定义，汪荣有在《中国革命道德的百年发展历程及启示》一文中结合中国共产党的百年历史进程提出，中国革命道德走过了百年发展历程，即"萌芽于五四运动，发端于中国共产党成立之初，初步形成于土地革命战争时期，成熟于抗日战争和解放战争时期，在社会主义革命和建设时期、改革开放时期和中国特色社会主义新时代得到进一步传承、发展和创新"②。在《思想道德与法治（2023 年版）》一书中也指出："中国革命道德，是指中国共产党人、人民军队、一切先进分子和人民群众在中国革命、建设和改革中所形成的优秀道德，是马克思主义与中国革命、建设、改革的伟大实践相结合的产物，是中华民族极其宝贵的道德财富。"③ 尽管中国革命道德在时间节点的划分上存在分歧，但笔者认为，中国革命道德主要是在新民主主义革命时期形成并发展成熟的，故本章重点探讨中国共产党在新民主主义革命时期形成的道德，其时间跨度为 1919 年五四运动至 1949 年中华人民共和国成立这一时间段；至于社会主义革命、建设、改革时期和中国特色社会主义新时代所形成的道德，是对新民主主义革命时期中国革命道德的赓续和升华，并构成社会主义道德的重要内容，其内容将放在下一章进行阐述，在此不再讨论。

与新民主主义革命的实践相伴随，中国革命道德在启蒙运动中孕育，在革命战争中形成，大致经历了萌芽、初步形成、发展成熟三个阶段。

### （一）五四运动至国民大革命时期，中国革命道德萌芽

爆发于民族危难之际的五四运动，不仅是一场彻底地反帝反封建的爱

① 罗国杰主编《中国革命道德简编本》，中共中央党校出版社，1999，第 2 页。

② 汪荣有：《中国革命道德的百年发展历程及启示》，《道德与文明》2021 年第 3 期。

③ 本书编写组：《思想道德与法治・2023 年版》，高等教育出版社，2021，第 158 页。

国革命运动，也是一场传播新思想新文化新知识的思想启蒙运动。中国先进知识分子对传统封建伦理的批判是当时启蒙运动的重要内容。五四运动中提出的“打倒孔家店，救出孔夫子”的口号，旨在挑战传统的儒家思想，要把“人”从封建伦理束缚中解放出来：“我们不是为君主而生的！不是为圣贤而生的！也不是为纲常礼教而生的！”① 五四运动的领袖李大钊也对传统伦理思想进行了猛烈的批判：“看那二千余年来支配中国人精神的孔门伦理，所谓纲常，所谓名教，所谓道德，所谓礼义，那一样不是损卑下以奉尊长？那一样不是牺牲被治者的个性以事治者？那一样不是本着大家族制下子弟对于亲长的精神？”② 这次思想启蒙运动在瓦解传统封建伦理思想的同时，也促进了马克思主义在中国的广泛传播，新旧思想道德文化激烈碰撞，从而使中国革命道德得以萌芽。

随着马克思主义在中国的传播及其同中国工人运动的结合，中国共产党应运而生。中国共产党自创立时期就特别重视道德建设，并把道德建设与共产主义理想结合起来。党的一大明确承认无产阶级专政，提出要把工人、农民和士兵组织起来，宣传共产主义，并确定党的根本政治目的是实行社会革命。党的二大把实现共产主义作为党的最高革命纲领，明确了共产主义是革命者最终的理想信念和奋斗目标。党的四大第一次明确提出无产阶级在民主革命中的领导权和农民同盟军问题，强调农民在民主革命中的重要性，并对党的宣传工作进行整顿，扩大共产主义宣传和党的影响。在中国共产党的领导和组织下，全国第一次工人运动高潮形成，“从前是牛马，现在要做人”成为安源路矿工人大罢工的口号。随着北伐战争的推进，北伐军所到之处普遍建立农民协会，一切权力归农会。“劳心者治人、劳力者治于人”的传统伦理思想受到巨大冲击，共产主义理想信念、“劳工神圣”等革命伦理思想开始萌生，中国革命道德在中国共产党领导下的早期

---

① 吴虞：《吴虞集》，中华书局，2013，第 167 页。

② 中国李大钊研究会编注：《李大钊全集》（第三卷），人民出版社，2013，第 186 页。

工人运动和农民运动中逐步成长。在革命实践中，中国共产党还认识到对军人进行理想信念教育的重要性，在黄埔军校中开展了革命宣传和共产主义理想信念教育，壮大了革命队伍，为党的道德建设进一步发展奠定了基础。

### （二）土地革命战争时期，中国革命道德初步形成

1927 年大革命失败后，中国革命进入低潮，红军力量弱小以及宣传不到位，使党的道德建设处于劣势。此时，明确党的道德建设的主动权是党的建设的重要任务。党的八七会议对党的定位和自身建设进行了反思，明确了党要在伟大斗争中牢牢掌握革命的领导权，提出“以后要非常注意军事。须知政权是由枪杆子中取得的”①，确定实行土地革命和武装起义的方针，并特别强调要严守党的纪律，规定凡破坏纪律者，都应从严惩办，突出纪律对党的道德建设的极端重要性。井冈山革命根据地的开辟，点燃了工农武装割据的星星之火，中国共产党开辟了农村包围城市、武装夺取政权的革命道路。井冈山时期，为了使红军真正成为人民的军队，真正得到人民群众的拥护，毛泽东提出“三大纪律”（当时称“三项纪律”）、“六项注意”。后来，“六项注意”又增加了“洗澡避女人”和“不搜俘虏腰包”两项内容，发展成为“三大纪律八项注意”。革命不仅是为了群众，还要依靠群众，真正的铜墙铁壁是千百万真心实意拥护革命的群众，全体党员要“真心实意地为群众谋利益”，表明“为人民服务”作为中国革命道德的核心已基本明确。

---

① 中共中央党史和文献研究院：《中国共产党的一百年》（新民主主义革命时期），中共党史出版社，2022，第 99 页。

## ❊小知识

### “三大纪律八项注意”的由来

据《井冈山革命根据地和中央苏区大事纪实》记载：“1927 年 10 月 23 日，工农革命军在毛泽东的率领下抵达荆竹山，王佐派侦探队长朱持柳前往迎接。由于战士们长途跋涉，饥饿难忍，刨了老百姓的红薯吃，违反了群众纪律。毛泽东得知情况后，于次日在荆竹山雷打石上召开大会。要求部队官兵严格遵守群众纪律，和山上的王佐部队搞好关系，做好群众工作，同时提出了人民军队最早的三项纪律。”这“三项纪律”分别是：第一，行动听指挥；第二，不拿工人农民一点东西；第三，打土豪要归公。1929 年以后，毛泽东又将“三项纪律”中的“不拿工人农民一点东西”改为“不拿群众一针一线”；“打土豪要归公”改为“筹款要归公”，后来又改为“一切缴获要归公”。

1928 年夏，毛泽东又提出了“六项注意”，分别是：一、上门板；二、捆铺草；三、说话和气；四、买卖公平；五、借东西要还；六、损坏东西要赔。后来又增加了“洗澡避女人”和“不搜俘虏腰包”两项内容。

这就是井冈山和中央苏区时期形成的“三大纪律八项注意”的初期版本。“三大纪律八项注意”逐步成为人民军队纪律建设的基本原则和明确遵循。

1947 年 10 月 10 日，毛泽东起草发布《中国人民解放军总部关于重新颁布三大纪律八项注意的训令》，对其内容作了统一规定：三大纪律：（一）一切行动听指挥；（二）不拿群众一针一线；（三）一切缴获要归公。八项注意：（一）说话和气；（二）买卖公平；（三）借东西要还；（四）损坏东西要赔；（五）不打人骂人；（六）不损坏庄稼；（七）不调戏妇女；（八）不虐待俘虏。自此，“三大纪律八项注意”内容正式确定下来，这是毛泽东为共产党领导的人民军队制定的铁的纪律准则。歌曲《三大纪律八项注意》也被更加广泛地传唱。

土地革命战争时期，国民党的军事“围剿”和经济封锁，锤炼了共产党人的革命精神和革命品质，不怕牺牲、自力更生、艰苦奋斗、廉洁奉公、勤俭节约的道德品质和革命精神初步形成。《苏区干部好作风》是这种道德品质的生动体现：“苏区干部好作风，自带干粮去办公；日着草鞋干革命，夜走山路访贫农。”这首当年流传于苏区的民歌，真切地表达了人民群众对苏区干部优良作风的赞誉。这一时期形成的井冈山精神、苏区精神和长征精神，是中国革命精神的集中体现，构成了中国革命道德的重要内容。党还在民主选举、革除封建陋俗、提倡新道德新风尚等方面开展了广泛的道德实践，如颁布《中华苏维埃共和国婚姻法》，从法律上保障男女平等，废除性别依附；在中央根据地进行民主选举，保障妇女参政；苏维埃政府还注重廉政建设，严惩腐败分子，“中央苏区的各级党政领导机关，是中国历史上最为清廉的政府；各级苏维埃工作人员，是中国历史上最廉洁自律的官员”①。土地革命战争时期，党的道德建设和实践活动的开展，也为新民主主义革命时期中国革命道德走向发展成熟奠定了坚实基础。

**❊小知识**

### 长征精神

1934 年 10 月，第五次反“围剿”失败后，中央主力红军为了摆脱国民党军队的包围追击，实行战略大转移，退出中央根据地进行长征。其他根据地的红军也先后进行了战略转移。长征途中，中央红军同敌人进行了 600 余次战役战斗，跨越近百条江河，攀越了 40 余座高山险峰，其中海拔 4000 米以上的雪山就有 20 余座，穿越了被称为“死亡陷阱”的茫茫草地，纵横十余省，于 1936 年 10 月在甘肃会宁实现红军主力大会师。这场惊心

① 余伯流、凌步机：《中央苏区史》（上），江西人民出版社，2017，第 641 页。

动魄的远征，历时之长，行程之远，敌我力量之悬殊，自然环境之恶劣，在人类战争史上是罕见的。红军长征的胜利，是中国共产党人和红军将士弘扬伟大革命精神的胜利。

红军长征不仅创造了可歌可泣的战争史诗，而且铸就了伟大的长征精神。这就是：把全国人民和中华民族的根本利益看得高于一切，坚定革命的理想和信念，坚定正义事业必然胜利的精神；为了救国救民，不怕任何艰难险阻，不惜付出一切牺牲的精神；坚持独立自主、实事求是，一切从实际出发的精神；顾全大局、严守纪律、紧密团结的精神；紧紧依靠人民群众，同人民群众生死相依、患难与共、艰苦奋斗的精神。长征精神，是中国共产党和人民军队革命风范的生动反映，是中华民族自强不息的民族品格的集中展示，是以爱国主义为核心的民族精神的最高体现。长征精神为中国革命不断从胜利走向胜利提供了强大的精神动力。

### （三）抗日战争和解放战争时期，中国革命道德发展成熟

从抗日战争到解放战争，中国共产党经过多年的革命实践，对党的道德建设有了更多的思考，中国革命道德逐渐趋于成熟。1942 年 5 月，毛泽东在延安文艺座谈会上指出：文艺是为人民大众服务的，“一切共产党员，一切革命家，一切革命的文艺工作者，都应该学鲁迅的榜样，做无产阶级和人民大众的‘牛’，鞠躬尽瘁，死而后已”①。1944 年 9 月 8 日，毛泽东在张思德同志的追悼会上发表了《为人民服务》的演讲，之后又在延安清凉山中央印刷厂礼堂的讲话中，正式提出“全心全意为人民服务”的命题。1945 年 4 月，党的七大将“全心全意为人民服务”写入党章，确立为党的根本宗旨，成为贯穿中国革命道德始终的一根红线。

---

① 毛泽东：《毛泽东选集》（第三卷），人民出版社，1991，第 877 页。

为人民服务思想的确立，决定了中国革命道德的原则是集体主义。任何时候都应把党的利益、国家的利益和集体的利益放在第一位。刘少奇在《论共产党员的修养》一书中首次系统论述了共产党员道德修养问题，并对共产主义道德许多问题作了精辟的论述："党的利益高于一切，这是我们党员的思想和行动的最高原则。根据这个原则，在每个党员的思想和行动中，都要使自己的个人利益和党的利益完全一致，在个人利益和党的利益不一致的时候，能够毫不踌躇、毫不勉强地服从党的利益，牺牲个人利益。……这就是共产主义道德的最高表现。"① 这表明中国共产党已经把集体主义作为革命道德的准则。

坚持以为人民服务为核心、以集体主义为原则，彰显了我们党以人民为中心的政治品质。正如毛泽东在《纪念白求恩》一文中所说的，白求恩同志毫不利己专门利人的精神，值得每个共产党员学习，"只要有这点精神，就是一个高尚的人，一个纯粹的人，一个有道德的人，一个脱离了低级趣味的人，一个有益于人民的人"②。他在张思德同志追悼会上对革命队伍提出了新的道德要求，指出"一切革命队伍的人都要互相关心，互相爱护，互相帮助"③。中国革命道德核心和原则的明确，其他革命道德规范的丰富，标志着中国革命道德已经确立并趋于成熟。

## 二、中国革命道德的主要内容

中国革命道德是在新民主主义革命的伟大实践中产生、形成和发展成熟的，是中国革命取得胜利的重要精神力量和思想保证，并在社会生活中发挥着不可替代的作用。作为马克思主义伦理思想与中国革命具体实践相

---

① 刘少奇：《刘少奇选集》（上卷），人民出版社，1981，第130—131页。
② 毛泽东：《毛泽东选集》（第二卷），人民出版社，1991，第660页。
③ 毛泽东：《毛泽东选集》（第三卷），人民出版社，1991，第1005页。

结合的产物，中国革命道德的主要内容包括：以实现社会主义和共产主义的崇高理想为最终目的，以全心全意为人民服务为宗旨和核心，以集体主义为基本原则，始终把革命利益放在首位，高举爱国主义与国际主义相结合的旗帜，以无私奉献、顽强拼搏、艰苦奋斗、勤俭节约等革命精神为基本内容。[①] 具体表现在以下几个方面。

### （一）为实现社会主义和共产主义的理想信念而奋斗

中国共产党自诞生之日起，就把马克思主义写在自己的旗帜上，把实现共产主义确立为最高理想，激励着一代又一代共产党人为之不懈奋斗。坚持社会主义和共产主义理想信念的不屈不挠精神，是中国革命道德的灵魂。无数革命先烈为了实现共产主义崇高理想，前仆后继、坚忍不拔、百折不挠、义无反顾地投身于波澜壮阔的革命事业，毫不犹豫地献出了自己的生命，书写了惊天地泣鬼神的壮丽诗篇。夏明翰在临刑前写下“砍头不要紧，只要主义真。杀了夏明翰，还有后来人”的豪言壮语，方志敏发出“敌人只能砍下我们的头颅，决不能动摇我们的信仰”的坚定誓言。革命理想高于天，理想信念之火一经点燃就会产生巨大的精神力量。红军长征是一次理想信念的伟大远征，长征路上的苦难、曲折、死亡，检验了中国共产党人的理想信念，向世人证明了中国共产党人的理想信念是坚不可摧的。其中的湘江战役被誉为红军长征史上“最惨烈、最悲壮、最辉煌”的一战，也是关乎中央红军生死存亡的关键一战。数万红军将士以生命赴使命，用信念铸起了不朽的丰碑。“英雄血染湘江渡，江底尽埋英烈骨；三年不饮湘江水，十年不食湘江鱼”，这首桂北广为流传的民谣就是对湘江战役的历史重现。红军将士视死如归、向死而生、一往无前，靠的是理想信念。习近平总书记在纪念红军长征胜利 80 周年大会上强调：“长征的胜利，是中国

---

① 参见朱金瑞等《新时代中国特色社会主义道德建设研究》，人民出版社，2020，第 148 页。

共产党人理想的胜利，是中国共产党人信念的胜利。‘风雨浸衣骨更硬，野菜充饥志越坚；官兵一致同甘苦，革命理想高于天。’在风雨如磐的长征路上，崇高的理想，坚定的信念，激励和指引着红军一路向前。”① 在革命战争中，无数革命先烈之所以能够排除万难、坚持斗争、无私无畏、不怕牺牲，就是因为他们有坚定的社会主义和共产主义理想信念。正如习近平总书记所指出的：“中国共产党之所以叫共产党，就是因为从成立之日起我们党就把共产主义确立为远大理想。我们党之所以能够经受一次次挫折而又一次次奋起，归根到底是因为我们党有远大理想和崇高追求。”②

### 小知识

## 湘江战役

湘江战役是土地革命战争时期中央红军长征途中在广西北部湘江地区突破国民党军第四道封锁线的战役，是红军长征的壮烈一战，也是决定中国革命生死存亡的重要历史事件。1934 年 11 月 27 日至 12 月 1 日，中央红军在湘江上游广西境内的兴安县、全州县、灌阳县，与国民党苦战五昼夜，最终从全州、兴安之间强渡湘江，突破了国民党军的第四道封锁线，粉碎了蒋介石围歼中央红军于湘江以东的企图，取得了长征途中最关键战役的胜利。但是，中央红军也为此付出了极为惨重的代价。这场战役惨烈空前，红军战士的遗体几乎阻断江流，血水染红了整个江面。那些有名和无名的红军烈士的英魂，用自己的血肉之躯和英勇顽强不怕牺牲的精神，为二万五千里长征铺垫了前进的道路。湘江战役后，中央红军人数已由长征出发时的 8.6 万余人锐减至 3 万多人。年轻的红军将士长眠湘江两岸，铺就了一条血染的战略转移之路。湘江战役事关党和红军的前途命运，不仅为中

---

① 习近平：《在纪念红军长征胜利 80 周年大会上的讲话》（2016 年 10 月 21 日），《人民日报》2016 年 10 月 22 日。

② 习近平：《习近平谈治国理政》（第二卷），外文出版社，2017，第 34 页。

国革命保存了星火燎原的宝贵火种，还加速了党和红军队伍的觉醒，为实现伟大转折提供了历史契机，开启了中国革命走向更大胜利的大门。

### （二）全心全意为人民服务

党的根基在人民、血脉在人民、力量在人民。全心全意为人民服务，不仅是中国共产党的根本宗旨，也是中国革命道德的核心，是我们党从事一切革命事业的出发点和归宿，是我们党区别于其他任何政党的一个显著标志。中国共产党自成立之日起，就把为中国人民谋幸福、为中华民族谋复兴作为自己的初心和使命，坚持全心全意为人民服务的根本宗旨，与人民群众心连心、同呼吸、共命运。一切为了人民，一切依靠人民，全心全意为人民服务，是中国共产党始终坚持的根本宗旨，也是贯穿我们党领导中国革命的一条红线。在新民主主义革命时期，我们党始终坚持开展斗争为人民，依靠人民闹革命，在人民的支持和帮助下，一次次化险为夷、绝处逢生，不断取得革命的新胜利。毛泽东同志在党的七大所作的《论联合政府》的报告中指出："我们共产党人区别于其他任何政党的又一个显著的标志，就是和最广大的人民群众取得最密切的联系。全心全意地为人民服务，一刻也不脱离群众；一切从人民的利益出发，而不是从个人或小集团的利益出发；向人民负责和向党的领导机关负责的一致性；这些就是我们的出发点。"① 党章中也明确规定，党坚持全心全意为人民服务，在任何时候都把群众利益放在第一位，同人民同甘共苦，保持最密切的联系。正是在全心全意为人民服务的精神和品质的激励下，新民主主义革命时期无数革命先烈和英雄人物为了民族解放和人民幸福浴血奋战、前仆后继、无私奉献，把自己的青春、热血和生命都献给了人民的解放事业，他们用血肉

① 毛泽东：《毛泽东选集》（第三卷），人民出版社，1991，第1094—1095页。

筑起钢铁长城，用生命撑起中华脊梁。“中国革命道德在其自身形成和发展过程中，始终同广大人民的利益和愿望紧密地联系在一起，始终时时处处体现着人民的优良品质、维护着人民的根本利益。”①

**小知识**

## 张思德：为人民服务的光辉典范

张思德（1915—1944），四川省仪陇县人，中共党员。他出身贫苦，对共产党和人民军队有着深厚感情。1933 年参加中国工农红军，同年加入中国共产主义青年团；1937 年加入中国共产党。他参加过长征，作战机智勇敢，曾在一次战斗中创造了一人夺得 2 挺机枪的战绩，先后 3 次负伤。1940 年任中央军委警卫营通讯班班长，工作认真负责，在带领全班完成机要通信、站岗放哨、开荒生产和建窑烧炭等各项任务中，成绩优异。1942 年 11 月部队整编，他服从组织分配，调中央警卫团第 1 连当战士，在毛泽东内卫班执行警卫任务。他全心全意为人民服务，经常帮助战友补洗衣服、编织草鞋，带头帮助驻地群众生产劳动。1944 年，他积极参加大生产运动，被选为农场副队长；7 月，进陕北安塞县山中烧木炭。他处处起模范带头作用，不怕苦、不怕累、不怕脏，每到出炭时都争先钻进窑中作业。9 月 5 日，因炭窑崩塌，不幸牺牲，时年 29 岁。9 月 8 日，张思德烈士追悼会在延安凤凰山下枣园沟口的操场上举行，毛泽东发表了题为《为人民服务》的悼念讲话，对张思德全心全意为人民服务的革命精神给予了高度评价：“张思德同志是为人民利益而死的，他的死是比泰山还要重的。”

张思德平凡而光荣的一生，诠释了为人民服务的真谛。这种为人民服务的精神，体现了中国共产党的宗旨，是我们党和军队战胜一切敌人、战

① 陈旻、李甦：《论正确继承和弘扬中国革命道德传统》，《北京政法职业学院学报》2013 年第 4 期。

胜一切困难的力量源泉。2009 年 9 月 10 日，张思德被评为“100 位为新中国成立作出突出贡献的英雄模范人物”之一。

## （三）始终把革命利益放在首位

始终把革命利益放在首位，是中国革命道德的灵魂。中国革命道德坚持集体主义原则，是由中国革命道德的核心所决定的。从全心全意为人民服务出发，共产党人和革命者从事革命活动的目的就是要为人民利益和革命利益而奋斗，在个人利益与革命利益发生矛盾时，要“以革命利益为第一生命，以个人利益服从革命利益”①。从根本上说，革命者的个人利益同革命利益是一致的，当个人利益和革命利益发生矛盾时，他们也总是把自己的个人利益融入人民利益和革命利益之中。正如邓小平同志所说的那样：“为了国家和集体的利益，为了人民大众的利益，一切有革命觉悟的先进分子必要时都应当牺牲自己的利益。”② 始终把革命利益放在首位，极大地激发了革命者为集体而献身的斗志，使革命队伍形成了前所未有的向心力和凝聚力，不断推动革命事业蓬勃发展。中国革命道德在要求一切革命者和先进分子自觉把革命利益放在首位、以个人利益服从革命利益的同时，也要求革命的集体和领导始终不渝地从各个方面照顾每个革命成员的个人利益，关心他们的事业成就和个人的全面发展。

### ❊小知识

### 抗日英雄杨靖宇

杨靖宇（1905—1940），原名马尚德，河南省确山县人，中国共产党优

---

① 毛泽东：《毛泽东选集》（第二卷），人民出版社，1991，第 361 页。
② 邓小平：《邓小平文选》（第二卷），人民出版社，1994，第 337 页。

秀党员，著名抗日民族英雄，鄂豫皖苏区及其红军的创始人之一，东北抗日联军的主要创建者和领导人之一。

1932 年，杨靖宇受党中央委托到东北组织抗日联军，历任抗日联军总指挥、政委等职。他率领东北军民与日寇血战于白山黑水之间，出生入死，屡立战功，在冰天雪地、弹尽粮绝的紧急情况下，最后孤身一人与大量敌人周旋战斗几昼夜后壮烈牺牲。杨靖宇牺牲后，日军解剖了他的尸体，胃里只有草根和棉絮，没有一点粮食，在场的日本人无不受到莫大震撼，中国竟有如此威武不屈的人。为了纪念他，1946 年东北民主联军通化支队改名为杨靖宇支队，濛江县改名为靖宇县。2009 年，杨靖宇将军被评为“100 位为新中国成立作出突出贡献的英雄模范人物”之一。

### （四）树立社会新风，建立新型人际关系

任何道德规范都要面向生活实践。树立社会新风，建立新型人际关系，体现了中国革命道德在社会生活层面的重要意义。在革命根据地，中国共产党领导人民开展土地革命，使得被压迫的贫苦农民实现了经济上的平等，并在政治上翻身做了主人。新型生产道德关系的确立，破除了农村传统的等级观念和特权思想。我们党在革命根据地还倡导新型家庭关系，构建平等的家庭伦理新秩序。如 1939 年《陕甘宁边区抗战时期施政纲领》第二十条规定：“实行男女平等，提高妇女在政治上、经济上、社会上的地位。”邓颖超则进一步指出：“夫妻在家庭中的地位是平等的，夫妻间的关系应该是互爱互敬、互相帮助、互相扶养、和睦团结……只有这样，夫妻间的关系才会是巩固的。”[①] 实现男女平等，促进妇女解放还体现在构建新型婚姻关系上。1946 年颁布的《陕甘宁边区婚姻条例》第一条和第二条规定：

① 邓颖超：《邓颖超文集》，人民出版社，1994，第 82 页。

“男女婚姻以自愿为原则，实行一夫一妻制；禁止强迫包办，及买卖婚姻。”1949 年 9 月的《中国人民政治协商会议共同纲领》指出：“中华人民共和国废除束缚妇女的封建制度。妇女在政治的、经济的、文化教育的、社会的生活各方面，均有与男子平等的权利。实行男女婚姻自由。”[①] 在共产党人看来，男女是平等的，妇女是解放的，夫妻关系是新型的。这为实现男女平等和新型家庭伦理关系的建构打下了坚实的基础，促进了新型人际关系的建立和新的道德风尚的形成。

### （五）修身自律，保持节操

中国革命道德还体现在共产党人对自身道德修养的重视方面。我们党不仅具有优良的传统和作风，而且具有崇高的精神和强大的人格力量。加强个人道德修养事关革命成败，因而践履中国革命道德的重要环节，就是共产党人修身自律，保持节操。具体来说，就是要以中国革命事业为重，严于律己、谦虚谨慎、淡泊名利、清正廉洁、襟怀坦白、光明磊落，始终保持高风亮节，展现出高尚的人格力量。周恩来同志堪称这方面的典范。他一生光明磊落、一尘不染、两袖清风，生前未谋一点私利，身后不留一分资产，是完全彻底地把自己的一生奉献给了党、国家和人民。他一生心底无私、廉洁奉公，是共产党人立党为公、执政为民的典范。他一贯注重政治修养，始终虚怀若谷、谦虚谨慎。他平易近人、平等待人、真诚待人的作风，深受各界人士赞誉，并赢得党内外由衷的信赖和爱戴，成为共产党人谦虚谨慎、不骄不躁优良作风的最好榜样。正如邓小平同志所指出的：“周恩来同志以身作则，严于律己，艰苦奋斗，几十年如一日，成为我党我军优良传统和作风的化身。”[②]

---

① 中共中央文献研究室：《建国以来重要文献选编》（第一册），中央文献出版社，1992，第 2 页。

② 邓小平：《邓小平文选》（第二卷），人民出版社，1994，第 125 页。

## （六）保持无私奉献、顽强拼搏、艰苦奋斗、勤俭节约的革命精神

中国共产党领导的新民主主义革命，其目标之宏伟、任务之繁重、历程之艰辛、斗争之残酷，不仅在中国历史上是空前的，而且在世界历史上也是罕见的。中国革命的这一特点，决定了中国共产党人必须具有无私奉献、顽强拼搏、艰苦奋斗、勤俭节约的革命精神。无私奉献、顽强拼搏，一直以来都是中国共产党人奉行的革命道德，体现在为国家前途、民族命运和人民幸福敢于舍弃一切的伟大奉献精神和顽强拼搏精神之中。“人生自古谁无死，留取丹心照汗青。”在艰苦卓绝的长征过程中，数万名红军将士为了救国救民，不怕任何艰难险阻，不惜付出一切代价，用自己的鲜血沸腾了大渡河，染红了六盘山，最终换来了中国革命的燎原之势。“怕死不是共产党员!”共产党之所以伟大，来自那些不怕牺牲、英勇奋斗的党员和革命战士。世界上没有哪个政党会经历这么多生死考验，付出这么多壮烈牺牲。事实证明，“革命斗争的环境愈是险恶，革命斗争的使命愈是重大，也就对革命者道德品质的要求愈高，就愈能使革命者锤炼和形成英勇顽强的革命道德品质”①。

艰苦奋斗、勤俭节约不仅是中华民族的传统美德，也是我党我军的优良传统。我们党之所以能够由弱到强、由胜利走向胜利，就在于始终把艰苦奋斗、勤俭节约当作传家法宝。井冈山时期，国民党反动派在对井冈山根据地进行频繁军事进攻的同时，还在经济上实行严密和残酷的封锁，妄图把井冈山军民困死、饿死、冻死在山上。“红米饭，南瓜汤，秋茄子，味好香，餐餐吃得精打光。干稻草来软又黄，金丝被儿盖身上，不怕北风和大雪，暖暖和和入梦乡。”这是曾在井冈山军民中传唱的一首歌谣，反映了当时极其困难的斗争生活。面对艰苦的斗争生活，以毛泽东为首的广大红

① 陈旻、李甦：《论正确继承和弘扬中国革命道德传统》，《北京政法职业学院学报》2013年第4期。

军指战员，始终保持旺盛的革命斗志，不怕困难、团结一心，带领井冈山人民一道自力更生、艰苦创业、因陋就简、白手起家，为解决根据地的经济困境，奏响了我党我军在井冈山时期艰苦奋斗的壮丽乐章。抗日战争时期，日本帝国主义对抗日根据地实行“三光”政策，再加上国民党在抗战相持阶段后实行的反共政策，使陕甘宁边区和敌后抗日根据地在财政经济上日益困难。中共中央及时发出“发展经济、保障供给”“自己动手、丰衣足食”“精兵简政”等指示，强调走生产自救的道路，不断减少日常开支，扩大生产规模，为争取抗战胜利奠定了物质基础。① 在全国解放前夕，毛泽东在党的七届二中全会上告诫全党：“务必使同志们继续地保持谦虚、谨慎、不骄、不躁的作风，务必使同志们继续地保持艰苦奋斗的作风。”② 历史和现实一再表明，一个没有艰苦奋斗精神作支撑的民族，是难以自立自强的；一个没有艰苦奋斗精神作支撑的国家，是难以发展进步的；一个没有艰苦奋斗精神作支撑的政党，是难以兴旺发达的。能否坚守艰苦奋斗精神，是关系党和人民事业兴衰成败的大事。为此，不论我们国家发展到什么水平，不论人民生活改善到什么地步，艰苦奋斗、勤俭节约的思想永远不能丢。

### 小知识

#### 朱德的勤俭节约之风③

艰苦朴素、勤俭节约是朱德终其一生都在坚守和倡导的优良作风。在革命战争年代，作为中国工农红军、八路军和中国人民解放军的总司令，朱德始终和战士们一起过着艰苦朴素的生活。爱国将领续范亭曾经这样评

---

① 参见张文友、生旭志《艰苦奋斗 勤俭节约——我军各个时期勤俭节约的小故事》，《中国档案报》2020 年 12 月 29 日。

② 毛泽东：《毛泽东选集》（第四卷），人民出版社，1991，第 1438—1439 页。

③ 参见刘志辉《“勤俭建国家，永久是真言”——朱德的勤俭节约之风》，《党的文献》2013 年第 4 期。

价朱德："时人未识将军面，朴素浑如田家翁。"新中国成立后，朱德长期担任党和国家领导人，依然保持着简朴的作风。难得的两身较好的外衣，也只是参加重要国事活动或外出时才穿，一回到家里，仍换上经常打着补丁的旧衣服。不论是在家中还是外出视察，他的饮食都非常简单，从不铺张浪费，认为"要想着国家，能节约一点就节约一点"。在自己节俭的同时，朱德还教育子女从点滴做起，培养勤俭节约的习惯。他经常教导子女要学会勤俭持家，精打细算过日子，做到少花钱、多办事；并要求他们"发奋图强，自力更生，勤俭建国，勤俭持家，勤俭办一切事业"。朱德曾作诗一首："从俭入奢易，从奢入俭难；勤俭建国家，永久是真言。"把勤俭节约上升到真理的高度。这种感慨，是他长久躬身实践的总结。勤俭节约的作风伴随朱德一生，为广大共产党员作出了表率。

## 三、中国革命道德的当代价值

作为新民主主义革命时期道德建设的宝贵资源，中国革命道德内容丰富、历久弥新，是我们党领导全体人民实现民族独立、人民解放的精神支撑和思想武器。它不仅在中国革命斗争中发挥了重要作用，也成为激励一代又一代中国人民攻坚克难、矢志奋斗的不竭动力。传承和弘扬中国革命道德，奋力走好新时代的赶考之路，对于新征程中以中国式现代化全面推进强国建设、实现中华民族伟大复兴具有十分重要的时代价值。

### （一）有利于筑牢理想信念根基

中国革命道德作为一种精神力量，从它形成的时候起，就对中国的革命和建设事业发挥着极其重要的作用。在革命战争时期，中国共产党之所以能够在非常困难的情况下奋斗出来，能够战胜千难万险取得革命的胜利，能够保证革命事业的发展和壮大，就是因为有革命的理想和信念，有革命的精神。理想指引人生方向，信念决定事业成败。理想信念是共产党人精神上的“钙”，没有理想信念，理想信念不坚定，精神上就会“缺钙”，就会得“软骨病”，必然导致政治上变质、经济上贪婪、道德上堕落、生活上腐化。理想信念之于个人，是脊柱是筋骨，之于一个政党一个民族，是干事创业的基石，是迎难而上的精神动力。有了崇高的理想信念，就有了正确的方向和强大的精神支柱，就能抵御各种腐朽思想的侵蚀，永葆共产党人的先进性，矢志不渝地献身于伟大的事业而不畏任何艰险。坚定的理想信念，“是共产党人前赴后继、奋斗不息的精神支柱和力量源泉，也是我们党的事业不断成功的奥秘所在”①。走进新时代，在实现中华民族伟大复兴的新征程中，我们党面临的挑战和问题依然严峻复杂，新的赶考远未结束。习近平总书记告诫全党同志要把理想信念的火种、红色传统的基因一代代传下去，让革命事业薪火相传、血脉永续。在实现第二个百年奋斗目标的新征程中，继承和弘扬中国革命道德，有利于在全社会加强和巩固社会主义和共产主义的理想信念，有利于坚定中国特色社会主义的信心，有利于新时代新征程中为实现民族复兴、国家富强、人民幸福而攻坚克难、不懈奋斗。筑牢理想信念根基，需要常修常练、常悟常进，在思想洗礼和实践锻造中始终保持理想信念的坚定不移、忠贞不渝，坚持用共产主义远大理想和中国特色社会主义共同理想凝聚团结奋斗的共识和力量，努力创造无愧于党、无愧于人民、无愧于时代的新业绩。

### （二）有利于培育和践行社会主义核心价值观

核心价值观是一个民族赖以维系的精神纽带，是一个国家共同的思想道德基础。牢固的核心价值观，都有其固有的根本。抛弃传统，丢掉根本，

---

① 董振华：《筑牢理想信念根基》，《红旗文稿》2022 年第 6 期。

就等于割断了自己的精神命脉。中国革命道德是先进价值观在道德领域的集中体现，蕴含着培育和践行社会主义核心价值观的丰富思想道德资源。社会主义核心价值观是当代中国精神的具体体现，凝结了全体人民的共同价值追求，是中国革命道德在当代的传承与发展。不忘本来，才能开辟未来，善于继承才能更好地创新。传承和弘扬中国革命道德，对于帮助人们深刻理解社会主义核心价值观的科学内涵和历史底蕴，增强价值观认同，为全体人民团结奋斗提供价值引领；对于新时代更好地坚持中国道路、弘扬中国精神、凝聚中国力量提供强大精神动力；对于全面建成社会主义现代化强国、实现中华民族伟大复兴的中国梦具有重要意义。

### （三）有利于引导人们树立正确的道德观

国家的永续发展、社会的长足进步，既需要夯实雄厚的物质基础，也需要积极向上的道德支撑。正如习近平总书记所强调的，只要中华民族一代接着一代追求美好崇高的道德境界，我们的民族就永远充满希望。历史已经证明：“一个革命者唯有牢固树立并自觉坚持革命道德观，才能在革命事业的艰难困苦中经受住严峻考验；才能在身处顺境时保持清醒的头脑，身处逆境时仍然坚忍不拔，保持应有的革命节操；才能视国家和民族的利益为最大价值而为之不懈努力、奋斗终身。”① 奋进新时代，弘扬中国革命道德能够引导人们树立正确的道德观，处理好个人利益同社会利益、集体利益、国家利益之间的关系，帮助人们在深刻把握历史、认识社会、审视人生的基础上，正确处理人生矛盾，以昂扬姿态奋力开启全面建设社会主义现代化国家新征程。

---

① 本书编写组：《思想道德与法治》（2023年版），高等教育出版社，2021，第163页。

### （四）有利于培育良好的社会道德风尚

“道德是修身之本，只有夯实道德之基，才能为文明风尚的培育提供肥沃的土壤。”① 党的十八大以来，以习近平同志为核心的党中央高度重视公民道德建设，不断立根铸魂、正本清源，作出一系列重要部署，推动思想道德建设取得显著成效，道德领域呈现出积极健康向上的良好态势。同时也要看到，道德领域依然存在拜金主义、享乐主义、极端个人主义、道德失范、诚信缺失等不少问题，突破公序良俗底线、妨碍人民幸福生活、伤害国家尊严和民族感情的事件时有发生，严重损害了群众利益，腐蚀了人们心灵，污染了社会风气。② 解决道德领域出现的突出问题，就要充分发挥革命道德的精神力量，弘扬美德义行，培育良好的社会道德风尚，树立新风正气、祛除歪风邪气，凝聚崇德向善的正能量。

### （五）为新时代道德建设提供理论基础和强大精神动力

中国革命道德是中华民族极其宝贵的精神财富，其所包含的爱国主义、全心全意为人民服务以及顽强拼搏、艰苦奋斗、勤俭节约等革命精神至今仍有其存在的合理性和必然性，成为新时代道德建设的重要理论来源之一。社会主义道德有三个理论来源：一是马克思主义伦理思想，二是中华传统美德，三是中国革命道德。三个理论来源中，中国革命道德是社会主义道德最直接的理论来源，是开展社会主义道德建设最主要的道德基础。厘清中国革命道德与社会主义道德的内在关系，在继承与发展中弘扬革命道德，激发奋进力量，倡导文明风尚，为在守正创新中推进新时代道德建设、谱写中国式现代化新篇章提供强大精神动力。

---

① 张贺：《夯实道德之基 培育文明风尚》，《人民日报》2015 年 10 月 13 日。

② 参见《中共中央国务院印发新时代公民道德建设实施纲要》，《人民日报》2019 年 10 月 28 日。

# 第四章　社会主义道德建设的历史演进

新中国成立后，新生政权的巩固、经济的恢复与发展以及社会主义建设的推进，迫切需要与社会主义经济制度和政治制度相适应的社会主义道德的引领。我们党高度重视道德建设，在领导全国人民进行社会主义革命、建设、改革的伟大实践中走出了一条具有中国特色的社会主义道德建设之路。我国社会主义道德建设，“以马克思主义伦理思想为指导，立足于中华传统美德，传承中国革命道德的基因，吸收和借鉴人类优秀道德成果，植根于中国特色社会主义的伟大实践，并在中国特色社会主义建设中不断检验和完善”①。从 1949 年中华人民共和国成立到 2012 年 11 月党的十八大召开的 60 多年来，我国社会主义道德建设经历了一个不断探索、推进、深化的演进历程，大致可分为三个阶段。

① 朱金瑞等：《新时代中国特色社会主义道德建设研究》，人民出版社，2020，第 131 页。

## 一、社会主义道德建设的初步探索（1949—1978）

中华人民共和国成立之初，如何在全社会形成普遍遵循的社会主义道德是当时一项极为紧迫的现实任务。以毛泽东为代表的党的第一代中央领导集体以破旧立新的果敢精神，积极探索社会主义道德建设的发展新路。

### （一）“五爱”公德的提出

为了改变旧社会不良风气的影响，尽快树立新道德、新风尚，1949 年 9 月，中国人民政治协商会议第一届全体会议通过了《中国人民政治协商会议共同纲领》，其中关于“文化教育政策”的第四十二条规定：“提倡爱祖国、爱人民、爱劳动、爱科学、爱护公共财物为中华人民共和国全体国民的公德。”① 第一次明确了“五爱”的社会主义公德规范。1954 年 9 月，第一届全国人民代表大会第一次会议通过《中华人民共和国宪法》，明确要求中华人民共和国公民必须“尊重社会公德”。“五爱”公德的提出是中华人民共和国社会主义道德建设的重要发端，是对社会主义道德建设实践中社会道德规范的高度概括，对于加强全体国民的道德建设起到了重要引领作用，为社会主义改造的顺利完成和工业化建设提供了有力的精神支撑。

### （二）倡导婚姻自由、男女平等

中国共产党历来重视婚姻制度改革，新中国成立后很快着手改革旧的婚姻制度。1950 年 5 月颁布的《中华人民共和国婚姻法》，是新中国制定的第一部法律。它明确规定：“废除包办强迫、男尊女卑、漠视子女利益的封建主义婚姻制度。实行男女婚姻自由、一夫一妻、男女权利平等、保护

① 中共中央党史研究室：《中国共产党的九十年》（新民主主义革命时期），中共党史出版社、党建读物出版社，2016，第 345 页。

妇女和子女合法利益的新民主主义婚姻制度。”① 这一规定确立了妇女在婚姻家庭中的平等地位和平等权利，为新型家庭伦理关系的建立和社会道德风尚的形成提供了法律保障。此后，全国城乡通过报纸、广播、连环画、电影、戏剧等多种形式，在全国范围内向广大群众大张旗鼓地宣传《婚姻法》，并以群众喜闻乐见的形式做到家喻户晓。如《小二黑结婚》《小女婿》《刘巧儿》等戏剧深受广大群众欢迎。广泛的宣传活动使男女平等、婚姻自由等新的道德观念逐渐深入人心，妇女在家庭中开始享有与男子同样的权利。“《婚姻法》的颁布实施，从根本上动摇了封建婚姻制度和旧有家庭关系的根基，也从根本上触动了旧的传统思想观念和伦理道德，在全社会逐步建立起新型的婚姻家庭关系，促进社会风气发生了巨大转变。”②

### ❊小知识

#### 《小二黑结婚》

《小二黑结婚》是现代小说家赵树理写于 1943 年的短篇小说，描写了抗战时期解放区一对青年男女为追求婚姻自由，冲破封建传统和守旧家长的阻挠，最终结为夫妻的故事。其主要内容是：抗日战争时期，民主根据地刘家峧村的青年队长、杀敌英雄小二黑，与本村俊美聪慧的姑娘小芹相爱。但因违背了封建迷信思想严重的父母亲的意志，遭到了各自家长二诸葛和三仙姑的强烈反对。当时，担任村干部的流氓恶棍金旺，也凭借手中职权，兴风作浪，罗列罪名，趁火打劫，对小二黑和小芹进行残酷迫害，几乎使这对恋人的爱情夭折。后由抗日民主区政府区长出面支持，经过一番斗争，惩办了流氓恶棍金旺，教育了封建愚昧的落后群众，此时的二诸葛和三仙姑也表示支持儿女的婚事。至此，这对追求婚姻自主、向往美好

① 中共中央党史研究室：《中国共产党的九十年》（社会主义革命和建设时期），中共党史出版社、党建读物出版社，2016，第 389 页。

② 李忠杰：《中国共产党历史通览》（上册），中共中央党校出版社，2021，第 263 页。

生活的情侣终于如愿以偿。

《小二黑结婚》自出版后，被改编成电影、沪剧、豫剧、评剧、歌剧等多种艺术形式，在银屏和舞台上精彩呈现，经久不衰。其中，民族歌剧《小二黑结婚》创作于1952年，是中国第一部喜歌剧。剧中的经典唱段《清粼粼的水，蓝莹莹的天》曾经轰动一时，传唱度极高，并流传至今。该剧首次将戏曲唱腔运用在歌剧表现中，成为中国歌剧民族化探索道路上具有里程碑意义的剧目。

### （三）推进道德建设规范化、制度化

新中国成立后，中国共产党在领导社会主义道德建设的实践中，不断完善各种规章制度，逐步推进道德建设规范化、制度化。1956年，毛泽东同志在《论十大关系》中提出把集体主义作为社会主义社会的基本原则，同时他还将新民主主义革命时期为纪念张思德同志提出的“为人民服务”理念，作为社会主义建设时期的道德要求。集体主义是社会主义道德的原则，表现为集体主义强调国家利益、社会整体利益和个人利益的辩证统一；强调国家利益、社会整体利益高于个人利益；重视和保护个人的正当利益。集体主义成为中华人民共和国全体公民遵守的道德规范。这一阶段，“五爱”“集体主义”“为人民服务”的道德准则被相继提出，构建起社会主义道德体系的基本框架，浇筑了社会主义道德的基石。

**❋小知识**

#### 集体主义三个层次的道德要求

集体主义作为社会主义道德的基本原则，可分为三个层次的道德要求：

一是无私奉献、一心为公。即时时处处为集体利益着想，并甘愿为集体牺牲一切。这是集体主义的最高层次，是优秀共产党员、先进分子应努

力达到的道德目标。

二是先公后私、先人后己。即自觉把集体利益放在个人利益之上，在维护集体利益的前提下，实现个人的正当利益。这是已经具有较高社会主义道德觉悟的人能够达到的要求，具有广泛的社会基础。

三是顾全大局、遵纪守法、热爱祖国、诚实劳动，以正当合法的手段保障个人利益。这是对公民最基本的道德要求。

20 世纪 60 年代，各个领域的道德建设规范化、制度化全面推进。1961 年 3 月，中共中央发布《农村人民公社工作条例（草案）》，要求人民公社的各级干部都要树立为人民服务的思想。同年 9 月，中共中央批准《教育部直属高等学校暂行工作条例（草案）》，规定高校的目标是培养具有共产主义道德品质、拥护共产党的领导、拥护社会主义，愿为社会主义服务、为人民服务的社会主义建设者。除此之外，中共中央还颁布了《国营工业企业工作条例（草案）》，制定了《科研十四条》《文艺八条》等条例，这些条例中都有相应的道德规范方面的要求。① 各项规章制度的不断完善，为加强社会主义道德建设提供了重要保障。

### （四）在实践中倡导新风尚、培育新的道德精神

在社会主义道德建设的探索阶段，党和国家善于利用各种宣传媒体大力宣传新风尚、新道德，为社会主义道德建设营造良好的舆论环境。特别是在社会主义改造中，通过广播、报纸、黑板报、宣传册等动员农民走合作化道路，树立集体主义思想，进行爱护公共财产、遵守劳动纪律、勤奋劳动的教育，培育形成集体主义、团结互助等新的道德风尚。在轰轰烈烈的社会主义建设实践中，涌现出“雷锋精神”“铁人精神”“焦裕禄精神”

---

① 参见申文杰、武雨欣《中国共产党领导道德建设途径的基本经验》，《道德与文明》2021 年第 4 期。

“大寨精神”“红旗渠精神”等突出奉献和牺牲的崇高精神，这些精神成为新中国社会主义道德精神的重要体现，激发了人们干事创业的热情。与此同时，在全国大力宣传、学习模范人物，重视发挥先进典型的示范引领作用。如在全国开展学习雷锋活动中，毛泽东亲笔题词“向雷锋同志学习”，使毫不利己、专门利人、助人为乐、关心集体、热爱劳动、勤俭节约、艰苦奋斗的高尚品德深入人心。广泛宣传焦裕禄事迹，他在兰考县担任县委书记期间，发扬大无畏的革命精神，带领全县人民同自然灾害进行顽强斗争，鞠躬尽瘁，成为县委书记的好榜样。大力宣传“铁人”王进喜，他的革命精神代表了新中国工人阶级勇于战胜困难的英雄气概。党中央发出“工业学大庆，农业学大寨”的号召，肯定了大庆人、大寨人的自力更生、艰苦奋斗精神。大力宣传以钱学森、李四光、钱三强、邓稼先、茅以升等为代表的建设社会主义的优秀典型和先进人物，奏响了无私奉献的时代最强音。各行各业通过典型引领和示范带动，引导广大群众崇德向善、见贤思齐、艰苦奋斗、拼搏奉献，培育形成良好社会风气与伟大时代精神。

## ❀小知识

### “铁人精神”

“铁人”是20世纪五六十年代社会送给大庆石油工人王进喜的雅号，他从安装钻机到钻出第一口井，一连七天七夜不下“火线”，被当地老乡称为“铁人”。“铁人”王进喜在为新中国石油工业的发展和社会主义建设立下不朽功勋的同时，也留下了宝贵的精神财富——以“爱国、创业、求实、奉献”为主要内容的“铁人精神”。该精神内涵丰富，主要包括“为国分忧、为民族争气”的爱国主义精神，“宁肯少活20年，拼命也要拿下大油田”的忘我拼搏精神，“有条件要上，没有条件创造条件也要上”的艰苦奋斗精神，“干工作要经得起子孙万代检查”“为革命练一身硬功夫、真本事”的科学求实精神，“甘愿为党和人民当一辈子老黄牛”埋头苦干的奉献精神等。“铁人精神”是崇高人格的升华、钢铁意志的锤炼、奉献境界的彰显，与“红船精神”“井冈山精神”“延安精神”一脉相承、高度契合，共同构筑起中华民族的精神脊梁。

“文化大革命”时期，由于过度突出阶级斗争，政治原则几乎代替了道德规范，使社会主义道德建设遭受重创，尤其是对中华民族的传统一概否定和抛弃，摧毁了私德赖以生存的传统文化根基。如红卫兵运动从最初的破“四旧”①，发展到抄家、打人、砸物，无数优秀文化典籍被付诸一炬，大量国家文物遭受严重破坏，造成巨大的文化浩劫。中华民族的许多传统道德被否定和抛弃，严重破坏了道德延续和发展的根基和血脉。正如邓小平同志在 1979 年 3 月党的理论工作务虚会上所指出的：“过去的十来年中，林彪、‘四人帮’把我们的党和政府搞乱了，把我们的社会搞乱了，也把不少青少年毒害了，社会主义的道德风尚受到了严重的损害。”② 但这一时期的道德建设也有闪光点，其最大的闪光点就是广大“两弹一星”③ 研制工作者在为我国的航空航天事业进行艰苦卓绝的奋斗中，培育和发扬了一种崇高的精神，这就是“热爱祖国、无私奉献，自力更生、艰苦奋斗，大力协同、勇于登攀”的“两弹一星”精神。这一精神是爱国主义、集体主义、社会主义精神和科学精神的生动体现，为伟大的民族精神增添了新的内容，是中华民族的宝贵精神财富。

**❊小知识**

### “两弹一星”

“两弹一星”最初指原子弹、氢弹、人造卫星。“两弹”中的原子弹和

---

① “四旧”，即所谓旧思想、旧文化、旧风俗、旧习惯。

② 邓小平：《邓小平文选》（第二卷），人民出版社，1994，第 177 页。

③ “两弹一星”一般指原子弹、氢弹、人造卫星。

氢弹后来合称核弹，另一弹指早期研发的导弹。后来，“两弹一星”指导弹、核弹、人造卫星。

20世纪50年代，面对帝国主义的核威胁、核讹诈，党的第一代领导集体审时度势，高瞻远瞩，果断决定研制原子弹、导弹、人造地球卫星。1960年11月5日，中国第一枚国产近程导弹发射成功，彻底结束了中国没有导弹的历史；1964年10月16日，中国第一颗原子弹爆炸成功，成为世界上第五个拥有原子弹的国家；1967年6月17日，中国第一颗氢弹空爆试验成功；1970年4月24日，中国第一颗人造卫星“东方红一号”发射成功，开创了中国航天史的新纪元，使中国成为世界上第五个独立研制并发射人造地球卫星的国家。中国的“两弹一星”是20世纪下半叶中华民族创造的辉煌伟业。

中国的“两弹一星”事业，培养了中国航天之父、火箭之王——钱学森及两弹元勋——邓稼先和钱三强等一批著名的科学家，创造了世界科技史上的奇迹。这一奇迹，集中体现了那一代科研工作者“热爱祖国、无私奉献，自力更生、艰苦奋斗，大力协同、勇于登攀”的宝贵精神。

## 二、社会主义道德建设的推进（1978—2000）

1978年5月11日，在《光明日报》发表的《实践是检验真理的唯一标准》一文，引发了全国范围内关于真理标准问题的大讨论。这场深刻而广泛的思想解放运动，成为正本清源、拨乱反正和改革开放的思想先导。同年12月，党的十一届三中全会召开，实现了新中国成立以来党的历史上具有深远意义的伟大转折，开启了改革开放和社会主义现代化建设的新时期，社会主义道德建设也得以重新发展。为了修复被破坏的道德规范和秩序，重建社会主义道德，党中央决定加强社会主义精神文明建设，开展“五讲四美三热爱”“讲文明、树新风”等群众性精神文明创建活动，着力促进道德风尚的提高和社会秩序的和谐。

## （一）建设社会主义精神文明和社会主义道德体系的提出

首先，明确社会主义精神文明建设的战略地位。1979 年 10 月，邓小平同志在中国文学艺术工作者第四次代表大会上的祝词中指出：“我们要在建设高度物质文明的同时，提高全民族的科学文化水平，发展高尚的丰富多彩的文化生活，建设高度的社会主义精神文明。”① 1981 年 6 月，党的十一届六中全会通过的《关于建国以来党的若干历史问题的决议》，强调社会主义必须有高度的精神文明。1982 年 9 月，党的十二大对社会主义精神文明作了深刻阐述，第一次明确指出：“社会主义精神文明是社会主义的重要特征，是社会主义制度优越性的重要表现。它表现为教育、科学、文化知识的发达和人们思想、政治、道德水平的提高。”② 1986 年 9 月，党的十二届六中全会通过了《中共中央关于社会主义精神文明建设指导方针的决议》，把“坚定不移地加强精神文明建设”列入我国社会主义现代化建设的总体布局，明确了社会主义精神文明建设的战略地位。1992 年党的十四大明确提出，坚持两手抓、两手都要硬；物质文明和精神文明都搞好，才是有中国特色的社会主义，把社会主义精神文明建设提高到新水平。

其次，明确社会主义道德体系的基本内容。1982 年 12 月，《中华人民共和国宪法》第二十四条把新中国成立初期的“五爱”调整为“爱祖国、爱人民、爱劳动、爱科学、爱社会主义”。党的十二届六中全会作出的《中共中央关于社会主义精神文明建设指导方针的决议》，首次提出“社会主义道德”的概念，明确了“社会主义道德建设的基本要求，是爱祖国、爱人

① 邓小平：《邓小平文选》（第二卷），人民出版社，1994，第 208 页。

② 张士义、王祖强、沈传宝：《从一大到十九大：中国共产党全国代表大会史》，东方出版社，2018，第 240 页。

民、爱劳动、爱科学、爱社会主义”①。1996 年 10 月，党的十四届六中全会通过了《中共中央关于加强社会主义精神文明建设若干重要问题的决议》，明确提出了社会主义道德建设的基本任务和主要内容。其基本任务是坚持爱国主义、集体主义、社会主义教育，加强社会公德、职业道德、家庭美德建设，引导人们树立建设有中国特色社会主义的共同理想和正确的世界观、人生观、价值观；其主要内容包括：要以为人民服务为核心，以集体主义为原则，以爱祖国、爱人民、爱劳动、爱科学、爱社会主义为基本要求，开展社会公德、职业道德、家庭美德教育，在全社会形成团结互助、平等友爱、共同前进的人际关系。该决议系统概括了“三德”的基本要求，即社会公德建设的基本要求是文明礼貌、助人为乐、爱护公物、保护环境、遵纪守法，职业道德建设的基本要求是爱岗敬业、诚实守信、办事公道、服务群众、奉献社会，家庭美德建设的基本要求是尊老爱幼、男女平等、夫妻和睦、勤俭持家、邻里团结。②

### （二）广泛开展“五讲四美三热爱”活动

1981 年 2 月，全国总工会、共青团中央、全国妇联等 9 个单位联合发出《关于开展文明礼貌活动的倡议》，向全国人民特别是青少年提出，开展以讲文明、讲礼貌、讲卫生、讲秩序、讲道德和心灵美、语言美、行为美、环境美为内容的“五讲四美”文明礼貌活动；随后，中央宣传部、教育部、文化部、卫生部、公安部联合发出《关于开展文明礼貌活动的通知》，要求各部门积极支持各群众团体开展文明礼貌活动，并把它作为建设社会主义精神文明的一件大事，认真抓好。同年 8 月，共青团中央决定在全国青少年中开展热爱祖国、热爱社会主义、热爱中国共产党的“三热爱”教育活

---

① 《中共中央关于社会主义精神文明建设指导方针的决议》，人民出版社，1986，第 11 页。

② 参见《中共中央关于加强社会主义精神文明建设若干重要问题的决议》，《人民日报》1996 年 10 月 14 日。

动。后来又把“三热爱”与“五讲四美”统一起来，提出在全国开展“五讲四美三热爱”活动。1982年2月，中共中央办公厅转发了中宣部《关于深入开展“五讲四美”活动的报告》，规定每年3月为“全民文明礼貌月”。1983年2月，党中央、国务院决定在中央和各省、自治区、直辖市成立“五讲四美三热爱”活动委员会，并设立了相应办事机构，组织开展群众性精神文明创建活动。1984年以后，“创建文明城市”及军民共建文明村镇、文明街道等活动在全国比较普遍地开展起来。20世纪80年代开展的“五讲四美三热爱”活动，是中国共产党在新的历史条件下开展道德建设的一个创举。

**小知识**

## 保定军民共建文明村活动

河北省保定市，是全国军民共建社会主义精神文明活动的发祥地。1981年11月，驻军某部与保定市崔中旺村干部群众响应党中央建设社会主义精神文明的号召，率先在全国开展了共建文明村活动。共建活动从治理脏乱差入手，进而发展到思想建设、文化建设、科技知识普及等。仅仅一年多的时间，保定军民在108个村庄、65个商店、学校、街道、企事业单位开展了共建精神文明活动。在军民共建精神文明的地方，环境整洁，家庭和睦，邻里团结，婚事新办，丧事简办，爱国家、爱集体的思想大发扬，群众的文化生活丰富，社会治安好转，密切了军政军民关系，培养了军地两用人才，使军地双方共同受益。邓小平同志为此题词：“发扬我军拥政爱民的光荣传统，军民共建社会主义精神文明。”由此，“军民共建”作为特定的词汇，成为保定一张响亮的名片。[①]

---

① 参见《保定纪念军民共建30周年》，《光明日报》2011年12月31日。

## （三）开展文明创建活动，提升全民道德素质

20世纪90年代中后期，在全国范围内开展“讲文明、树新风”创建活动，各行各业开展了各具特色的道德实践活动。各个部门相继开展了科技、文化、卫生“三下乡”活动、“百城万店无假货”活动和“万村书库工程”、广播电视村村通工程，还建立了党员联系户制度、巾帼家政服务站、职工再就业服务中心等，为群众办实事，从而提高人们的思想境界和道德水平。一些窗口行业还开展了“为人民服务，树行业新风”等活动，向社会公开服务承诺，实行文明上岗优质服务，有效遏制了行业不正之风，提升了公民道德素质和社会文明程度。

### ❊小知识

#### “百城万店无假货”活动

“百城万店无假货”活动启动于1995年底。当时，随着社会主义市场经济的发展，人们的道德观念和行为方式发生了深刻变化，广大群众对商业领域存在的假冒伪劣现象反映强烈。中宣部、原国内贸易部决定在全国开展“百城万店无假货”活动，教育引导企业员工严格遵守“诚信、公平、情义、服务”的商业道德准则，努力形成“为人民服务、对社会负责”的良好道德风尚。两部门组织北京、上海、天津等城市30家大型国有商业企业发出不售假货倡议，这些企业成为第一批示范店。随着参与部门的逐年增加，在工商、质检等有关部门的协调配合下，“以真诚赢得信誉、用信誉保证效益”已成为商贸企业员工的自觉行动。近年来，“百城万店无假货”活动展现了蓬勃生机，在提高商贸企业职工道德水平、打击制售假冒伪劣行为和保护消费者合法权益方面，发挥了重要示范引导作用。①

① 参见雷敏《用诚信铸就的“金字招牌”》，新华网2006年2月28日。

## （四）落实精神文明建设，培育“四有”新人

改革开放新时期，为确保社会主义事业兴旺发达，需要培养一代又一代的可靠接班人。邓小平同志在1980年底召开的中共中央工作会议上指出：“要努力使我们的青少年成为有理想、有道德、有知识、有体力的人，使他们立志为人民作贡献，为祖国作贡献，为人类作贡献，从小养成守纪律、讲礼貌、维护公共利益的良好习惯。”① 1982年7月在军委座谈会上的讲话中，他再次指出，要“使我们的各族人民都成为有理想、讲道德、有文化、守纪律的人民”②。1985年3月在全国科技工作会议上，邓小平同志完整地提出要“教育全国人民做到有理想、有道德、有文化、有纪律”③的“四有”新人。之后他又将“四有”纳入新时期建设社会主义精神文明的目标。他“要求各行各业在社会主义现代化建设中都要重视人的科学文化素质和思想道德素质的提高，在整个社会造成一个人人向上、奋发有为的良好的社会道德风尚。要求全党、工会、妇联、共青团、少先队、学校等党政、社会团体、群众组织一齐努力，加强道德教育，恢复和发展我们党和人民的革命传统，树立优良的社会主义道德风尚，培养社会主义新人”④。1986年9月，党的十二届六中全会作出《中共中央关于社会主义精神文明建设指导方针的决议》，强调要培育有理想、有道德、有文化、有纪律的社会主义公民。1994年1月，江泽民同志在全国宣传思想工作会议上提出，要“以科学的理论武装人，以正确的舆论引导人，以高尚的精神塑造人，以优秀的作品鼓舞人，不断培养和造就一代又一代有理想、有道德、

① 邓小平：《邓小平文选》（第二卷），人民出版社，1994，第369页。
② 邓小平：《邓小平文选》（第二卷），人民出版社，1994，第408页。
③ 邓小平：《邓小平文选》（第三卷），人民出版社，1993，第110页。
④ 鲁修文：《邓小平“四有”新人思想研究》，《开发研究》1996年第6期。

有文化、有纪律的社会主义新人"①，不断提高全民族的思想道德素质和科学文化素质。1995 年，《中华人民共和国教育法》明确了教育的目的是培养德、智、体等方面全面发展的社会主义事业的建设者和接班人。1999 年 6 月，江泽民同志在第三次全国教育工作会议上系统阐述了党的教育方针，强调"努力造就有理想、有道德、有文化、有纪律的，德育、智育、体育、美育等全面发展的社会主义事业建设者和接班人"②，首次提出了"德智体美全面发展"的理念。

**❊小链接**

我们要建设的社会主义国家，不但要有高度的物质文明，而且要有高度的精神文明。所谓精神文明，不但是指教育、科学、文化（这是完全必要的），而且是指共产主义的思想、理想、信念、道德、纪律，革命的立场和原则，人与人的同志式关系，等等。……我们不是靠马克思主义的科学理论和上述的革命精神参加革命到现在吗？从延安到新中国，除了靠正确的政治方向以外，不是靠这些宝贵的革命精神吸引了全国人民和国外友好人士吗？没有这种精神文明，没有共产主义理想，没有共产主义道德，怎么能建设社会主义？

——邓小平

## 三、社会主义道德建设的深化（2001—2012）

进入新世纪，为进一步深化社会主义道德建设，党中央确立了"以德

---

① 李忠杰：《中国共产党历史通览》（下册），中共中央党校出版社，2021，第 571 页。
② 江泽民：《江泽民文选》（第二卷），人民出版社，2006，第 332 页。

治国”的基本方略，颁布实施了《公民道德建设实施纲要》，开始了社会主义核心价值体系建设。

## （一）提出以德治国，加强公民道德建设

为加强社会主义道德建设，夯实国家发展的道德文化根基，2001 年 1 月，江泽民同志在全国宣传部长会议上指出：“我们在建设有中国特色社会主义、发展社会主义市场经济的过程中，要坚持不懈地加强社会主义法制建设，依法治国，同时也要坚持不懈地加强社会主义道德建设，以德治国……我们要把法制建设与道德建设紧密结合起来，把依法治国和以德治国紧密结合起来。”① 这次会议首次明确提出了“以德治国”、把以德治国与依法治国相结合的基本治国方略。同年 9 月，中共中央印发了《公民道德建设实施纲要》，这是新中国成立以来专门论述公民道德建设的首个文件。该文件明确提出我国公民道德建设的主要内容，即“社会主义道德建设要坚持以为人民服务为核心，以集体主义为原则，以爱祖国、爱人民、爱劳动、爱科学、爱社会主义为基本要求，以社会公德、职业道德、家庭美德为着力点”②；首次凝练出“爱国守法、明礼诚信、团结友善、勤俭自强、敬业奉献”的公民基本道德规范，并强调应当把道德建设的主要内容具体化、规范化。2002 年 11 月，江泽民同志在党的十六大报告中指出，依法治国和以德治国相辅相成；要建立与社会主义市场经济相适应、与社会主义法律规范相协调、与中华民族传统美德相承接的社会主义思想道德体系；弘扬爱国主义精神，以诚实守信为重点，特别要加强青少年的思想道德建设，并广泛开展群众性精神文明创建活动。③ 从 2002 年 10 月开始，中央电视台每年举办一次“感动中国”年度人物评选，引起社会广泛关注。

---

① 江泽民：《江泽民文选》（第三卷），人民出版社，2006，第 200 页。

② 《公民道德建设实施纲要》，《人民日报》2001 年 10 月 25 日。

③ 参见江泽民《江泽民文选》（第三卷），人民出版社，2006，第 560 页。

2003 年首次将每年的 9 月 20 日定为“公民道德宣传日”，并在全国联合开展“共铸诚信”活动。除此之外，文明城市、文明行业、文明单位、扶残助残、百城万店无假货、做人民满意的公务员等各类公民道德建设活动，如雨后春笋般开展，引导人们做社会的好公民、做单位的好员工、做家庭的好成员。

2004 年，中共中央、国务院相继印发《关于进一步加强和改进未成年人思想道德建设的若干意见》《关于进一步加强和改进大学生思想政治教育的意见》，强调加强未成年人、大学生思想道德建设。2007 年 10 月，胡锦涛同志在党的十七大报告中又把“个人品德”与“社会公德、职业道德、家庭美德”并列提出，强调要“大力弘扬爱国主义、集体主义、社会主义思想，以增强诚信意识为重点，加强社会公德、职业道德、家庭美德、个人品德建设，发挥道德模范榜样作用，引导人们自觉履行法定义务、社会责任、家庭责任”①。

### （二）开展全国道德模范和文明典型评选表彰活动

2007 年 7 月至 9 月，我国开展了首届全国道德模范评选表彰活动，分为助人为乐模范、见义勇为模范、诚实守信模范、敬业奉献模范、孝老爱亲模范五个类型，共有 53 名同志荣获“全国道德模范”称号。这次评选出的道德模范，既有矢志不移、默默奉献，在科技领域作出杰出贡献的科学家袁隆平，又有舍命救人的殷雪梅；既有乐善好施、扶贫助学的丛飞，又有一往情深、用人间至爱谱写爱亲乐章的罗映珍，还有一诺千金、历经困苦，一笔一笔地偿还 270 多万元债务的武秀君……他们来自不同的行业和领域，用自己的实际行动向世人展示了敬业奉献、助人为乐、孝老爱亲、见义勇为、诚实守信的道德风貌。此后，中宣部、中央文明办还在全国各

① 胡锦涛：《高举中国特色社会主义伟大旗帜 为夺取全面建设小康社会新胜利而奋斗》，《人民日报》2007 年 10 月 25 日。

地组织开展了“道德模范基层巡讲”“百城市道德模范巡讲网上行”“我推荐我评议身边好人”等活动，大力宣传道德模范的先进事迹和崇高精神，有助于在全社会形成崇德向善、见贤思齐的良好风尚和社会氛围。2009年9月，“100位为新中国成立作出突出贡献的英雄模范人物和100位新中国成立以来感动中国人物”的“双百”表彰大会在北京举行。2011年12月，全国精神文明建设工作表彰大会在北京召开，授予27个全国文明城市(区)、899个全国文明村镇、1794个全国文明单位，继续保留23个城市(区)的全国文明城市(区)荣誉称号。全国模范人物和文明典型的评选表彰活动，弘扬向上向善正能量，取得了“拨亮一盏灯，照亮一大片”的良好效果，有力促进了公民道德素质和社会文明程度不断提高。

### ❀小知识

## 全国助人为乐模范丛飞：“义工”歌手

丛飞，原名张崇，1969年10月出生，辽宁省盘锦市大洼县人，中共党员。1992年毕业于沈阳音乐学院，成为一名歌手。1994年到深圳从事演艺工作，是深圳首批“义工”、深圳市义工联艺术团团长。

1994年8月，丛飞应邀参加重庆举行的一次失学儿童重返校园义演，从此开启了他长达11年的慈善助人之路。在1994年至2005年的11年间，丛飞作为一名普通的歌手，致力于社会公益事业，义演300多场，将主要收入捐给很多贫困的失学儿童和残疾儿童，义工服务超过6000小时，先后资助贵州、湖南、四川等贫困山区的贫困儿童183名，无私捐助失学儿童和残疾人超过150人，认养孤儿37人，捐助金额超过300万元，自己却为此背负上了17万元的债务。他的慈善行为，深刻改变了很多山区孩子和残疾人的命运。然而，一直在慈善路上披荆斩棘的丛飞，却在2005年的演出时突然晕倒，医院诊断结果是胃癌，于2006年4月离开人世并捐献出眼角膜，将光明馈赠社会、长留人间。

丛飞的事迹被新闻媒体报道后，引起社会各界关注，他的事迹感人至深，震撼全国。他先后被授予“中国百名优秀青年志愿者”“深圳市爱心市民”“深圳市爱心大使”等称号；2005年获得“全国十大公益之星”“感动中国2005年度人物”。“感动中国”的颁奖词是这样说的：“从看到失学儿童的第一眼，到被死神眷顾之前，他把所有时间都给了那些需要帮助的孩子，没有丝毫保留，甚至不惜向生命借贷。他曾经用舞台构筑课堂，用歌声点亮希望。今天，他的歌喉也许不如往昔嘹亮，却赢得了最饱含敬意的喝彩。”2009年，丛飞获得由中共中央宣传部等11个部委联合组织评选的“100位新中国成立以来感动中国人物”荣誉。

### （三）建设社会主义核心价值体系

2006年3月，胡锦涛同志在参加全国政协十届四次会议的民盟、民进联组讨论时发表讲话，强调要引导广大干部群众特别是青少年树立以“八荣八耻”为主要内容的社会主义荣辱观。这标志着社会主义道德建设在新的历史条件下进一步拓展了其内涵。以“八荣八耻”为主要内容的社会主义荣辱观，旗帜鲜明地指出了在社会主义社会里，什么是真善美，什么是假恶丑，应当坚持什么、反对什么，提倡什么、抵制什么，明确了当代中国最基本的价值取向和行为准则，它是引领社会风尚的光辉旗帜。同年5月，中央精神文明建设指导委员会发出了《关于深入学习实践社会主义荣辱观大力加强思想道德建设的意见》。此后，中央文明办在全国范围内组织开展了“八荣八耻”宣传教育活动，大力倡导和树立以“八荣八耻”为主要内容的社会主义荣辱观。

### ❊小知识

#### “八荣八耻”

以热爱祖国为荣，以危害祖国为耻；
以服务人民为荣，以背离人民为耻；
以崇尚科学为荣，以愚昧无知为耻；
以辛勤劳动为荣，以好逸恶劳为耻；
以团结互助为荣，以损人利己为耻；
以诚实守信为荣，以见利忘义为耻；
以遵纪守法为荣，以违法乱纪为耻；
以艰苦奋斗为荣，以骄奢淫逸为耻。

党中央十分重视社会主义核心价值体系建设。2006 年 10 月，党的十六届六中全会通过《中共中央关于构建社会主义和谐社会若干重大问题的决议》，第一次提出“建设社会主义核心价值体系”这个重大命题和战略任务，概括了社会主义核心价值体系的基本内容，即马克思主义指导思想，中国特色社会主义共同理想，以爱国主义为核心的民族精神和以改革创新为核心的时代精神，社会主义荣辱观。2007 年 6 月 25 日，胡锦涛同志在中央党校省部级干部进修班发表重要讲话，强调要大力建设社会主义核心价值体系，巩固全党全国各族人民团结奋斗的共同思想基础。同年 10 月，党的十七大报告提出了“建设社会主义核心价值体系，增强社会主义意识形态的吸引力和凝聚力”① 的重要论断，并明确要求“切实把社会主义核心价值体系融入国民教育和精神文明建设全过程，转化为人民的自觉追

---

① 胡锦涛：《高举中国特色社会主义伟大旗帜 为夺取全面建设小康社会新胜利而奋斗》，《人民日报》2007 年 10 月 25 日。

求”①，强调了社会主义核心价值体系建设的重要性。2011 年 10 月，党的十七届六中全会进一步强调，社会主义核心价值体系是兴国之魂，是社会主义先进文化的精髓，决定着中国特色社会主义发展方向，并把建设社会主义核心价值体系作为推动社会主义文化大发展大繁荣的根本任务，进一步凸显了社会主义核心价值体系的立国价值和建设社会主义核心价值体系的战略意义。

为推进社会主义核心价值体系建设，全国各地积极开展了社会主义核心价值体系的宣教活动和生动实践。以河北省为例，2007 年党的十七大召开后，河北积极开展社会主义核心价值体系的研究和宣传，并把社会主义核心价值体系建设作为强省之本、和谐之魂、文化之核，立足河北本地资源，深入挖掘河北特色文化中所蕴含的社会主义价值理念，不断推进理论和实践创新；2011 年组织开展了“惠在何处、惠从何来”主题宣教活动，增强干部群众对马克思主义的认知、认同和践行力度；2012 年组织开展了“善行河北”主题道德实践活动，在全社会大兴互助之风、诚信之风、孝敬之风，弘扬社会公德、职业道德、家庭美德，燕赵大地全民行善成为新风尚；持续推进公民道德建设工程，广泛发动群众挖掘和选树身边道德典型，如通过评选“沧州好人”和“青县道德模范”活动，颂扬凡人善举，引发道德自觉，激励全民向善向上，营造崇德向善、见贤思齐的社会氛围，不断推进社会主义核心价值体系在河北落地生根。

**❀小知识**

### 道德模范周汝珍：将慈爱孝道进行到底

周汝珍，河北省沧州市青县金牛镇人，自 1988 年起先后担任金牛镇敬

① 胡锦涛：《高举中国特色社会主义伟大旗帜 为夺取全面建设小康社会新胜利而奋斗》，《人民日报》2007 年 10 月 25 日。

老院院长、青县康复敬老院院长。30 多年来，她用持之以恒的慈爱向沧州这座古城传递正能量，先后伺候了 200 多位老人，为他们带来生的幸福和死的尊严，被她照顾的老人给了她一个响当当的称呼——“大孝闺女”。

20 世纪 80 年代，刚到金牛镇敬老院，40 多岁的周汝珍便起早贪黑，把爱倾注在敬老院鳏寡孤独的老人身上，让他们过上舒心、顺心的日子。为了伺候好这些老人，她就吃住在敬老院里。30 多年来，她为老人们做了多少顿菜、洗了多少块尿布、垫付了多少钱、花了多少气力……连她自己也说不清楚，但她知道，这些老人都把她当成了自己的“闺女”。敬老院的老人曾编了一段顺口溜：进了敬老院，赛过活神仙，穿的是新衣，吃的是米面，老来有依靠，女儿伴身边，感谢共产党，生活比蜜甜。这里所说的女儿就是周汝珍，并以此作为“大孝闺女”的生动写照。

2007 年，金牛镇敬老院更名为青县康复敬老院，划归县民政局管理，除了那些生活半自理、不能自理的五保老人，一些残疾人、孤儿也陆续被安排到康复敬老院，周汝珍便成了那些没亲人疼爱的孩子们的周奶奶。十多个残疾孩子，有的双目失明，有的患有先天性心脏病、有的属于智障儿童、有的是聋哑人……无论怎样的状况，周汝珍都像对待自己的孙子那样疼爱这些被父母遗弃的孩子。

“只要活一天，我就要照顾这些老人和孩子一天。”周汝珍用她最朴实的行动感动了很多人。她多次被评为省市级优秀共产党员，先后荣获“2009 年感动河北十大人物”“中华十大孝慈人物”“最美中国人”等荣誉称号，2013 年获全国道德模范提名奖。如今，周汝珍的家人和社会上更多的爱心人士接过她的接力棒，将慈孝的善行传递下去。

# 第五章 新时代道德建设的创新发展

伟大时代呼唤伟大精神，崇高事业需要道德力量支撑。中国特色社会主义进入新时代，我国社会主要矛盾、发展环境和历史任务发生新的变化。加强新时代道德建设，是全面建成小康社会、全面建成社会主义现代化强国的战略任务，是适应社会主要矛盾变化、满足人民对美好生活向往的迫切需要。同时也要看到，新时代道德建设在取得显著成效的同时，也面临着国内外形势发展变化带来的新挑战；决胜全面建成小康社会、开启全面建设社会主义现代化国家新征程、实现中华民族伟大复兴的宏伟蓝图，对新时代道德建设提出了新的更高要求；《新时代公民道德建设实施纲要》的颁布，提出了一系列新思想新举措，推动新时代道德建设不断创新发展。

## 一、新时代道德建设的新进展

党的十八大以来，中国特色社会主义进入新时代，这是我国发展新的历史方位。我国社会主要矛盾已转化为人民日益增长的美好生活需要和不平衡不充分的发展之间的矛盾，人们对美好生活有了更高的期许；全面建成小康社会和社会主义现代化强国是新时代党的奋斗目标；以中国式现代化全面推进强国建设、民族复兴成为新时代党和国家的中心任务。新矛盾、新目标、新任务对全民族的思想道德建设提出了更高的要求，推进了新时代道德建设的创新发展。

## （一）培育和践行社会主义核心价值观

核心价值观是一个国家的重要稳定器，能否构建具有强大凝聚力、感召力的核心价值观，关系社会和谐稳定和国家长治久安。如果没有共同的核心价值观，一个民族、一个国家就会魂无定所、行无所依。党的十八大以来，党中央更加重视公民道德素质的提升，倡导加强社会主义核心价值观。2012 年 11 月，党的十八大报告首次用“三个倡导”来概括社会主义核心价值观的内涵，明确提出“倡导富强、民主、文明、和谐，倡导自由、平等、公正、法治，倡导爱国、敬业、诚信、友善，积极培育和践行社会主义核心价值观”①。这是对社会主义核心价值观的高度概括和凝练，也为培育和践行社会主义核心价值观提供了基本遵循。2013 年 12 月，中共中央办公厅印发了《关于培育和践行社会主义核心价值观的意见》，明确提出社会主义核心价值观与社会主义核心价值体系的关系，并对社会主义核心价值观建设工作进行总体部署，强调要把培育和践行社会主义核心价值观融入国民教育全过程、落实到经济发展实践和社会治理中，要加强社会主义核心价值观宣传教育、开展涵养社会主义核心价值观的实践活动、加强对培育和践行社会主义核心价值观的组织领导等，为培育和践行社会主义核心价值观提供了原则要求和具体遵循。2014 年 2 月，习近平总书记在中共中央政治局第十三次集体学习时强调，把培育和弘扬社会主义核心价值观作为凝魂聚气、强基固本的基础工程，必须立足中华优秀传统文化，要

① 胡锦涛：《坚定不移沿着中国特色社会主义道路前进 为全面建成小康社会而奋斗》，《人民日报》2012 年 11 月 18 日。

切实把社会主义核心价值观贯穿于社会生活的方方面面，使社会主义核心价值观内化为人们的精神追求、外化为人们的自觉行动。正如他指出的："一种价值观要真正发挥作用，必须融入社会生活，让人们在实践中感知它、领悟它，达到'百姓日用而不知'的程度。"①

2015 年 4 月，中央宣传部、中央文明办联合印发了《培育和践行社会主义核心价值观行动方案》，指出培育和践行社会主义核心价值观，要坚持以理想信念教育为核心，深化中国特色社会主义、中国梦和中国道路学习宣传教育，引导人们坚定理想信念，增强道路自信、理论自信、制度自信；要立足中华优秀传统文化，结合当今时代要求，进行创造性转化和创新性发展，深耕厚植社会主义核心价值观；要广泛进行宣传教育，广泛进行探索实践，在贯穿结合融入上下功夫，在落细落小落实上下功夫，努力推进社会主义核心价值观学习教育实践具体化系统化；要紧密联系群众生产生活实际，结合各行各业特点，精心设计开展人们喜闻乐见的实践活动，把社会主义核心价值观的要求日常化、具体化、生活化，使社会主义核心价值观内化于心、外化于行，成为全社会的群体意识和共同行动。② 该方案对进一步深化社会主义核心价值观建设步骤和具体活动安排提出了明确要求。2016 年 12 月，中共中央办公厅、国务院办公厅印发了《关于进一步把社会主义核心价值观融入法治建设的指导意见》，要求"把社会主义核心价值观融入法治国家、法治政府、法治社会建设全过程，融入科学立法、严格执法、公正司法、全民守法各环节，以法治体现道德理念、强化法律对道德建设的促进作用，推动社会主义核心价值观更加深入人心"③，进一步把社会主义核心价值观融入法治建设。

---

① 习近平：《论党的宣传思想工作》，中央文献出版社，2020，第 58 页。

② 参见《推动全社会形成共同的价值追求》，《人民日报》2015 年 4 月 17 日。

③ 《中办国办印发〈关于进一步把社会主义核心价值观融入法治建设的指导意见〉》，《人民日报》2016 年 12 月 26 日。

2017 年 10 月，党的十九大报告进一步指出："社会主义核心价值观是当代中国精神的集中体现，凝结着全体人民共同的价值追求。要以培养担当民族复兴大任的时代新人为着眼点，强化教育引导、实践养成、制度保障，发挥社会主义核心价值观对国民教育、精神文明创建、精神文化产品创作生产传播的引领作用，把社会主义核心价值观融入社会发展各方面，转化为人们的情感认同和行为习惯。坚持全民行动、干部带头，从家庭做起，从娃娃抓起。"① 这为新时代培育和践行社会主义核心价值观提供了重要遵循。2018 年 3 月，第十三届全国人民代表大会第一次会议通过了《中华人民共和国宪法修正案》，其中将宪法第二十四条第二款中"国家提倡爱祖国、爱人民、爱劳动、爱科学、爱社会主义的公德"修改为"国家倡导社会主义核心价值观，提倡爱祖国、爱人民、爱劳动、爱科学、爱社会主义的公德"，将社会主义核心价值观写入宪法。

2022 年 10 月，习近平总书记在党的二十大报告中强调，用社会主义核心价值观铸魂育人，并把社会主义核心价值观融入法治建设、融入社会发展、融入日常生活，广泛践行社会主义核心价值观；要以社会主义核心价值观为引领，发展社会主义先进文化，弘扬革命文化，传承中华优秀传统文化，满足人民日益增长的精神文化需求，不断提升国家文化软实力和中华文化影响力，进一步推动社会主义文化强国建设。② 2024 年 7 月，党的二十届三中全会通过了《中共中央关于进一步全面深化改革 推进中国式现代化的决定》，提出要完善培育和践行社会主义核心价值观制度机制，将文化体制机制改革引向深入。

---

① 习近平：《决胜全面建成小康社会 夺取新时代中国特色社会主义伟大胜利》，《人民日报》2017 年 10 月 28 日。

② 参见习近平《高举中国特色社会主义伟大旗帜 为全面建设社会主义现代化国家而团结奋斗》，《人民日报》2022 年 10 月 26 日。

## （二）广泛开展多种主题教育活动和道德实践活动

“党的十八大以来，多种主题教育活动和道德实践活动更加普遍深入地开展，持续推进我国道德建设不断创新、发展，为我国新时代道德建设注入了强大动力。”① 一是持续开展一系列主题鲜明的教育实践活动。2013 年 6 月至 2014 年 9 月，在全党开展以为民务实清廉为主要内容的党的群众路线教育实践活动，把集中解决形式主义、官僚主义、享乐主义和奢靡之风等“四风”问题作为突破口，不断增强党的先进性和纯洁性。2015 年 4 月开展“三严三实”专题教育，要求县处级以上领导干部做到“严于修身、严于用权、严于律己，谋事要实、创业要实、做人要实”，为深化党风廉政建设指明了方向。2016 年至 2017 年在全体党员中开展“两学一做”学习教育，即“学党章党规、学系列讲话，做合格党员”，这是面向全体党员深化党内教育的重要实践。2019 年 5 月至 2020 年 1 月开展“不忘初心、牢记使命”主题教育，其中一个目标是清正廉洁作表率，重点是教育引导广大党员干部保持为民务实清廉的政治本色，正确处理公私、义利、是非、情法、亲清、俭奢、苦乐、得失的关系，清清白白为官、干干净净做事、老老实实做人。② 2021 年 2 月起在全党开展党史学习教育，引导党员干部做到学史明理、学史增信、学史崇德、学史力行。2023 年 4 月至 2024 年 1 月，以县处级以上领导干部为重点，在全党深入开展学习贯彻习近平新时代中国特色社会主义思想主题教育，以“学思想、强党性、重实践、建新功”为总要求，教育引导广大干部要凝心铸魂筑牢根本，实干担当促进发展，践行宗旨为民造福，廉洁奉公树立新风，当好良好政治生态和社会风

---

① 申文杰、武雨欣：《中国共产党领导道德建设途径的基本经验》，《道德与文明》2021 年第 4 期。

② 参见习近平《在“不忘初心、牢记使命”主题教育工作会议上的讲话》，《求是》2019 年第 13 期。

气的引领者、营造者、维护者。2024 年 4 月至 7 月在全党开展党纪学习教育，教育引导党员干部学纪、知纪、明纪、守纪，始终做到忠诚干净担当。

二是广泛开展道德实践活动。如深化“我的中国梦——奋斗的青春最美丽”系列分享活动，推动中国特色社会主义和中国梦宣传教育深入基层、深入广大青少年；继续开展“时代楷模”系列评选活动，凝聚强大的道德力量，弘扬时代精神；在城乡深化学雷锋志愿服务活动，引导广大干部群众在志愿服务中积极践行社会主义核心价值观；开设道德讲堂，开展道德模范、身边好人评选活动，颂扬凡人善举，倡导修身律己，引发道德自觉；扎实开展文明城市、文明村镇、文明单位、文明家庭、文明校园创建活动，推动群众性精神文明创建活动高质量发展。通过开展各种形式的群众性道德实践活动，弘扬新风正气，培育文明乡风、良好家风、淳朴民风，把社会主义核心价值观渗透到社会生活的各个方面。

**❀小知识**

### “时代楷模”张桂梅

张桂梅，云南省丽江华坪女子高级中学党支部书记、校长，华坪县儿童福利院（华坪儿童之家）院长。她把全部身心投入边疆民族地区教育事业和儿童福利事业，创办了全国第一所全免费女子高中，还成为华坪儿童之家 130 多个孤儿的“妈妈”。她坚持用红色文化引领教育，培养学生不畏艰辛、吃苦耐劳的品格，引导学生铭记党恩、回报社会。她坚持每周开展 1 次理论学习、重温 1 次入党誓词的组织生活，发挥党员在学校各项工作中的先锋模范作用。她常年坚持家访，行程 11 万多公里，覆盖学生 1300 多名，为学校留住了学生，为学生留住了用知识改变命运的机会。她吃穿用非常简朴，对自己近乎“抠门”，却把工资、奖金捐出来，用在教学和学生身上。她以坚韧执着的拼搏和无私奉献的大爱，诠释了共产党员的初心使命。张桂梅于 2020 年被中宣部授予“时代楷模”称号；2021 年 2 月被评为“感动中国2020年度人物”，其颁奖词是这样写的：“灿烂的山花中，我们发现你。自然击你以风雪，你报之以歌唱。命运置你于危崖，你馈人间以芬芳。不惧碾作尘，无意苦争春，以怒放的生命，向世界表达倔强。你是崖畔的桂，雪中的梅。”2021年6月，张桂梅被党中央授予“七一勋章”；同年11月，获第八届全国道德模范荣誉称号。

### （三）提出“以德兴国”“立德树人”新理念

进入新时代，党中央在“以德治国”的基础上，又提出“以德兴国”的理念。2013年11月，习近平在山东曲阜孔子研究院参观考察时提出，国无德不兴，人无德不立。必须加强全社会的思想道德建设，激发人们形成善良的道德意愿、道德情感，培育正确的道德判断和道德责任，提高道德实践能力尤其是自觉践行能力，引导人们向往和追求讲道德、尊道德、守道德的生活，形成向上的力量、向善的力量。“以德兴国”成为新时代的重要道德理念，表明了党对道德建设的高度重视。从“以德治国”到“以德兴国”，体现了党和国家对道德建设的定位创新。

“以德兴国”的前提是以德育人，党和国家进一步明确了“立德树人”的理念。2013年2月，中央文明委在北京召开了全国未成年人思想道德建设工作电视电话会议，强调以立德树人为根本任务。在2018年9月召开的全国教育大会上，习近平总书记指出，要把立德树人作为教育的根本任务，将之融入思想道德教育、文化知识教育、社会实践教育各环节。“立德树人”是党的十八大以来关于道德建设的新理念。《中共中央关于制定国民经济和社会发展第十四个五年规划和二〇三五年远景目标的建议》中进一步提出要建设高质量教育体系，全面贯彻党的教育方针，坚持立德树人，培养德智体美劳全面发展的社会主义建设者和接班人。从“以德治国”到“以德兴国”“立德树人”，是对道德建设地位的提升和超越。

党的十九大报告指出，人民有信仰，国家有力量，民族有希望。新时代的道德建设要着力提高人民思想觉悟、道德水准、文明素养，提高全社会文明程度。尤其是要关注青少年成长成才，开展中华传统美德和爱国主义教育，树立正确的世界观、人生观、价值观，并在道德实践活动中潜移默化，提高自身思想道德修养。为引领未成年人健康成长，各地学校在重要时间节点开展了丰富多彩的道德实践活动，如开展“童心向党”“网上祭英烈”“评选美德少年”“向国旗敬礼”等活动，积极引导未成年人扣好人生第一粒扣子，从小立志向、有梦想、爱学习、爱祖国，传播道德正能量，弘扬时代新风。

### （四）在守正创新中推进新时代公民道德建设

德为立国之基、树人之本。2019 年 10 月，中共中央、国务院印发了《新时代公民道德建设实施纲要》（以下简称新《纲要》），明确了新时代公民道德建设的任务与要求，为推动全民道德素质和社会文明程度达到新高度提供了重要价值规范和方向指引。这一新《纲要》既在守正中继承了 2001 年《公民道德建设实施纲要》（以下简称旧《纲要》）的主要内容，又在诸多方面实现了创新发展。

一是公民道德建设内容体系的新发展。新《纲要》坚持以习近平新时代中国特色社会主义思想为指导，聚焦培养和造就担当民族复兴大任的时代新人这一主题，创新公民道德建设六大方针（即始终保持公民道德建设的社会主义方向、坚持以社会主义核心价值观为引领、坚持在继承传统中创新发展、坚持提升道德认知与推动道德实践相结合、坚持发挥社会主义法治的促进和保障作用、坚持积极倡导与有效治理相结合），把社会公德、职业道德、家庭美德、个人品德建设作为着力点，把筑牢理想信念之基、培育和践行社会主义核心价值观、传承中华民族传统美德、弘扬民族精神和时代精神作为重点任务。① 这一内容体系深刻体现了新时代的新要求和新特征，是对旧《纲要》中提出的社会主义公民道德建设内容体系的完善和发展。

二是个人品德内涵的新界定。加强公民道德建设，提高公民文明素养，最终要落实到公民个人品德的养成上。新《纲要》对旧《纲要》中倡导的“爱国守法、明礼诚信、团结友善、勤俭自强、敬业奉献”基本道德规范进行了提炼和发展，概括为“爱国奉献、明礼遵规、勤劳善良、宽厚正直、自强自律”，并将其纳入个人品德的主要内容，这是新时代公民道德建设理论的又一创新。②

三是中华传统美德的新概括。中华传统美德是中华文化的精髓，是道德建设的不竭源泉。新《纲要》坚持古为今用、推陈出新的原则，将中华传统美德的主要内容概括为“自强不息、敬业乐群、扶正扬善、扶危济困、见义勇为、孝老爱亲”等。这种概括为按照新时代公民道德建设要求推动中华优秀传统文化进行创造性转化和创新性发展提供了方向指引。③

四是弘扬中国精神的新要求。以爱国主义为核心的民族精神和以改革创新为核心的时代精神，构成了中国精神的基本内容。新《纲要》提出了弘扬中国精神的新要求，强调要弘扬中国人民伟大创造精神、伟大奋斗精神、伟大团结精神、伟大梦想精神，倡导一切有利于团结统一、爱好和平、勤劳勇敢、自强不息的思想和观念；强调要大力倡导解放思想、实事求是、与时俱进、求真务实的理念，倡导“幸福源自奋斗”“成功在于奉献”“平凡孕育伟大”的理念，弘扬改革开放精神、劳动精神、劳模精神、工匠精神、优秀企业家精神、科学家精神。这些重要论述，从民族精神和时代精

---

① 参见《中共中央国务院印发新时代公民道德建设实施纲要》，《人民日报》2019 年 10 月 28 日。
② 参见吴潜涛《在守正创新中推进新时代公民道德建设》，《人民日报》2019 年 12 月 19 日。
③ 参见吴潜涛《在守正创新中推进新时代公民道德建设》，《人民日报》2019 年 12 月 19 日。

神的维度，创造性地阐发了新时代弘扬中国精神的科学内涵和基本要求。①

五是凸显网络空间道德建设，并对生态文明、对外交流交往等领域道德建设予以高度重视。新《纲要》将网络道德置于重要位置，把抓好网络空间道德建设作为重大问题进行单列说明，从加强网络内容建设、培养文明自律网络行为、丰富网上道德实践、营造良好网络道德环境四个层面，对网络空间道德建设提出多项要求，并进行了深入细致的说明，充分彰显了公民道德建设的新特征。此外，还对党员领导干部、青少年和社会公众人物等重要群体，以及生态文明、对外交流交往等领域的道德建设作了详细说明。②

六是推动公民道德建设在基层落地见效。在如何把公民道德建设落实到基层实践的问题上，"新《纲要》从多个视角作了详细说明，包括把立德树人贯穿于学校、家庭、社会各个方面，通过广泛开展弘扬时代新风、深化群众性创建活动、持续推进诚信建设、深入推进学雷锋志愿服务、广泛开展移风易俗行动等形式，将新时代公民道德建设落到基层、落到实处，不断推动新时代公民道德建设上质量、上水平"③。

新时代道德建设的创新发展，深刻反映了时代发展的新要求和新特征。社会主义核心价值观为新时代道德建设提供了价值引领；"以德兴国""立德树人"的理念为新时代道德建设明确了战略定位；《新时代公民道德建设实施纲要》为新时代道德建设和有效治理提供了理论指导和实践遵循。新时代道德建设必须适应新的历史方位，遵循道德建设提出的新要求，坚持目标导向和问题导向相统一，把握道德建设的规律，积极创新道德教育、道德实践和文明创建的形式，持之以恒、久久为功，才能推动公民道德素质和社会文明程度达到一个新高度。

---

① 参见吴潜涛《在守正创新中推进新时代公民道德建设》，《人民日报》2019 年 12 月 19 日。

② 参见靳凤林《新时代公民道德建设的守正创新》，光明网 2019 年 11 月 4 日。

③ 靳凤林：《新时代公民道德建设的守正创新》，光明网 2019 年 11 月 4 日。

## 二、新时代道德建设取得的成效

党的十八大以来，以习近平同志为核心的党中央高度重视公民道德建设，不断立根铸魂、正本清源，作出一系列重要部署，推动思想道德建设取得显著成效，道德领域呈现积极健康向上的良好态势。①

### （一）中国特色社会主义和中国梦深入人心

中国特色社会主义是指引当代中国发展进步的旗帜，中国梦是中华民族近代以来最伟大的梦想。为深入学习宣传贯彻党的十八大精神，在全社会唱响中国特色社会主义和中国梦的时代主旋律，教育部党组于 2013 年 2 月印发《关于在全国各级各类学校深入开展“我的中国梦”主题教育活动的通知》，要求在全国各级各类学校深入开展“我的中国梦”主题教育活动。同年 3 月，中宣部部长刘奇葆在江苏、山东调研时强调，要把开展中国梦宣传教育作为一项重要任务，与中国特色社会主义宣传教育结合起来，切实抓紧抓好。此后，全国各地区、各行业相继开展了中国特色社会主义和中国梦宣传教育活动。同年 4 月，团中央印发《“我的中国梦”主题教育实践活动总体方案》，在全国青少年中部署开展中国梦宣传教育活动。为进一步在全社会唱响中国特色社会主义和中国梦的主旋律，自 2013 年 7 月起，中央宣传部、中央直属机关工委、中央国家机关工委、教育部、解放军总政治部、中共北京市委在京联合举办中国特色社会主义和中国梦宣传教育系列报告会。按照中央的安排部署，全国各地兴起宣传中国特色社会主义和中国梦的热潮，开展了丰富多彩的“中国梦”主题教育活动。如各级各类媒体长期开设“中国特色社会主义与中国梦”宣传教育专题专栏，

---

① 参见《中共中央国务院印发新时代公民道德建设实施纲要》，《人民日报》2019 年 10 月 28 日。

以新闻报道、对话访谈等形式，多层次、多侧面反映各行各业实现中国梦的生动实践；组织开展“中国梦·赶考行”“中国梦·绿色行”“中国梦·巾帼行”等主题活动，深入推进中国特色社会主义和中国梦内化于心、外化于行，形成“同心共筑中国梦”的强大合力。

### （二）传承发展中华优秀传统文化的自觉性不断提升

文化兴则国运兴，文化强则民族强。没有文化的繁荣兴盛，就没有中华民族的伟大复兴。优秀传统文化是一个国家、一个民族传承和发展的根本，如果丢掉了，就割断了精神命脉。中华优秀传统文化是中华民族的精神命脉，是我们在世界文化激荡中站稳脚跟的根基，也是世界文明发展不可或缺的力量之源，为新时代道德建设注入了灵魂。党的十八大以来，习近平总书记高度重视传承和弘扬中华优秀传统文化，发表了一系列重要讲话，鲜明提出了创造性转化、创新性发展的方针；党中央还出台了相关文件，推动中华优秀传统文化在新时代焕发新活力、绽放新光彩。

2013 年 12 月，习近平总书记在十八届中央政治局第十二次集体学习时的讲话中提出，“要系统梳理传统文化资源，让收藏在禁宫里的文物、陈列在广阔大地上的遗产、书写在古籍里的文字都活起来”①。2016 年 5 月，他在哲学社会科学工作座谈会上的讲话中进一步强调，“要加强对中华优秀传统文化的挖掘和阐发，使中华民族最基本的文化基因与当代文化相适应、与现代社会相协调，把跨越时空、超越国界、富有永恒魅力、具有当代价值的文化精神弘扬起来。要推动中华文明创造性转化、创新性发展，激活其生命力，让中华文明同各国人民创造的多彩文明一道，为人类提供正确精神指引”②。2017 年 1 月，中共中央办公厅、国务院办公厅印发《关于实施中华优秀传统文化传承发展工程的意见》，第一次以中央文件形式专题阐

① 习近平：《习近平谈治国理政》（第一卷），外文出版社，2018，第 161 页。

② 习近平：《在哲学社会科学工作座谈会上的讲话》，《人民日报》2016 年 5 月 19 日。

述中华优秀传统文化传承发展工作，将传承和弘扬中华优秀传统文化作为一项历史性、战略性工程来抓。由此，掀起了中华优秀传统文化传承发展的热潮。2021 年 4 月，中宣部印发《中华优秀传统文化传承发展工程“十四五”重点项目规划》，绘就了未来五年传承发展工作蓝图，不断满足人民群众文化新期待。

近年来，中宣部、文化部、教育部等部门启动实施了中华文化电视传播、中华文化资源普查、非物质文化遗产传承发展、中华老字号保护发展、中华经典诵读、戏曲传承振兴工程、中国传统村落保护工程等重点项目，以项目推动传统文化传承发展，让传承有抓手、发展有新路。以《国家宝藏》《中国诗词大会》《典籍里的中国》《非遗里的中国》等为代表的新型文化类电视节目热播，使优秀传统文化走进大众视野，吸引更多年轻人深刻感知中华文化魅力。同时，《关于加强文化保护利用改革的若干意见》《长城、大运河、长征国家文化公园建设方案》《关于在城乡建设中加强历史文化保护传承发展的意见》等文件相继出台，各地加强文化遗产保护，加大投入力度，运用现代科技力量，提高传承保护水平。

随着传承发展的深入，中华优秀传统文化融入生产生活各方面，既丰富了历史文化滋养，又为经济社会发展注入了强大动力。如围绕春节、元宵、端午、中秋等中华民族传统节日，各地纷纷开展“我们的节日”主题活动、“老字号嘉年华”等宣传推广活动，丰富中华传统节日文化内涵，让中华优秀传统文化更好地融入人们日常生活。在全国大中小学加强国民礼仪教育，推进戏曲、书法、高雅艺术、传统体育等进校园，开展“传承的力量”学校体育美育传承弘扬中华优秀传统文化系列活动；在全国高校和中小学分别建设中华优秀传统文化传承基地和中华优秀传统文化传承学校，推动中华优秀传统文化教育融入学校教育全过程各方面。通过文化节展、文物展览、博览会、书展、电影节、体育活动、旅游推介等，推动中外文化交流互鉴，彰显中华文明魅力。随着传统节日热、文化热、非遗热、博物馆热的兴起，传承弘扬中华优秀传统文化的社会氛围日渐浓厚。正如中国作协副主席阎晶明所说的：“近年来，中华优秀传统文化更直接、广泛、深入地进入了大众视野，吸引了人们的关注，引发了人们深入探究传统文化的兴趣。这也反映了人们对于中华优秀传统文化的渴望。文艺工作者要把艺术创造力和中华文化价值融合起来，激活中华文化生命力。”①

## （三）爱国主义教育取得新进展

“爱国主义是中华民族的民族心、民族魂，是中华民族最重要的精神财富，是中国人民和中华民族维护民族独立和民族尊严的强大精神动力。爱国主义精神深深植根于中华民族心中，维系着中华大地上各个民族的团结统一，激励着一代又一代中华儿女为祖国发展繁荣而自强不息、不懈奋斗。”② 党的十八大以来，我国经济社会发展取得历史性成就、发生历史性变革，大大增强了人们对中国特色社会主义的自信，爱国主义教育获得了强大的认同基础和实践基础。同时，新时代的到来呼唤爱国主义精神并赋予其新的内涵。党的十九大报告强调要加强爱国主义、集体主义、社会主义教育，引导人们树立正确的历史观、民族观、国家观、文化观。2019 年中共中央、国务院印发《新时代爱国主义教育实施纲要》，对新时代爱国主义教育进行了全新的谋划部署，这是新时代爱国主义教育的纲领性文件，开创了爱国主义教育的新局面。新时代爱国主义体现为爱国爱党爱社会主义的高度统一。古代岳飞的精忠报国、近代巾帼英雄秋瑾“拼将十万头颅血，须把乾坤力挽回”的爱国壮志、20 世纪鲁迅先生“我以我血荐轩辕”献身祖国的铮铮誓言以及无数优秀中华儿女在革命、建设、改革时期抛头颅、洒热血、艰苦奋斗、开拓创新的壮举，成为爱国主义的亮丽色彩。2019 年是新中国成立 70 周年，举行盛大阅兵式、颁授国家勋章和国家荣

① 王珏：《传统之美 浸润人心》，《人民日报》2022 年 5 月 19 日。
② 《新时代爱国主义教育实施纲要》，《人民日报》2019 年 11 月 13 日。

誉称号、庆祝中华人民共和国成立70周年大型成就展等一系列国庆盛典活动勾勒了中华民族伟大复兴的时空轨迹，点燃了14亿中国人民的爱国热情，更加坚定了走中国特色社会主义道路的信心和决心。在疫情防控期间，全民抗“疫”、众志成城，汇聚同一颗爱国心，深刻诠释了新时代爱国主义精神。新时代爱国主义教育的鲜明主题是实现中华民族伟大复兴的中国梦，教育重点聚焦青少年，强调培养担当民族复兴大任的时代新人。为此，全国各地积极开展爱国主义教育示范基地的教育实践活动，用行动诠释爱国主义，缅怀革命先烈，传承红色精神，培育爱国情怀；围绕立德树人根本任务，在全国各级各类学校广泛开展“我的中国梦”主题教育活动，激励引导广大学生为实现国家富强、民族振兴、人民幸福的伟大“中国梦”而发奋学习、不懈奋斗。2023年10月24日，十四届全国人大常委会第六次会议表决通过了《中华人民共和国爱国主义教育法》，旨在以法治方式推动和保障新时代爱国主义教育，在全社会奏响爱国主义主旋律。该法的颁布实施，对于挺起中华民族精神脊梁、凝聚人民力量、推进强国建设与民族复兴，用新的伟大奋斗创造新的伟业，意义重大、影响深远。

### ❊小知识

### 卓嘎、央宗姐妹——扎根雪域边陲的格桑花

卓嘎、央宗姐妹成长生活的西藏自治区山南市隆子县玉麦乡，地处祖国西南边陲。20世纪60年代很长一段时间，仅有父亲桑杰曲巴和卓嘎、央宗姐妹一户人家，被外界称作“三人乡”。她们在父亲的影响和带领下，始终秉持“家是玉麦，国是中国，放牧守边是职责”的坚定信念，几十年如一日，以抵边放牧、巡逻的方式守护着祖国数千平方公里的国土，用平凡的人生打造了不平凡的爱国壮举，谱写了爱国守边的动人故事和时代赞歌。

2017年10月，习近平总书记在给卓嘎、央宗姐妹的回信中说道：“在

海拔 3600 多米、每年大雪封山半年多的边境高原上，你们父女两代人几十年如一日，默默守护着祖国的领土，这种精神令人钦佩……希望你们继续传承爱国守边的精神，带动更多牧民群众像格桑花一样扎根在雪域边陲，做神圣国土的守护者、幸福家园的建设者。”2018 年 10 月，中央宣传部授予卓嘎、央宗姐妹“时代楷模”称号。

卓嘎、央宗姐妹是加强民族团结、建设美丽西藏的杰出代表，是“爱国守边最美格桑花”。她们牢记习近平总书记嘱托，扎根雪域边陲为国守边的感人事迹，充分彰显了共产党员忠诚担当的政治品格，有力弘扬了爱国奉献精神，生动诠释了社会主义核心价值观。

### （四）社会文明风尚不断迈向新台阶

时代进步需要健康向上的道德风尚来引领，社会发展需要道德楷模的力量来推动。党的十八大以来，中宣部集中推出了一大批“时代楷模”。有“用生命实现航空报国梦”的罗阳，有“太行山上的新愚公”李保国，有“乡村振兴的带头人”王传喜，有“心有大我”的归国科学家黄大年，有播“种”未来的科学家钟扬，有“筑梦九天写忠诚”的中国航天员群体，有“信仰之光铸魂励人”的“大功三连”……这些楷模榜样犹如一面面迎风招展的精神旗帜，高高飘扬、指引方向。2019 年是中华人民共和国成立 70 周年，我国首次开展国家勋章和国家荣誉称号评选颁授，隆重表彰了一批为中华人民共和国建设和发展作出杰出贡献的功勋模范人物，充分显示了党和政府对这些引领者、示范者的格外尊崇，更彰显了全社会崇德向善、明德惟馨的美好风尚。向道德模范、楷模榜样学习，加强道德建设，既是传承美德的题中之义，也是弘扬正能量的有力措施。近年来，我国社会道德主流积极健康向上。“时代楷模”成为广大党员干部竞相学习的榜样，道德模范成为人民群众普遍尊重的鲜活典型，“最美”成为社会流行语，“好人”成为广受尊崇的对象，以先进模范引领道德风尚，并将道德模范的榜样力量转化为生动实践，倡导好风尚，弘扬正能量，形成见贤思齐、争当先进的生动局面，为奋进新时代注入强劲动力。

在广大农村，以“美丽乡村”建设为抓手，强化以德兴村，开展移风易俗，培育文明乡风，着力打造和谐、文明、美丽、富裕的幸福家园。河北省石家庄市藁城区杜村就是新时代乡风文明建设的新样板。在美丽乡村建设中，杜村积极创建美丽庭院，通过制定美丽乡村、幸福家园创建指导标准和“十型”[①]特色家庭、“十星”[②]文明家庭评选条件，开展“最美家庭”“美丽庭院”“星级文明户”等多项评树活动，在全村掀起争创美丽家园的热潮。开设“德善杜村”微信公众号，建立“德善档案”，定期公布典型人物，多形式宣传他们的事迹，涵养村风民风。成立“心向党”党员志愿服务队、“铿锵玫瑰”巾帼志愿服务队、“青春无限”青年志愿服务队和“闪闪红星”少年志愿服务队四支志愿服务队伍，深入开展“群众点单、干部设岗”“小手拉大手、家校共建美丽庭院”等活动，辐射带动更多群众参加到志愿服务的队伍中来，好人好事蔚然成风，文明接力持续传递。开展文明素质提升月活动，并对村规民约、红白理事会章程进行重新修订，以规范村民行为，提升村民素质。建设新时代文明实践站雷锋广场，搭建理论宣讲、教育服务、文化服务、科技与科普服务、健康促进与体育服务新平台，丰富群众文化生活。如今的杜村正逐渐以“产业兴旺、百姓富裕、环境整洁、乡风文明、生态宜居”的新面貌向世人展现其独特魅力。

---

① “十型”即学习型、节约型、优教型、致富型、爱心型、生态型、廉洁型、才艺型、美德型、平安型。

② “十星”即致富星、守法星、计划星、科技星、养教星、和睦星、文化星、义务星、卫生星、新风星。

❀小知识

## 李保国：太行山上的新愚公

李保国生前是河北农业大学教授、博士生导师。他把太行山区生态治理和群众脱贫致富奔小康作为毕生追求，每年深入基层200多天，让140万亩荒山披绿，带领10万农民脱贫致富。他在太行山的30多年里，结合当地实际，不断开拓创新，将科技转化为生产力，先后完成山区开发研究成果28项，建立了太行山板栗集约栽培、优质无公害苹果栽培、绿色核桃栽培等技术体系，培育出多个全国知名品牌，实现山区农民增收28.5亿元，走出了一条经济社会生态效益同步提升的扶贫新路。常年高强度工作让李保国积劳成疾。2016年4月10日凌晨，58岁的他突发心脏病，经抢救无效去世。他的先进事迹被媒体广泛报道，在全社会引起热烈反响。

中共中央总书记、国家主席、中央军委主席习近平对李保国同志先进事迹作出重要批示，指出："李保国同志35年如一日，坚持全心全意为人民服务的宗旨，长期奋战在扶贫攻坚和科技创新第一线，把毕生精力投入山区生态建设和科技富民事业之中，用自己的模范行动彰显了共产党员的优秀品格，事迹感人至深。李保国同志堪称新时期共产党人的楷模，知识分子的优秀代表，太行山上的新愚公。广大党员、干部和教育、科技工作者要学习李保国同志心系群众、扎实苦干、奋发作为、无私奉献的高尚精神，自觉为人民服务、为人民造福，努力做出无愧于时代的业绩。"

### （五）国民道德素质和文明程度大幅提高

党的十八大以来，以习近平同志为核心的党中央着眼立根塑魂、正本清源，推动思想道德建设取得显著成效。讲道德、尊道德、守道德，追求高尚的道德蔚然成风；崇尚英雄、尊重模范、学习先进的氛围更加浓厚，道德领域呈现积极健康向上的良好态势。一是社会公德意识增强，养成文明习惯。越来越多的人在共享新时代发展成果的同时，也加入维护新时代成果的行列中来。自觉遵守社会公德成为大多数人的共识和要求，“全民随手拍，告别不文明行为”活动在全国各地开展得如火如荼，将随地吐痰、闯红灯等不文明行为随手拍下并发到公众平台上；志愿者也走上街头开展文明督导活动，推动公民道德水准和文明素养不断提高。① 二是职业道德素质明显提升。窗口行业职业道德规范的约束力明显增强，职业道德修养的自觉性显著提高；以最受关注的公务员职业道德为例，自 2016 年中共中央组织部印发《关于推进公务员职业道德建设工程的意见》以来，公务员服务人民观念增强，恪尽职守担当责任意识提升，公正廉洁职业操守强化。三是践行绿色低碳生产生活方式。近年来，以习近平同志为核心的党中央高度重视生态文明建设，打响蓝天保卫战、净土保卫战，山水林田湖草沙的“命运共同体”初具规模，绿色发展理念融入生产生活，经济发展与生态改善良性互动。如在生产中，大力推行清洁生产、使用清洁能源、发展绿色产业，形成绿色生产方式。广泛开展“节能降碳，绿色发展”“低碳生活、绿建未来”等主题宣传活动，低碳生活、绿色环保理念逐步深入人心。如今，在衣食住行等各方面，越来越多的人开始践行绿色消费。购买新能源车逐渐成为当下不少人的首选，出门骑单车或乘坐公交，倡导绿色出行；逛街购物，更多的人开始关注环境友好产品，绿色低碳的消费理念已逐步融入人们的日常生活。

### ❊小知识

### “无废乡村”让家园更文明

河北省雄安新区雄县龙湾镇胡各庄村以培育文明健康、绿色环保生活方式为切入点，积极探索适合本地特色的垃圾处理方式，推动农村人居环

① 参见张治江《立德铸魂：新时代公民道德建设》，东方出版社，2019，第 78 页。

境明显改善，社会文明程度大幅度提高，走出一条具有北方特色的“无废乡村”道路。其主要做法如下：

一是全面推行自带提篮购物。为有效控制垃圾总量，胡各庄村委会向每户居民发放一个印有姓名、二维码的手提篮，并为村里每个超市经营者安装了手机App。居民到超市购物时，超市经营者可以通过手机App扫描提篮二维码为居民进行积分，并根据积分数量向居民发放积分券，居民可凭积分券兑换相应的商品。这一激励措施大大提高了居民提篮购物的积极性，居民自觉养成了提篮购物的好习惯。

二是引导村民在家中进行垃圾分类。胡各庄村与第三方公司合作投资建设了一体化生物餐厨垃圾处理站，吸引社会资本购置了1200个垃圾桶发放到各户，要求每户居民按照餐厨垃圾、可回收垃圾、不可回收垃圾进行分类。可回收垃圾由居民自行销售；不可回收垃圾由环卫公司清运至垃圾填埋场；餐厨垃圾由环卫工人每天上午收集，转运至餐厨垃圾处理站转化成沼渣和沼液，用于“千年秀林”和村集体花卉产业。

三是“互联网＋回收”实现垃圾回收智能化。联合回收公司打造“互联网＋回收”的模式，实现可回收垃圾回收网络化、智能化管理。专门建设了智能化设备再生资源回收驿站，将每户村民姓名、身份证等个人信息进行登记，村民可通过刷脸方式投放可回收物品。每次投放时，居民把物品名称输入驿站智能设备，大数据自动分析记录投放的可回收物品名称、数量等信息。村委会把可回收物品进行整理销售之后，所得资金再通过购物券形式发放给各户，让所有可回收垃圾不被浪费，实现了方便居民、源头可溯、去向可寻、风险可控、数据可析、实惠环保的目标。

目前，胡各庄村已经成为雄安新区“无废乡村”试点，每一个胡各庄人都变身为村庄的“生态文明形象大使”，绿色环保理念深深印在每个村民的心里，勤俭节约、科学健康的生活方式成为村民的普遍追求。接下来，胡各庄村将继续推动“无废乡村”标准化建设，全面推动村域走绿色发展和绿色生活道路，全力打造雄安新区“无废乡村”样板。

## 三、新时代道德建设的新挑战

当前，百年未有之大变局加速演进，世界进入新的动荡变革期；新一轮科技革命和产业革命日新月异，数字经济蓬勃发展，深刻改变着人类生产生活方式；新时代我国社会主要矛盾转化，人民对美好生活尤其是道德生活有了更高追求。国内外局势的新变化，使得新时代道德建设面临许多新挑战和新问题。

### （一）百年未有之大变局带来的挑战

当今世界正经历百年未有之大变局，这样的大变局是世界之变、时代之变、历史之变，具体表现为：“世界经济重心正在加快‘自西向东’位移；新一轮科技革命和产业变革正在重塑世界；新兴市场国家和发展中国家国际影响力不断增强，国际力量对比更趋均衡；全球治理的话语权越来越向发展中国家倾斜，全球治理体系越来越向着更加公正合理的方向发展；世界文明多样性更加彰显，世界各国开放包容、多元互鉴成为主基调。”① 面对百年未有之大变局，美国等西方国家不甘心坐视世界主导地位的丧失，把我国的发展壮大视为对其价值观和制度模式的挑战，加紧进行思想文化渗透，使意识形态领域的斗争日益复杂和激烈。如西方媒体不断渲染中国的“锐实力”（包括意识形态、贸易、投资和军事等）来继续炒作“中国威胁论”，认为中国的成功之道将最终取代符合西方价值观的政治模式和发展方向，企图采取意识形态的遏制战略阻碍中国的发展。随着全球化的深入

① 何成：《全面认识和理解“百年未有之大变局”》，《光明日报》2020年1月3日。

发展，欧美资本主义国家趁机对我国进行文化领域的渗透，大肆宣扬西方的拜金主义、价值观念和时尚理念，灌输历史虚无主义，不断冲击国人的道德防线和道德选择，从而使一些人的国家、民族意识淡化，集体主义观念淡薄，个人主义盛行，公共道德丧失，严重背离了社会主义核心价值观，这在一定程度上增加了新时代道德建设的难度。在百年未有之大变局的动荡国际环境中，如何坚持以社会主义核心价值观为引领有效应对逆全球化思潮，在中西文化交流互鉴中抵御西方不良思想文化的侵蚀，为实现第二个百年奋斗目标筑牢道德基础，成为新时代道德建设面临的新挑战。

### （二）互联网新技术快速发展带来的挑战

第 54 次《中国互联网络发展状况统计报告》显示，截至 2024 年 6 月，我国网民规模近 11 亿人，较 2023 年 12 月增长 742 万，互联网普及率达到 78%。如此庞大的网络群体在充分展现我国互联网良好发展势头的同时，也反映出网络空间道德建设已成为新时代道德建设不容忽视的一个重点领域。随着现代信息技术的发展和互联网的普及，网络生活逐渐成为人们新的生活方式。网络空间与现实生活的深度链接在极大地改变人们生存样态的同时，也深刻影响着人们的道德观念和道德行为，催生了一系列网络道德问题，再加上我国网络道德建设滞后，使得新时代道德建设面临新的难题。

网络空间的虚拟性、开放性、隐蔽性等特点，不仅使现实社会中的道德规范难以在网络空间直接起作用，而且在一定程度上弱化了道德认知、冲击了道德权威、分散了道德责任，网络道德失范现象频发，影响了正常的网络秩序，挑战社会的公序良俗和主流价值观认同。网络平台包含众多的碎片化信息，涉及道德问题的事件往往更容易成为网络谣言炮制和传播的“重灾区”，更容易吸引“吃瓜群众”的眼球。真伪难辨的网络谣言干扰了网络主体对道德行为的认知，加大了人们判断道德行为是否符合道德规范的难度。一些动机不纯、"低级红""高级黑"的文章甚至是虚假的信息遍布网络，通过网络快捷而广泛的传播，容易导致负面舆论掀起巨大的舆情风暴，直接影响了主流价值观的传播，消解了人们对社会主义核心价值观的认同。欺骗情感的网恋、骗取钱财的电信诈骗和步步套牢的校园贷等网络诈骗，突破公序良俗底线，弱化了人们的道德责任，侵蚀了社会诚信，严重败坏了正直善良的社会风气。正如习近平总书记所指出的："办网站的不能一味追求点击率，开网店的要防范假冒伪劣，做社交平台的不能成为谣言扩散器，做搜索的不能仅以给钱多少作为排位的标准。"① 旨在告诫互联网企业遵守网络行为规范，主动承担社会责任、道德责任。然而，由于我国互联网建设起步较晚，网络道德体系尚不健全，还缺乏系统的互联网监管机制，网络立法跟不上网络犯罪的脚步。互联网监管力量分散、监管人员素质不高、监管技术不成熟以及道德赏罚机制的缺失，使得网络道德建设滞后，网络道德失范现象频发，网络空间乱象丛生。网络空间是亿万民众共有的精神家园，打击整治网络乱象，深化道德领域突出问题专项治理，营造风清气正的网络空间，是新时代道德建设面临的新挑战和亟待解决的重要课题。

**❊小知识**

### 什么是"低级红""高级黑"？

2019 年 2 月公布的《中共中央关于加强党的政治建设的意见》指出："不得搞任何形式的'低级红''高级黑'，决不允许对党中央阳奉阴违，做两面人、搞两面派、搞'伪忠诚'。"其中，"低级红""高级黑"成为公众舆论聚焦的高频词，同时作为网络用语，在网络宣传中也频频出现。

所谓"低级红"，就是有意或无意把党的信念和政治主张简单化、庸俗

① 习近平：《在网络安全和信息化工作座谈会上的讲话》，《人民日报》2016 年 4 月 26 日。

化。“低级红”分为两种情况，一种是站在个人立场上，认为自己的言行是“替党说话”，不顾及群众的反应，用无知或极端的态度来表达自己的“正义性”；另一种则是有意识地夸大事实，靠无原则的吹捧来引发人们的反感情绪。而“高级黑”则是一种居心叵测的刻意的“黑”，在语言上可能更讲究技巧，甚至有时披着学术的外衣，伪装性更强；再就是极端化地解读党的理想信念、宗旨、方针政策等，达到“黑”的目的。“高级黑”往往包含着不可告人的目的，有的是把屁股坐在了“敌对分子”那一边，用一种看似合理的言行来攻击我们的党、国家和军队。总的来说，无论是“低级红”还是“高级黑”，无论是主观故意还是客观无知，都会给党的事业带来损害。需要注意的是，如果“低级红”不及时加以纠治，就可能被人利用，发展到“高级黑”。明显的、低级的“黑”易防，而“高级黑”因为有欺骗性，尤其需要我们警惕。一旦让“高级黑”得逞，对我们党的形象是一种严重杀伤和破坏。①

### （三）社会主要矛盾新变化带来的挑战

习近平总书记指出：“我国社会主要矛盾的变化是关系全局的历史性变化，对党和国家工作提出了许多新要求。”② 中国特色社会主义进入新时代，我国社会主要矛盾已经转化为人民日益增长的美好生活需要和不平衡不充分的发展之间的矛盾，这一矛盾变化反映到道德领域，必然要对新时代的道德建设提出新要求。由于市场经济规则、政策法规、社会治理还不够健全，受不良思想文化侵蚀和网上有害信息影响，道德领域依然存在不少问题。这些问题表现为：一些地方、一些领域不同程度存在道德失范现

① 参见桑林峰《严防“低级红”“高级黑”》，《党建》2019年第4期。

② 习近平：《决胜全面建成小康社会 夺取新时代中国特色社会主义伟大胜利》，《人民日报》2017年10月28日。

象，拜金主义、享乐主义、极端个人主义等问题仍然比较突出；一些社会成员道德观念模糊甚至缺失，缺乏区分是非、善恶、美丑的标准，存在见利忘义、唯利是图，损人利己、损公肥私的行为；另外，造假欺诈、不讲信用特别是网络诈骗的现象久治不绝，某些人的言行极为不负责任，突破公序良俗底线、妨碍人民幸福生活、伤害国家尊严和民族感情的事件时有发生。这些问题如果任其发展，必然影响到全面建成社会主义现代化强国目标的实现，也影响到国家形象和文化影响力。新时代新征程，如何有效解决思想道德领域的突出问题，进一步统一思想、增进共识，推动全社会形成良好的思想道德和文明和谐风尚，从而筑牢全体人民团结奋斗的思想道德基础，是新时代道德建设面临的新挑战。

## 四、新时代道德建设的新要求

当前，中国特色社会主义进入新时代，人民对美好生活特别是美好道德生活有了新期待、新要求。公民道德建设进入历史性的新阶段，呈现出崭新的建设内涵与更高的价值追求。2019 年中共中央、国务院印发《新时代公民道德建设实施纲要》（以下简称新《纲要》），坚持目标导向和问题导向相统一，明确了新时代公民道德建设的总体要求。

### （一）以习近平新时代中国特色社会主义思想为指导

党的十八大以来，习近平总书记发表了一系列重要讲话，提出许多关于公民道德建设的新思想新观点新要求，为新时代公民道德建设提供了根本遵循。新《纲要》坚持以习近平新时代中国特色社会主义思想为指导，全面总结公民道德建设的成就与不足，科学分析新时代新要求，为新时代公民道德建设指明了方向。新《纲要》“总体要求”部分开宗明义，强调公民道德建设“要以习近平新时代中国特色社会主义思想为指导，紧紧围绕进行伟大斗争、建设伟大工程、推进伟大事业、实现伟大梦想，着眼构筑中国精神、中国价值、中国力量，促进全体人民在理想信念、价值理念、道德观念上紧紧团结在一起，在全民族牢固树立中国特色社会主义共同理想，在全社会大力弘扬社会主义核心价值观”①。

## （二）始终保持公民道德建设的社会主义方向

道德是有立场和方向的，只有坚定立场，把握正确政治方向，才能构成推动历史发展的精神力量。新时代的道德建设，必须始终保持社会主义方向。这就要求：一是坚持马克思主义道德观、社会主义道德观，倡导共产主义道德。在当代中国，“只有以马克思主义道德观、社会主义的道德观引领社会文明进步，倡导共产主义道德，才能与中国特色社会主义发展道路同向同行”②。二是坚持以为人民服务为核心。人民群众是创造历史的动力，依靠人民创造历史伟业，全心全意为人民服务是我们党一切工作的出发点和落脚点。只有坚持以为人民服务为核心，调动人民群众的积极性主动性创造性，才能充分激发出内在的道德自觉和道德追求。三是坚持以集体主义为原则。社会主义道德植根于社会主义经济基础，要求与之相适应的价值观——集体主义为原则。只有倡导把国家、集体利益放在首位，充分尊重和维护个人的正当利益，才能正确处理国家、集体、个人的利益关系，促进社会进步和个人的和谐发展。四是坚持以爱祖国、爱人民、爱劳动、爱科学、爱社会主义为基本要求。只有倡导心中有他人、心中有集体、心中有人民、心中有祖国，才能引导人们把爱国情、强国志、报国行自觉

---

① 《中共中央国务院印发新时代公民道德建设实施纲要》，《人民日报》2019 年 10 月 28 日。

② 北京市习近平新时代中国特色社会主义思想研究中心：《牢牢把握新时代公民道德建设的总体要求》，《经济日报》2020 年 6 月 4 日。

融入实现中华民族伟大复兴的奋斗之中。①

## （三）坚持以社会主义核心价值观为引领

加强新时代公民道德建设，必须坚持以社会主义核心价值观为引领。核心价值观是一个民族赖以维系的精神纽带，是一个国家共同的思想道德基础，它承载着一个民族、一个国家的精神追求，是最持久、最深层的力量。社会主义核心价值观是当代中国精神的集中体现，是凝聚中国力量的思想道德基础，也是调节人际关系和人与社会之间关系的基本准则。“只有将社会主义核心价值观的要求贯穿到道德建设各方面，坚持贯穿结合融入、落细落小落实，融入日常生活，使之成为人们日用而不觉的道德规范和行为准则，以主流价值建构道德规范、强化道德认同、指引道德实践，才能引导人们明大德、守公德、严私德，充分发挥社会主义核心价值观凝魂聚气、强基固本的作用。”②

## （四）坚持在继承传统美德中创新发展

加强新时代公民道德建设，必须坚持在继承传统美德中创新发展。中华传统美德是中华文化精髓，蕴含着丰富的思想道德资源，不论过去还是现在，都有其永不褪色的价值。“自觉传承中华传统美德，继承我们党领导人民在长期实践中形成的优良传统和革命道德，适应新时代改革开放和社会主义市场经济发展要求，积极推动创造性转化、创新性发展，不断增强道德建设的时代性实效性”③，夯实中华民族伟大复兴的道德基础。

---

① 参见北京市习近平新时代中国特色社会主义思想研究中心《牢牢把握新时代公民道德建设的总体要求》，《经济日报》2020 年 6 月 4 日。

② 北京市习近平新时代中国特色社会主义思想研究中心：《牢牢把握新时代公民道德建设的总体要求》，《经济日报》2020 年 6 月 4 日。

③ 《中共中央国务院印发新时代公民道德建设实施纲要》，《人民日报》2019 年 10 月 28 日。

### ❀小知识

### 付宏伟：敬老爱老传承孝道

在河北威县方营镇孙家寨村，人们提起村党支部书记付宏伟，无不竖起大拇指。多年来，他践行孝亲敬老的善行义举，带领乡亲们尊老敬老，让孙家寨成为远近闻名的“孝道村”。

付宏伟大学毕业后曾在石家庄工作，2010 年底，他放弃舒适的生活回到家乡。在这里，他心系村里的孤寡老人，拿出自己所有积蓄，为他们打造了“没有围墙的敬老院”，为全村老人当孝子。2016 年，他担任村党支部书记以后，更是带领全村群众践行“孝道文化”，在全村形成崇德向善、民风向上的好风气。

付宏伟经常主动上门给 70 岁以上的老人洗脚，还给孤寡老人和贫困老人送餐。每个月的农历初一、十五，付宏伟都会带领志愿者在村委会大院架起大锅，为 100 多位老人免费做“孝心大餐”。村里还投资建设了“空巢老人服务站”，让更多老人受到贴心照顾。2020 年，孙家寨被评为全国文明村。

为了共同致富，付宏伟带领乡亲们着力打造“孝道村”文化品牌，并成立了“孝道村”农业种植合作社、农产品销售公司，通过流转土地，大力发展生态种植及有机食品深加工。很多爱心企业正是看中孙家寨这一“孝道”品牌，主动要求建立合作，村集体收入不断增加，村民生活水平日益提高。近年来，付宏伟先后荣获“中国好人”、第五届河北省道德模范、“泉城好人”等荣誉称号。

### （五）坚持提升道德认知与推动道德实践相结合

加强新时代公民道德建设，必须坚持提升道德认知与推动道德实践相结合。人民群众是道德建设的主体，既是道德建设的参与者，也是道德建设的实践者，只有调动了群众的积极性，道德建设才会有源头活水和不竭动力。“只有让广大群众成为道德建设的真正主角，由被动的受教育者变为主动的建设者，道德建设才会生机勃勃。”① 在公民道德建设中，必须尊重人民群众的主体地位，激发其道德荣誉感和责任感，引导人们形成善良的道德意愿、道德情感，培育正确的道德判断和道德责任，让人们明是非、辨善恶，提高道德认知水平。要坚持知行合一，引导人们在参与道德实践中强化道德自律，提高道德实践能力尤其是自觉践行能力，把正确的道德认知、自觉的道德养成、积极的道德实践结合起来，实现道德认知与道德践履相统一，形成讲道德、尊道德、守道德的自觉追求。

### （六）坚持发挥社会主义法治的促进和保障作用

加强新时代公民道德建设，必须坚持发挥社会主义法治的促进和保障作用。法治与德治相辅相成、相互促进，缺一不可。道德是法律的基石，法律是道德的底线。法治离不开道德的滋养，只有把社会主义道德要求融入法律运行全过程各环节，以法治承载道德理念、鲜明道德导向、弘扬美德义行，才能真正实现良法善治。道德离不开法治的保障，要坚持立法先行，把道德导向贯穿法治建设全过程，及时把实践中广泛认同、较为成熟、操作性强的道德要求转化为法律规范，推动社会诚信、见义勇为、志愿服务、孝老爱亲、保护生态等方面的立法工作，以法律的系统化、制度化、规范化凸显道德要求，把社会主义道德要求体现到立法、执法、司法、守法之中，引导人们增强法治意识、坚守道德底线，以法治的力量引导人们向上向善。②

---

① 杜灵来：《当代中国道德建设实效性研究》，中国社会科学出版社，2008，第 34—35 页。

② 参见北京市习近平新时代中国特色社会主义思想研究中心《牢牢把握新时代公民道德建设的总体要求》，《经济日报》2020 年 6 月 4 日。

## （七）坚持积极倡导与有效治理并举

道德建设既要靠教育倡导，也要靠有效治理。加强新时代公民道德建设，必须坚持积极倡导与有效治理并举。要坚持重在正面引导，发挥榜样的示范引领作用，让“时代楷模”、道德模范标注道德高度，用时代新风涵育美德善行。同时，针对道德领域出现的突出问题，特别是挑战社会底线、毒害社会风气的极端案例，必须坚持立破并举，加大突出问题整治力度，树立新风正气、祛除歪风邪气，营造见贤思齐、崇德向善的社会氛围。

### ❀小知识

### 警惕网络伪装背后的违法犯罪

“用社交网络来生活，用生活来维系社交网络”日益成为当下人们生活的真实写照。我们在享受社交网络带来的身心愉悦、生活便利的同时，也应提高防范意识，警惕别有用心之人利用网络技术伪装身份，以“交友”“咨询”“兼职”等名义搜集情报，或以博人眼球的方式造谣生事甚至危害国家安全。

韩潇是新疆某地的一名普通基层公务员。2016 年 12 月，韩潇赴外地旅游期间，通过手机交友软件与当地一网友结识，相谈甚欢。回到家中后，他经常在网上向对方分享自己的生活，并不时抱怨自己的工资太低。对方随即向韩潇介绍，称自己的堂哥“陈逸”能够提供兼职，帮助其赚取外快。随后，“陈逸”添加韩潇为微信好友，并要求韩潇提供当地的一些敏感信息，并承诺支付报酬。韩潇应允后，“陈逸”进一步以金钱为诱惑，指挥韩潇搜集党政机关涉密文件。对方对韩潇提供的文件资料极为重视，为确保安全，专门对韩潇进行了间谍培训，教授其沟通联络、传递情报的具体手法，并派专人向韩潇提供经费以及手机、SIM 卡等通联工具。此时，韩潇在已经明知对方系境外间谍情报机关人员的情况下，为获取高额报酬，仍铤而走险继续搜集、提供涉密文件。案发后，人民法院审理查明，韩潇先后向对方提供文件资料 19 份，其中机密级文件 6 份，秘密级文件 8 份，被鉴定为情报的资料 5 份，累计收取间谍经费 12 万余元。2019 年 3 月，韩潇因犯间谍罪被判处有期徒刑 11 年 6 个月，剥夺政治权利 4 年，并处没收个人财产 5 万元人民币。

互联网不是逃避法律责任的法外之地，任何利用网络窃取国家秘密、危害国家安全的行为，都必将受到法律的严惩。清朗的网络空间需要依法治理，更需要我们每一个人的共同努力。

# 第六章　新时代道德建设的着力点

《新时代公民道德建设实施纲要》明确提出，要把社会公德、职业道德、家庭美德、个人品德建设作为新时代道德建设的着力点，并鼓励人们“在社会上做一个好公民”“在工作中做一个好建设者”“在家庭里做一个好成员”“在日常生活中养成好品行”。这就为不断提高人民思想觉悟、道德水准、文明素养提供了基本遵循，对培养担当民族复兴大任的时代新人、推动全民道德素质和社会文明程度达到一个新高度，具有重大指导意义。

## 一、社会公德建设

社会公德，是“人们在社会交往和公共生活中应该遵循的行为准则，是维护公共秩序和利益、实现社会和谐的基本规范，涵盖了人与人、人与社会、人与自然之间的关系”①，需要社会全体成员共同遵守。社会公德是社会文明进步的重要标志，是展示国家形象的重要窗口。加强新时代道德

① 中共中央宣传部宣传教育局：《〈新时代公民道德建设实施纲要〉学习读本》，人民出版社，2020，第31页。

建设，必须从社会公德抓起。

### （一）社会公德是公共生活和谐有序的基石

社会公德是一定社会、一定时代的产物，它的内容和形式随着社会形态的变更而发生变化。进入新时代，人们对美好生活的追求，不仅包含物质生活，还包含健康的精神生活、健康的道德生活。如人们追求更舒适优美的居住环境、和谐温馨的人际关系和良好的社会风尚。与此同时，全面建成社会主义现代化强国，不仅体现为物质文明的硬实力，更体现在精神文明、社会文明、生态文明等方面的软实力上。而这一切都需要良好的社会公德来保障。特别是伴随现代化进程的深入推进、信息技术的快速发展、互联网的广泛应用，人们的社会交往日益频繁，公共生活领域不断扩大，社交圈子不断拓展——从熟人之间的交往到陌生人之间的交往、从国内同胞之间的交往到世界各国朋友之间的交往、从现实交往到网络虚拟世界的交往，社会公德内容更加丰富，社会公德影响也更加广泛。加强社会公德建设，对于提升公民个人道德修养和社会文明程度的重要性更加突出，对于实现人民幸福生活、促进社会和谐稳定、展示良好国家形象方面的作用更加突出。

**❀小链接**

实现中华民族伟大复兴的中国梦，物质财富要极大丰富，精神财富也要极大丰富。我们要继续锲而不舍、一以贯之抓好社会主义精神文明建设，为全国各族人民不断前进提供坚强的思想保证、强大的精神力量、丰润的道德滋养。

——习近平

社会公德建设与个人幸福息息相关。进入新时代，人民日益增长的美好生活需要，就包含着对和谐有序的公共生活的期盼。人们不仅向往更新鲜的空气、更干净的水、更放心的食物、更优美宜居的环境，而且期待更和谐稳定的社会环境、更文明有序的公共生活。当今社会人际交往空间不断扩大，从学校、医院、单位、商场、旅游景点、公共交通等传统意义上的公共场所，扩大到微博、微信群、朋友圈、公众号、视频网站、网络游戏等新的公共空间，网络空间也成为亿万民众共同的精神家园。公共空间井然有序，生态良好，人们就能正常地工作、生活、娱乐，从而保持愉悦的心情，享受生活的美好。反之，公共场所杂乱无序，甚至充满暴戾之气，就会影响人们的生活和精神状态，也可能会造成社会不稳定因素。谁都不愿意生活在一个充斥着虚假、诈骗、攻击、谩骂、恐怖、色情、暴力的空间。因此，新时代社会公德建设在保证人们生活质量、健康安全和人格尊严，以及实现美好幸福生活方面的作用更加重要。新时代的美好生活是讲道德、尊道德、守道德的生活，要顺应人民群众的新期待新愿望，“抓好社会公共生活领域的道德建设，推动建立民主政治、公平正义、诚信友爱、充满活力、安定有序、人与自然和谐相处的社会，对于满足人民日益增长的美好生活需要，不断提升人民群众的安全感、获得感、幸福感，具有十分重要的意义”①。

社会公德建设与经济社会健康发展息息相关。在现代社会中，人们的社会活动和经济交往日益频繁，特别是网络经济的迅猛发展，更加需要社会公德来规范和保持良好的社会经济秩序，营造风清气正的网络生态环境。经济发展越快，就要求人们的道德水平越高。在经济社会发展过程中，如果不讲社会公德，诚信意识、契约精神缺失，就会败坏社会风气、损害社会公正、缺乏社会信任，势必破坏正常的经济秩序，带来生产和经营成本的增加，从而损害经济社会的健康发展。尤其是网络经济日益发达的今天，

① 中共中央宣传部宣传教育局：《〈新时代公民道德建设实施纲要〉学习读本》，人民出版社，2020，第33页。

消费者可以通过移动支付进行网购、网上预订行程、网上医疗等；生产经营者可以通过网络平台、微信代购、网上直播销售等方式从事商业活动。从面对面的交易到电子商务，从国内交易到全球贸易，使得今天的经济活动更加复杂。众多的陌生人参与到经济活动中来，一旦有人出现失德行为，可能就会引起连锁反应，造成严重的经济后果和社会影响。如电信诈骗、网络欺诈、食品药品安全等事件时有发生，引发社会广泛关注。因此，新时代社会公德建设在确保生产经营安全、经济活动有序，以及实现经济健康发展和社会和谐稳定方面的作用更加突出。“牢牢把握中国特色社会主义经济运行的规律和规则，顺应人民群众的新愿望，抓好社会公共生活领域的道德建设，对于确保经济社会继续巩固稳中向好的良好态势，促进我国经济向高质量发展阶段不断迈进，具有基础性意义。”①

社会公德建设与良好国际形象息息相关。改革开放 40 多年来，中国特色社会主义取得举世瞩目的成就，创造了世所罕见的发展奇迹，社会道德水平和文明程度不断提高，国家形象不断向好。进入新时代，中国日益走近世界舞台中央，国际地位和国际影响力不断提升，中国的国家形象日益吸引着全世界的目光。随着我国经济的快速发展，我国公民出境人数越来越多，绝大多数人都能展示中华民族和中国人的良好形象，但确实也有少数人形象不佳，在旅游景区乱刻乱画、不尊重当地风俗习惯等不良行为，有损中国在国外的国家形象。特别是一些西方国家总是有意无意地用“望远镜”“显微镜”甚至是“有色镜”来观察中国，破坏中国的国家形象。因此，每一个公民的道德素养就具有了塑造国家形象的重大意义。中国人自古就坚信“德不孤，必有邻”的思想，果断抛弃“逢强必霸”的旧思路、旧道德，代之以合作共赢的新思路、新道德。中国需要长期和平稳定的外部环境，历来珍视和平、珍爱和平、维护和平的决心从未动摇，始终坚持

---

① 中共中央宣传部宣传教育局：《〈新时代公民道德建设实施纲要〉学习读本》，人民出版社，2020，第 35 页。

走和平发展道路。在中国与世界互动更加频繁的今天，公民的道德素养事关国家形象和国际影响力，加强社会公德建设刻不容缓且势在必行。只有加强社会公德建设，提升国人的社会公德意识，在对外交流交往中展示良好的个人形象，向国际社会讲好中国故事，传递中国政治清明、经济发展、文化繁荣、社会稳定、人民团结、山河秀美的东方大国形象，坚持和平发展、促进共同发展、维护国际公平正义、为人类作出贡献的负责任大国形象，才能在对外开放和国际交往中争取更多的理解和支持，努力消除各种误解和偏见，增进彼此信任，赢得有利于我国发展的良好外部环境。

**❊小链接**

中华民族历来爱好和平。中国人在两千多年前就认识到“国虽大，好战必亡”的道理。中国人民崇尚“己所不欲，勿施于人”，中国不认同“国强必霸论”。走和平发展道路，对中国有利，对亚洲有利，对世界也有利，任何力量都不能动摇中国和平发展的信念。中国坚持不干涉别国内政原则，不会把自己的意志强加于人，即使再强大也永远不称霸。

——习近平

### （二）新时代社会公德的基本要求

《新时代公民道德建设实施纲要》提出，推动践行以文明礼貌、助人为乐、爱护公物、保护环境、遵纪守法为主要内容的社会公德，鼓励人们在社会上做一个好公民。要立足新时代社会公共生活的实际，准确把握社会公德的基本要求。

1．文明礼貌

文明礼貌是人际交往的基本要求，是社会道德水平、生活习俗和社会风尚的显著标志。它不仅是对人们行为举止的一种道德要求，还是社会进步的“显示器”，体现着一个民族的整体素质，是关系人格、国格的大事。中华五千年文明灿烂辉煌，中国历来被世人称为“文明古国，礼仪之邦”，孟子的“爱人者，人恒爱之；敬人者，人恒敬之”的观念，早已成为全民族普遍的思想意识和行为准则。著名史学家柳诒徵曾说过：“中国者，礼仪之邦也。以中道立国，以礼仪立国，是中华民族与其他民族相比较而言最具特色之处。”① 邓小平也曾指出：“特别是像我们这样第三世界的发展中国家，没有民族自尊心，不珍惜自己民族的独立，国家是立不起来的。”② 随着科学技术的迅猛发展和交通及通讯工具的方便快捷，地球上不同国籍、不同肤色的人们之间的交往越来越多，越来越频繁，对人的文明气质要求越来越高。衣着整洁、语言文雅、举止文明、不卑不亢是文明气质的外在表现；知识丰富、思路清晰、虚怀若谷、谈吐得体是文明气质的内在修养。中国是世界第一人口大国，中国人的足迹遍布世界各地，几乎在每个国家都能看到中国人。中国人在国际上的文明素质，直接关系到国家和民族的形象。正如习近平同志所指出的：“如果我们国内违背社会公德的事情比比皆是，触及道德底线的事情不断发生，一些人到了国外不遵守公共秩序，给人留下不好的印象，还怎么提高国家文化软实力啊？”③ 为此，只要中华民族一代接着一代追求美好崇高的道德境界，我们的民族就永远充满希望。文明礼貌伴随每个人的一生，如果人人都讲文明、懂礼貌，自觉做文明礼貌的遵守者和践行者，我们的生活就会更加美好，世界也会更加和平。

---

① 柳诒徵：《中国文化史》，上海古籍出版社，2001，第 35 页。

② 邓小平：《邓小平文选》（第三卷），人民出版社，1993，第 331 页。

③ 中共中央文献研究室：《习近平关于社会主义文化建设论述摘编》，中央文献出版社，2017，第 137 页。

### ❀小知识

## 中国公民出境旅游文明行为指南

中国公民，出境旅游，注重礼仪，保持尊严。
讲究卫生，爱护环境；衣着得体，请勿喧哗。
尊老爱幼，助人为乐；女士优先，礼貌谦让。
出行办事，遵守时间；排队有序，不越黄线。
文明住宿，不损用品；安静用餐，请勿浪费。
健康娱乐，有益身心；赌博色情，坚决拒绝。
参观游览，遵守规定；习俗禁忌，切勿冒犯。
遇有疑难，咨询领馆；文明出行，一路平安。

在新时代，文明礼貌更应成为每一个公民的基本素养。在公共生活和人际交往中，如果每个人都能树立自尊而尊人的意识，做到衣冠整洁、言谈优雅、举止文明、彬彬有礼，有时间观念，会关爱他人，能热心公益，那么我们的社会将变得更加美好和温馨。“道不可坐论，德不可空谈。”必须强化文明礼貌意识，将文明礼貌融入社会生活并不断落细、落小、落实到位。要将文明礼貌覆盖到每一个社会成员，融入于社会各个领域，贯穿于日常生产生活中的众多细小环节，推动人们从自我做起、从小事做起，自觉践行文明礼貌，共同营造文明礼貌的良好氛围。同时，进行文明礼貌教育，还要充分发挥礼仪的教化作用。通过建立和规范一些礼仪制度，如升国旗仪式、成人仪式、入党入团入队仪式等，利用重大纪念日、民族传统节日等契机，组织开展形式多样的纪念庆典活动，传播主流价值，增强人们的认同感和归属感。一些重大礼仪活动要上升到国家层面，以发挥其社会教化作用。只有经过长期的礼文化的熏陶、涵养、浸润，让礼文化日常化、具体化、形象化、生活化，才能使礼的精神浸入百姓血脉，融入日常生活，化为生活方式，真正达到“百姓日用而不知”的程度，从而内化于心、外化于行，使人们自觉成为文明礼貌的忠实崇尚者、自觉遵守者和坚定捍卫者。①

❊**小知识**

**网民感言**

文明礼貌应从自身做起。讲文明语言，遵守纪律，不乱扔垃圾，仪表整洁，团结同志，文明上岗，生活俭朴，不浪费，生活节俭。

如果你用礼貌的语言待人，那就可以在人们之间架起一座理解的桥梁，减少相互间的矛盾。人人都能这样，社会还能不和谐吗？

良好的文明素质、文明行为，并非一朝一夕能养成和提高的，而要靠平时做起，从点滴做起。

跟帖评论要"讲文明、懂礼貌"，不仅仅是一个好网民的基本素质，随着国家法律法规的不断完善健全，也已经成为一条法律红线。特别是随着跟帖评论"实名制"的落实落地，相信广大网友都会真正地认识到互联网不再是法外之地，也不是一片"黑暗森林"，而是一个阳光、透明、健康的命运共同体。

2. 助人为乐

中国是一个文明古国，"一方有难，八方支援""远亲不如近邻""村帮村、户帮户""互帮互助""乐善好施"是中华民族的传统美德。当一个人身处困境时，大家伸出援手，乐于相助，并给予热情而真诚的帮助和关怀，这就是助人为乐。助人为乐的目的并不是为了得到回报、赞誉抑或某种奖励，而是在帮助他人的过程中获得精神满足，感到幸福快乐。一个人在帮

① 参见辛世俊、吴志勇、王丹《新时代社会公德建设读本》，中国言实出版社，2020，第50—51页。

助他人的同时，自身的社会价值也能得到实现。赠人玫瑰，手有余香，帮助别人，升华自我，是传递爱的力量源泉。美好生活的创造需要人与人之间相互关心、团结互助。当有人需要帮助时，大家搭把手、出份力，社会将变得更加美好。习近平总书记在给“郭明义爱心团队”回信时谈到的“赠人玫瑰，手有余香”，说的就是这个道理。帮助别人，也是在帮助自己，因为我们每一个人都会遇到困难，也都需要别人的帮助，每一个人都能得到别人的帮助，那就会形成“我为人人，人人为我”的和谐局面。

**❀小知识**

## 盲人打灯笼的故事

从前，一个镇上有个盲人，他晚上外出时，手上总是拎着一个灯笼，镇上的人看到了，都感到很不解，于是就有人上前问盲人：“你自己又看不见，为什么还要打灯笼呢?”盲人答道：“我虽然看不见，但别人能看见，我晚上出门打个灯笼，别人老远就能看到我，这样别人就不会撞到我，既可以保护自己又保护了别人。”这个故事说明了一个道理，就是打灯笼不仅可以给自己照路，也可以给别人照路，同时，还可以让自己避免危险。方便别人的同时，也会给自己带来方便，在自己付出的同时，自己的心灵也受到洗礼，收获一份助人后的快乐。

一方有难，八方支援，是中华民族的传统美德，更是社会主义制度优越性的生动写照。在重大自然灾害发生时，我们的党员干部总是冲在最前面，把生的希望留给群众，把死的威胁留给自己。2008 年汶川地震后，中央组织部在党内启动了缴纳特殊党费的活动，筹集了一大笔党费，支援灾区建设。2020 年，面对突如其来的新冠疫情，全国各地坚持一方有难、八方支援，人们踊跃捐款捐物，多支医疗队无畏出征，各行各业携手奋战；同时，中国毫无保留地分享防控和救治经验，尽己所能为有需要的国家提供了大量支持和帮助，这是中国人民助人为乐的又一次生动实践。

新时代践行助人为乐的道德规范，需要以实际行动书写新时代的雷锋故事，勇于奉献，并积极参与志愿服务。习近平强调，志愿服务，人人有责。每一个人既是中国特色社会主义事业的建设者，又是建设成果的享用者。不能“坐在墙根晒太阳，等着别人送小康”；不能只让别人为我服务，我不为别人服务。只有让每一个人都参与，才能使志愿服务蔚然成风。“新时代，要倡导‘我为人人、人人为我’的社会主义新风，广泛开展学雷锋和志愿服务活动，引导人们把学雷锋和志愿服务作为生活方式、生活习惯，主动承担社会责任，热心社会公益，热诚关爱他人，多做扶贫济困、扶弱助残的实事好事，以实际行动促进社会进步。”①

**❀小链接**

志愿服务是社会文明进步的重要标志。党的十八大以来，广大志愿者、志愿服务组织、志愿服务工作者积极响应党和人民号召，弘扬和践行社会主义核心价值观，走进社区、走进乡村、走进基层，为他人送温暖、为社会作贡献，充分彰显了理想信念、爱心善意、责任担当，成为人民有信仰、国家有力量、民族有希望的生动体现。希望广大志愿者、志愿服务组织、志愿服务工作者立足新时代、展现新作为，弘扬奉献、友爱、互助、进步的志愿精神，继续以实际行动书写新时代的雷锋故事。

——习近平

3. 爱护公物

公物是国家在长期建设中，通过人民群众辛勤劳动创造的成果，是全体社会成员共同享有的公共财物。爱护公物，就是对集体、社会的财物采

---

① 中共中央宣传部宣传教育局：《〈新时代公民道德建设实施纲要〉学习读本》，人民出版社，2020，第39页。

取爱护、保护的行为。它直接涉及国家、集体、社会、民族的整体利益。因此，爱护公物是每个公民应尽的社会责任和法律义务，也是集体主义原则在社会公德领域的体现和要求。首先，爱护公物体现了对人民群众辛勤劳动成果的尊重、珍惜和爱护。公共财物来之不易，需要倍加珍惜。公共场所的建筑物、基础设施、交通工具、文物古迹、文献资料等，都是社会整体或集体所有的公共财产，都凝结着劳动人民的智慧和汗水，珍惜、爱护公物就意味着对劳动人民及其劳动成果的尊重，体现着一个人的文明素养。其次，爱护公物也是每个公民应当承担的法律义务。《中华人民共和国宪法》第十二条明确规定：“社会主义的公共财产神圣不可侵犯。国家保护社会主义的公共财产。禁止任何组织或者个人用任何手段侵占或者破坏国家的和集体的财产。”这就要求每一个公民都应增强主体意识和责任意识，并以主人翁的精神，自觉珍惜、爱护、保护公物，绝不能侵占或破坏公物，敢于同一切损害公共财产、破坏公物的不良现象和行为作斗争，并努力将爱护公物的道德规范落实在具体的生活实践中，让爱护公物成为一种道德自觉和社会风尚。

**❀小知识**

## 四川省凉山州森林消防支队：逆火前行，守护家园

2019 年 3 月 30 日 18 时许，四川省凉山州木里县雅砻江镇立尔村发生森林火灾，着火点在海拔 3800 米左右，地形复杂，坡陡谷深，交通、通讯不便。火灾发生后，州、县两级立即启动应急预案，投入 689 人实施灭火作业。扑火人员在转场途中，受瞬间风力风向突变影响，突遇山火爆燃，27 名森林消防指战员和 3 名地方扑火人员全部牺牲。

27 名森林消防指战员中，有 1 名“80 后”、24 名“90 后”、2 名“00 后”，年龄最小的才 18 岁。在无情的大火面前，他们视灾情为命令，以保护国家森林资源为己任，不畏艰险、不怕牺牲，挺身而出，用鲜血和生命

维护人民财产安全。他们所在的四川省凉山州森林消防支队西昌大队，以逆火而行守护家园的爱国方式，荣获第 23 届“中国青年五四奖章”获奖集体，给他们的颁奖词是：“逝去的年轻生命让凉山垂泪、邛海含悲。他们在血与火、生与死的考验面前，用鲜血和生命践行着铮铮誓言。祖国永远记得你们，人民永远记得你们!”

4. 保护环境

良好的自然生态环境，对于满足人们的物质生活和精神生活具有重要的价值。将保护环境纳入社会公德建设的重要内容，是新时代人民美好生活需要的重要内涵。保护环境，主要是指在尊重自然规律的基础上，合理开发自然资源，维护生态平衡，实现人与自然的和谐共生。自然生态环境是人类生存和发展的根基，保护环境体现在人类在处理自身发展与自然生态环境关系问题上的科学态度。人与自然是生命共同体，人类应以自然为根，尊重自然、顺应自然、保护自然，不能凌驾于自然之上。“你善待环境，环境是友好的；你污染环境，环境总有一天会翻脸，会毫不留情地报复你。这是自然界的客观规律，不以人的意志为转移。”① 顺自然规律者兴，逆自然规律者亡。正如恩格斯在 100 多年前所警告的：“我们不要过分陶醉于我们人类对自然界的胜利。对于每一次这样的胜利，自然界都对我们进行报复。每一次胜利，起初确实取得了我们预期的结果，但是往后和再往后却发生完全不同的、出乎意料的影响，常常把最初的结果又消除了。”② 生态环境没有替代品，用之不觉，失之难存。人类只有尊重自然、顺应自然、保护自然，才能有效防止在开发利用自然上走弯路，才能实现人的全面发展、人与自然和谐发展。人类对自然的伤害最终会伤及人类自

① 习近平：《之江新语》，浙江人民出版社，2007，第 141 页。
② 中共中央马克思恩格斯列宁斯大林著作编译局：《马克思恩格斯选集》（第三卷），人民出版社，2012，第 998 页。

身，这是无法抗拒的规律。当今世界出现的气候变暖、大气污染、生态破坏等全球性生态环境危机，对全人类构成严重威胁。习近平总书记指出："在生态环境保护上一定要算大账、算长远账、算整体账、算综合账，不能因小失大、顾此失彼、寅吃卯粮、急功近利。"[①] 吃祖宗饭砸子孙锅的事，绝对不能再干，绝对不允许再干。

### ❀小知识

### 习近平生态文明思想的丰富内涵

党的十八大以来，习近平总书记高度重视生态文明建设，考察足迹遍布大江南北、城市乡村，对为什么建设生态文明、建设什么样的生态文明、怎样建设生态文明的重大理论和实践问题进行了深入思考，提出了一系列新理念新思想新战略，形成了习近平生态文明思想。

一是"生态兴则文明兴，生态衰则文明衰"的历史观。自然生态变迁决定人类文明的兴衰更替。

二是"人与自然和谐共生"的自然观。人与自然是生命共同体，人类必须尊重自然、顺应自然、保护自然。

三是"绿水青山就是金山银山"的发展观。既要绿水青山，又要金山银山，经济发展与保护环境要齐头并进。

四是"良好的生态环境是最普惠的民生福祉"的民生观。环境就是民生，青山就是美丽，蓝天也是幸福。

五是"山水林田湖草沙是生命共同体"的系统观。人的命脉在田，田的命脉在水，水的命脉在山，山的命脉在土，土的命脉在林和草，这个生命共同体是人类生存发展的物质基础。

---

① 《习近平在云南考察工作时强调坚决打好扶贫开发攻坚战加快民族地区经济社会发展》，《人民日报》2015 年 1 月 22 日。

六是“用最严格制度最严密法治保护生态环境”的法治观。只有实行最严格的制度、最严密的法治，才能为生态文明建设提供可靠保障。

七是“建设美丽中国全民行动”的共治观。走向生态文明新时代，建设美丽中国，就要坚持绿色发展，动员全社会力量推进生态文明建设，努力走一条生产发展、生活富裕、生态良好的文明发展之路。

八是“共谋全球生态文明建设”的全球观。人类是命运共同体，建设绿色家园是人类的共同梦想。共谋全球生态文明，建设清洁美丽世界，符合世界绿色发展潮流和各国人民共同心愿。

习近平总书记强调，我们要像保护眼睛一样保护环境，像对待生命一样对待生态环境，多干保护自然、修复自然的实事，多做治山理水、显山露水的好事，让自然生态美景永驻人间，还自然以宁静、和谐、美丽。在新时代，保护环境就必须牢固树立尊重自然、顺应自然、保护自然的理念，树立“绿水青山就是金山银山”的理念，统筹经济、社会、环境发展，提供更多优质生态产品以满足人民日益增长的优美生态环境需要；同时增强节约意识、环保意识和生态意识，引导人们身体力行简约适度、绿色低碳的生活方式，自觉实行垃圾分类，拒绝奢侈浪费，努力打造天更蓝、山更绿、水更清、环境更优美的美丽中国。

### 小链接

生态文明是人民群众共同参与共同建设共同享有的事业，要把建设美丽中国转化为全体人民自觉行动。每个人都是生态环境的保护者、建设者、受益者，没有哪个人是旁观者、局外人、批评家，谁也不能只说不做、置身事外。

——习近平

5．遵纪守法

遵纪守法，是社会公德最重要、最基本的行为准则，是维护公共利益和公共生活秩序的重要保障。古人说：“欲知平直，则必准绳；欲知方圆，则必规矩。”当今社会，纪律和法律都是规矩，是群众生活之必需、社会稳定之保证。小到一个单位一个团体，大到一个政党一个国家，如果没有纪律规范和法律约束，必然会是一盘散沙，终将陷入混乱。治理一个国家、一个社会，关键是立规矩、讲规矩、守规矩。法律是治国理政最大、最重要的规矩。坚持依法治国，是关系子孙万代幸福、国家长治久安的根本大计。法治兴则国家兴，法治衰则国家乱。我国人口众多，地域辽阔，国情复杂，要实现经济发展、政治清明、文化昌盛、社会公正、生态良好，就要秉持法律这个准绳，用好法治这个方式。法律是治国之重器，法治是国家治理体系和治理能力的重要依托。全面推进依法治国，坚持全面从严治党，都要求尊崇宪法法律，严守党纪国法。遵纪守法是党员干部必须恪守的底线，也是人民群众履行社会公德的要求。纪律和法律面前人人平等，没有特殊的公民。每个人都要树立法治精神和纪律意识，将纪律、法律转化为心中之戒，做到心有所畏、言有所戒、行有所止，从而不断校正自己行为的偏差，自觉养成遵纪守法的行为习惯。

**❊小链接**

我们的权力是党和人民赋予的，是为党和人民做事用的，姓公不姓私，只能用来为党分忧、为国干事、为民谋利。要正确行使权力，依法用权、秉公用权、廉洁用权，做到法定职权必须为，法无授权不可为，保持如临深渊、如履薄冰的谨慎，做到心有所畏、言有所戒、行有所止，处理好公和私、情和法、利和法的关系。

——习近平

新时代，在社会实践和日常生活中，遵纪守法就要严格执行纪律和规矩，使各种纪律规矩成为带电的高压线，引导人们自觉学法、知法、守法、用法，正确行使法律赋予的权利，自觉履行法律规定的义务；同时加强法治文化建设，树立法治思维、法律信仰，让法治精神化为生活方式，从而引导人们自觉守法、遇事找法、解决问题靠法，调动人们遵纪守法的主动性、积极性，弘扬社会正气，打击歪风邪气，防止各种违法乱纪行为的发生。

**❀小知识**

**一个“孙小果”，一群“保护伞”**

2019 年 12 月 15 日，云南多家法院分别对 19 名涉孙小果案公职人员和重要关系人职务犯罪案公开宣判，判处 19 名被告人员 2 年至 20 年不等的有期徒刑。一审被判刑期最长的是孙小果的母亲和继父，分别是 20 年和 19 年。他们通过给相关人员送钱，使得孙小果能够被法院违法再改判，并在服刑期间多次获得违规减刑。云南省司法厅和监狱系统的相关人员，在为孙小果提供“保护伞”的过程中，徇私枉法，执法犯罪，严重败坏了司法的声誉，造成恶劣影响和严重后果。

## （三）在社会上做一个好公民

社会公德作为社会交往和公共生活的基本准则，是公民道德修养和社会文明程度的标尺。要在社会上做一个好公民，就要引导人们自觉参与社会公德建设，强化道德认知，提升道德实践，提高道德自觉，培育良好社会风尚，努力做社会公德的践行者和推动者。

1. 树立遵守社会公德的责任意识

社会公德不是人天生固有的品行，良好的德行要靠修养而成。社会公德意识的形成，很大程度上来自于社会成员的道德意愿、道德自觉。在公共生活领域，只有遵守社会公德，才能正确处理个人与社会的关系，维护安定有序的社会秩序。当今社会一些道德失范的现象之所以久治不绝，一个根本原因就是一部分人没有树立遵守社会公德的责任意识，不愿为维护安定和谐有序的社会环境尽己之力。正如有些人所认为的，“做公益那是有钱有时间的人做的事，与我无关”“社会公德维护公共利益，但会损害个人利益”，这些观点都是对社会公德的误读，是公德意识缺失的表现。弘扬社会公德，就是要破除“事不关己，高高挂起”的狭隘心理，唤起人们的公德意识和责任意识。只有每个公民都树立起强烈的社会责任感，拒绝道德冷漠，不做道德的旁观者，积极参与社会公德建设，提升道德认知认同，才能形成善良的道德意愿和道德情感，形成正确的道德判断和道德责任，向往和追求讲道德、尊道德、守道德的生活，形成向上向善的力量。

2．强化道德实践，提高践行自觉性

社会公德作为一种道德规范，既要内化于心，更要外化于行。弘扬社会公德，不能仅仅停留在理论认知层面，而是要融入社会生活，让人们在实践中感知领悟，提高道德践行的自觉性。要从规范人们言行入手，通过组织开展“劝阻不文明行为”“文明行为引导”“文明公约进万家”等系列活动，引导人们从自我做起，从身边小事做起，践行社会公德，倡导文明行为，提升自身素质。广泛开展志愿服务活动，吸引各种社会力量参与公益事业，激发公德自觉，营造争做崇德向善好公民的良好社会风气。助人为乐道德模范郭明义说：“能够以己之力帮别人分担忧愁、减轻痛苦，使病人得到及时救治，使贫困家庭一解燃眉，使失学儿童露出幸福微笑，我获得了最大快乐。”他是这样说的，也是这样做的。郭明义始终以雷锋为榜样，把扶危救困、播撒爱心当成毕生天职，积极参与社会公益事业，先后捐款 20 多万元，资助了 300 多名贫困孩子；无偿献血 6 万多毫升，相当于自身全部血量的 10 倍；第一批加入鞍山市造血干细胞捐献和遗体（器官）

捐献志愿者行列；发起成立郭明义爱心团队170余支，全国各地6万余名志愿者加入其中，累计捐款200多万元。“爱心使者”郭明义的感人事迹感动了亿万群众，2012年被中央精神文明建设指导委员会授予“当代雷锋”荣誉称号。事实证明，只有人人讲公德，修身自律，躬行实践，才能积小流而成江海，积小善而成大德，激发社会正能量。

3．典型引领，培育良好社会风尚

榜样的力量是无穷的。良好的社会风尚需要典型引领、示范带动。首先，党员干部应做守道德的模范。新时代，各级领导干部要经常自省，常思贪欲之害，不为私心所扰，不为名利所累，不为物欲所惑，积小德为大德，不断陶冶情操，提升道德境界；要有强烈的道德责任感，做高尚道德的表率，努力成为思想纯洁、品行端正的示范者，爱岗敬业、敢于负责的力行者，明礼诚信、遵纪守法的先行者，生活正派、情趣健康的引领者。其次，用好身边正能量。感动就在身边，先进并不遥远，用好身边正能量，树立群众触手可及的榜样标杆，不断激发向善向美的社会风尚。要深入基层、深入群众，多选树老百姓身边的典型，建立常态化道德模范评选表彰活动，让人们在评选模范中学习模范、争做模范，从而使社会公德的认同与实践变得生动具体、充满活力。河北青县在南海公园设立“道德楷模荣誉墙”，将每届“感动青县”道德模范的名字镌刻其上，永励后人，使正能量得以广泛传播，营造崇德向善、礼让宽容的良风道德风尚。

社会公德建设是一项系统工程，需要靠一点一滴养成和长期不懈的努力。一个人做点好事并不难，难的是一辈子做好事，不做坏事。只要我们牢固树立公德意识，积极参与道德实践，“勿以恶小而为之，勿以善小而不为”，从身边小事做起，有一份光发一份热，就一定能在社会上做一个好公民，从而汇聚起磅礴力量，推进社会文明进步。

## 二、职业道德建设

职业道德是从业人员在职业活动中应当遵循的道德规范和行为准则，主要涉及从业人员与服务对象之间、职业与职工之间、不同职业之间的关系。每一种职业都有各自的职业道德，而以职业道德建设引领行业文明进步，是新时代公民道德建设的重点内容。《新时代公民道德建设实施纲要》强调：要“推动践行以爱岗敬业、诚实守信、办事公道、热情服务、奉献社会为主要内容的职业道德，鼓励人们在工作中做一个好建设者”①。

### （一）职业道德是行业文明的根本

职业因社会分工而产生，以收入为生活来源，是具有特定专业和责任的工作。它是每个人创造物质财富、成就出彩人生的平台，也是实现自身价值的主要方式。人们通过职业活动创造的一切美好，往往都闪烁着职业精神和职业道德的光芒，凝聚着建设者的品德风范。在“劳动最光荣、劳动最崇高、劳动最伟大、劳动最美丽”的新时代，职业道德的重要性更加突出。“大力加强职业道德建设，引导人们以敬业为本坚守初心使命，以乐业为基树立职业情怀，以奉献为责履行职业使命，共创美好生活，共建行业文明。”②

职业道德是成就事业的基本前提。一份职业、一个工作岗位，是人们的安身立命之本，是实现人生价值的舞台。人们选择职业的初衷是为了养活自己，在立足生存的基础上，成就职业梦想，实现人生价值。人生在世，要想在职场中大有作为，成就一番事业，实现自己的奋斗目标，在很大程

① 《中共中央国务院印发新时代公民道德建设实施纲要》，《人民日报》2019年10月28日。

② 中共中央宣传部宣传教育局：《〈新时代公民道德建设实施纲要〉学习读本》，人民出版社，2020，第50页。

度上取决于个人的工作态度和敬业精神。敬业是立业之本，只有勤勉敬业的人，专注本职、安心岗位、安心干事、尽心成事，才能在平凡岗位上干出不平凡的业绩，最大限度地实现自己的理想抱负。2016 年 4 月，习近平总书记在知识分子、劳动模范、青年代表座谈会上强调："无论从事什么劳动，都要干一行、爱一行、钻一行。在工厂车间，就要弘扬'工匠精神'，精心打磨每一个零部件，生产优质的产品。在田间地头，就要精心耕作，努力赢得丰收。在商场店铺，就要笑迎天下客，童叟无欺，提供优质的服务。只要踏实劳动、勤勉劳动，在平凡岗位上也能干出不平凡的业绩。"一个人要想在工作中有所成就，就必须认清自己承担的特定职责，忠实履行职责，爱岗敬业，无私奉献，全身心投入工作中去，任劳任怨地付出。这样，才能把工作由被动强迫转化为自觉自为的动力，在平凡的岗位上做出不平凡的业绩，实现出彩的人生。在社会竞争日益激烈的今天，我们应珍惜来之不易的工作岗位，常怀敬业之心，常行敬业之举，把职业当作事业来对待，在苦干实干中砥砺品行，在高尚的职业追求中不断升华人生境界。

职业道德是实现出彩人生的现实要求。从"最美奋斗者"到"共和国勋章"获得者，无不在各自岗位上取得了非凡成就，在共和国发展征程上立下了不朽功勋。他们身上散发出来的职业之光，充分展现了良好的职业道德。"弘扬职业道德，真正做到干一行爱一行钻一行，就要在脚踏实地的同时仰望星空，从刻苦工作中领略到高尚情操、体现出价值意义。"① 有了职业道德的托举，一个人才能在平凡的岗位上创造不平凡的业绩，书写别样精彩的人生。在抗击新冠疫情的斗争中，各行各业扛起责任，国有企业、公立医院勇挑重担，460 多万个基层党组织冲锋陷阵，400 多万名社区工作者在全国 65 万个城乡社区日夜值守，各类民营企业、民办医院、慈善机构、养老院、福利院等积极出力，广大党员、干部带头拼搏，广大医务人

① 李洪兴：《做有职业道德的好建设者》，《人民日报》2019 年 10 月 30 日。

员舍生忘死挽救生命，人民解放军指战员、武警部队官兵、公安民警奋勇当先，广大科研人员奋力攻关，数百万名快递员冒疫奔忙，180 万名环卫工人起早贪黑，新闻工作者深入一线，千千万万志愿者和普通人默默奉献，都展现了良好的职业道德。新时代，“加强职业道德建设，对个人而言，意味着砥砺职业操守、恪守职业本分、干好本职工作，每件事、每个细节、每项产品力求无愧本心；对社会而言，需要弘扬道德楷模精神、营造爱岗敬业氛围，形成学有榜样、行有示范的良好风气；对国家而言，也需要完善政策、搭建平台、健全机制，让广大劳动者敢想敢干、敢于追梦”①。当崇高的职业道德落实为掷地有声的职业行动，实现出彩人生就有了强大精神动力和道德支撑。新时代是奋斗者的时代。坚守职业道德，奋斗职业理想，用出色的工作业绩展现良好品德，在不懈努力中铸就生命的辉煌。

职业道德是国家治理的重要支撑。提升国家治理效能，需要多种因素融通互促、同频共振形成合力。职业道德作为提升国家治理效能不可或缺的重要因素，不仅为行业制度提供价值导向，也为制度执行提供精神保障。习近平总书记指出，推进国家治理体系和治理能力现代化，要解决好价值体系问题。解决价值体系问题，离不开职业道德的支撑。职业道德只有与业务工作和制度设计相结合，才能真正发挥作用，否则就会变成空泛的要求，不会有实际约束力。例如，在和数据打交道的企业中，既需要对数据储存、使用、管理等各个环节精准而细致的制度设计，也需要形成一定的道德要求以约束职工更好地工作，二者相辅相成、相互促进，才能确保各项业务运行有序。制度的执行离不开制度约束对象良好的道德素养，若没有职业道德的约束，势必引起行业秩序混乱，治理效能低下。“新时代，推进国家治理体系和治理能力现代化，内在地要求加强职业道德建设，同时，职业道德建设也要同制度建设相结合，从而实现同向同行、相互促进，为

① 李洪兴：《做有职业道德的好建设者》，《人民日报》2019 年 10 月 30 日。

经济高质量发展固本培元，为社会文明风尚凝心聚力。”①

## （二）新时代职业道德的基本要求

在新时代，要大力倡导以爱岗敬业、诚实守信、办事公道、热情服务、奉献社会为主要内容的职业道德，全面提升从业人员的职业操守和职业精神。

1. 爱岗敬业

爱岗敬业蕴含着一种责任与力量，是职业精神的具体体现。爱岗是指对自己所从事的职业有着深厚的感情，由热爱本职工作而生发出尽心尽力、尽职尽责干好工作的内在动力。敬业，就是用敬畏、敬重的态度对待自己的工作，勤奋努力，专心致志，尽职尽责，精益求精。正如梁启超在《敬业与乐业》一文中所阐述的，“敬业”就是“凡做一件事，便忠于一件事，将全副精力集中到这事上头，一点不旁骛”。唯有如此，职业才能变成一项事业，工作也才能成为通过奉献社会实现自我价值的过程。爱岗与敬业一脉相承，二者互为联系、互为补充。爱岗是敬业的前提，如果一个人根本不喜欢自己所从事的职业，就不可能热爱自己的工作，更不可能把职业当作事业。只有热爱自己的岗位，才会专心致力于本职工作。敬业则是爱岗的具体体现，是爱岗的升华。如果不能把自己对工作的喜爱与人生事业的发展相联系，对工作的兴趣就会越来越淡，难以产生积极肯干的实际行动，就不可能胜任本职工作。孔子曾言“知之者不如好之者，好之者不如乐之者”，只有真正做到干一行、爱一行、钻一行，才能通过全力以赴、尽心尽职的刻苦工作，实现精益求精、臻于至善的不断超越，进而从中领略到高尚情操，体现出价值意义。一个人只有爱岗敬业，才能在本职工作中创造

① 中共中央宣传部宣传教育局：《〈新时代公民道德建设实施纲要〉学习读本》，人民出版社，2020，第54页。

不平凡的业绩，在平凡的岗位中赋予不平凡的意义。

### ❀小知识

## 管延安：“超级工程”走出的“大国工匠”

管延安是山东青岛人，现任中交一航局二公司总技师。他初中毕业后到青岛当学徒，开始接触钳工行业。学徒期间，他要求自己“干一行、爱一行、钻一行”，勤学苦练，及时请教，练就了一身过硬技术。2013 年，管延安受命前往珠海牛头岛，带领钳工团队参与建设港珠澳大桥岛隧工程。5 年间，33 节巨型沉管安装，60 多万颗螺丝零失误，管延安和他的团队建造了世界首条“滴水不漏”的外海沉管隧道，为港珠澳大桥这个“超级工程”提供了坚实的保障。他被业界及媒体誉为“中国深海钳工第一人”，并成为中央电视台首批宣传的八名“大国工匠”之一。

管延安负责的设备中有一种叫截止阀，沉管对接时，它的作用是控制入水量，调节下沉速度，从而让两节隧道在深海中精准对接。“如果要在地面完成，只要拧紧螺丝就够了。但在深海中完成两节隧道的精准对接，要做到设备不渗水不漏水，安装接缝处的间隙必须小于 1 毫米，就只能靠手感来操作了。”管延安说。1 毫米的间隙无法用肉眼判断，管延安却通过一次次的拆卸和练习，凭着“手感”，创下了零缝隙的奇迹。就是为了找到这种“最佳感觉”，他拧螺丝几乎不戴手套，“隔着一层布，‘手感’就没了”。经过了数以万计的重复工作，管延安练就了左右手拧螺丝均能达到误差不超过 1 毫米的高精准水平。正是这种“工匠精神”成就了港珠澳大桥这一世纪工程的高品质。

管延安习惯写“维修日记”，将自己修过的机器、零件进行详细记录，并将问题和思考记在上面，不但有文字，还有自创的“图解”，至今已积累了 8 大本，这也成了徒弟们的“宝典”。

作为“大国工匠创新工作室”的带头人，管延安带领团队开展技术攻关、工艺革新，并把科技成果应用于“为国建桥”实践中，培养了大量技术人才。目前，工作室已取得专利 19 项，团队 20 名成员全部成长为跨海通道建设和船机修造骨干。2020 年，管延安被党中央、国务院授予“全国劳动模范”荣誉称号。

爱岗敬业，除了要有恪尽职守的责任心，更要有勤业精业的实际行动和勇于开拓的进取心。广大从业人员不仅要将职业精神与职业实践相结合，发扬钉钉子的精神，不折腾、不反复，切实把工作落到实处，做到勤业精业；还要增强创新意识，敢于走前人没有走过的路，锐意进取、敢为人先，抢占国内国际创新制高点。创新是一个民族进步的灵魂，是一个国家兴旺发达的不竭动力。“唯有继续弘扬敢闯敢试、敢为人先的改革精神，敢于啃硬骨头，敢于涉险滩，勇于冲破思想观念的束缚，勇于突破利益固化的藩篱，才能激发改革开放的强劲动力，推动中国航船驶向更加开阔的水域。”①

**❀小链接**

三百六十行，行行出状元。任何一名劳动者，无论从事的劳动技术含量如何，只要勤于学习、善于实践，在工作中兢兢业业、精益求精，就一定能够造就闪光的人生。

——习近平

2. 诚实守信

诚实守信是社会生活最基本的道德要求之一，也是做人做事的基本原则和起码要求。古人云：“诚者，天之道也；诚之者，人之道也。”“信，国

① 王东旐、袁雅莎、梁皓：《新时代职业道德建设读本》，中国言实出版社，2020，第 37 页。

之宝也。”“人而无信，不知其可也。”人无信不立，业无信不兴，国无信则衰。一个人、一个企业乃至一个国家，如果不讲诚信，道德败坏，就会割裂人际关系、业际关系、国际关系的纽带，这样的结果无异于一种“慢性自杀”，最终只会沦为无人信赖、遭人唾弃的孤家寡人。诚信是一个人安身立命之本。一个人要想在社会中安身立命，有所作为，实现价值，就必须具有良好的诚信品德。相反，诚信缺失的人会造成人格减分、形象失色，会错失与人合作、个人发展的机会。只有真诚待人、笃守诺言、诚信办事、踏实肯干，才能赢得别人的认可，进而塑造良好的形象和信誉，拥有更多的发展机会和更大的发展平台，成就自己的事业。

### 小链接

要修德，加强道德修养，注重道德实践。“德者，本也。”蔡元培先生说过：“若无德，则虽体魄智力发达，适足助其为恶。”道德之于个人、之于社会，都具有基础性意义，做人做事第一位的是崇德修身。这就是我们的用人标准为什么是德才兼备、以德为先，因为德是首要、是方向，一个人只有明大德、守公德、严私德，其才方能用得其所。修德，既要立意高远，又要立足平实。要立志报效祖国、服务人民，这是大德，养大德者方可成大业。同时，还得从做好小事、管好小节开始起步，“见善则迁，有过则改”，踏踏实实修好公德、私德，学会劳动、学会勤俭，学会感恩、学会助人，学会谦让、学会宽容，学会自省、学会自律。

——习近平

进入新时代，诚信建设对个人提出了更高的要求。2019 年 4 月 30 日，习近平总书记在纪念五四运动 100 周年大会上的讲话中提出“用勤劳的双手和诚实的劳动创造美好生活”的号召，对个人诚信建设指明了方向。因此，加强新时代职业道德建设，需要以职业诚信为抓手，提高职业操守，升华事业追求；同时“建立一定的奖惩机制激励守信者、惩罚失信者，让诚实守信的道德规范变得更加具有‘刚性’”①。

3．办事公道

办事公道是指从业人员在职业活动中待人处事公平公正，不偏不倚，一视同仁，按照同一标准和原则办事。其基本要求是：客观公正，照章办事，坚持原则，不徇私情。办事公道最重要的就是要秉公办事，不以权谋私，过得了亲情关、友情关和金钱关。坚持办事公道的职业道德规范，就要立足本职、恪尽职守、大公无私、一视同仁、照章办事，只有这样才能抵御金钱的诱惑、人情的考验和各种负面社会压力，才能把工作做好，把事情办妥。每一位从业人员都应合理地利用自己的岗位权力，公平地对待与之相关的人和事。倘若以权谋私、无视规则和原则、办事不公，就会损害职业的公信力和权威性，影响党和政府在人民群众中的形象，败坏社会风气。

**❊小链接**

作为党的干部，就是要讲大公无私、公私分明、先公后私、公而忘私，只有一心为公、事事出于公心，才能坦荡做人、谨慎用权，才能光明正大、堂堂正正。作风问题都与公私问题有联系，都与公款、公权有关系。公款姓公，一分一厘都不能乱花；公权为民，一丝一毫都不能私用。领导干部必须时刻清楚这一点，做到公私分明、克己奉公、严格自律。

——习近平

办事公道是职业道德的必然要求，是社会文明进步的标志。坚持办事公道是抵御行业不正之风的重要利器，是增强职业向心力、凝聚力的有力

① 中共中央宣传部宣传教育局：《〈新时代公民道德建设实施纲要〉学习读本》，人民出版社，2020，第58页。

保障，是处理好职业内部人际关系的重要法宝。人们对社会腐败行为、行业不正之风深恶痛绝，具体指向都集中在“不公”上面。扭转行业不正之风的重要抓手，就是坚持办事公道。党员领导干部作为社会风气的领跑者，更应坚持办事公道，始终把人民放在心中，把使命扛在肩上，权为民所用、情为民所系、利为民所谋，自觉做到大公无私、公私分明、先公后私、公而忘私，一心为公、事事公正，发挥好示范带头作用。各行各业从业人员都要以公道之心，为人民群众诚心诚意办实事，尽心竭力解难事，坚持不懈做好事，为营造风清气正的社会风气作出自己应有的贡献。新时代，大力倡导办事公道的职业道德，这不仅是每个从业者必备的职业素养，更是其履职尽责的自觉操守。从业者应做到公平公正待人，依法依规办事，光明磊落，公道正派，共同营造“公道正义、共建共享”的道德氛围，不断引领行业文明进步。

### ❈小知识

#### 李泉新：忠诚干净担当的好干部

李泉新，江西省委第三巡视组原组长，58 岁因病匆匆走完生命旅程。活着时，他是贪腐分子闻之色变的巡视尖兵；离去后，他是长存百姓心中的好干部。他把自己的一生献给了党的反腐倡廉事业，成为纪检监察干部践行忠诚、干净、担当的好榜样。

毕生践行忠诚。李泉新把自己的一生用在了自己热爱的纪检工作，把对党、对祖国忠诚热爱的情怀倾注在工作上、播撒在群众身上。“没有不能揭的黑，没有不敢碰的恶”，在事关民心向背、没有硝烟的反腐战场上，他敢于亮剑执纪、敢啃硬骨头，捍卫了一方公平正义。这不仅是他党性坚定、公道正派的有力体现，也是他忠诚于党、忠诚于人民、忠诚于纪检监察事业的集中展现。

毕生践行干净。李泉新始终把纪律挺在前面，把规矩放在首位，坚持原则，发现问题线索严查到底，面对威胁恐吓毫不畏惧，忠诚履行纪检监察干部和巡视干部的神圣职责。他要求巡视员做到的，自己首先做到，处处以身作则，率先垂范，用铁的纪律锻造了自己清正廉洁的一生，用行动忠实践行了打铁还需自身硬的严格要求。

毕生践行担当。“权力就是责任，责任就要担当，巡视就要动真碰硬。”正是其敢于担当，在巡视工作中才取得了“丰硕成果”，“巡视王牌组”称号就是最好的肯定。“查问题不怕多，有压力我来扛。”李泉新这一常挂在嘴边的话语，折射出一名纪检监察干部敢于担当、敢于监督、敢于负责的精神。

李泉新不徇私情、秉公办事，坚守自身干净的行为底线，任何时候都不开特权口子，树立了纪检监察干部和巡视干部的好形象。他用自己的一生，为党燃尽了生命之火，无愧于时代、无愧于人民、无愧于纪检监察事业。

4. 热情服务

热情服务就是要与服务对象积极互动，善于从服务对象的角度出发考虑问题，真心实意、满腔热情地尽可能提供优质产品和服务。作为所有从业者的职业道德要求，热情服务要求从业人员不仅具有服务意识，认真负责地履行岗位职责，还要倾注真挚感情，用心用情服务，诚心诚意办好事、尽心尽力解难事，让服务对象舒心满意。如车间工人精益求精地生产着千家万户需用的产品，环卫工人不畏艰辛地维持着整洁的公共环境，外卖小哥不知疲倦地将外卖及时热情地送到顾客手中，等等。各行各业都须通过热情服务以实现“让人民群众过上好日子”的职业宗旨。在职业活动中不仅要“身入”，更要“心入”“情入”。要真心实意为人民群众着想，为人民群众办事，让人民群众满意。各行各业从业人员只有抱着满腔热情为客户服务，在工作中才能站稳脚跟，才能赢得服务对象的满意和赞赏；即使结果不尽如人意，也能让人消除误解，赢得谅解，增进理解。

### ❊小知识

#### “时代楷模”马善祥

马善祥是重庆市江北区观音桥街道办事处原调研员、“老马工作室”负责人。他从事人民调解工作30多年，满腔热情地为群众服务。在接待群众时，他坚持“起立迎接，请坐倒水，倾听记录，交流引导，解决问题，出门相送”的24字“老马工作法”，实现了让群众带着怨气来、带着满意走的目标，为促进人际和善、家庭和美、邻里和睦、社会和谐作出了突出贡献。他是服务群众的典范，2014年被中宣部授予“时代楷模”荣誉称号；2015年被中央文明委评为第五届全国敬业奉献道德模范；2018年被党中央、国务院授予“改革先锋”称号；2019年获评“最美奋斗者”，他曾被习近平总书记点赞“我们需要千千万万这样的基层干部”。他说：“人民群众对美好生活的向往就是我们的奋斗目标，我要用自己满腔热情的服务增加群众的获得感。”

“新时代，每个人都要在岗位上树立热情服务的职业精神，用热情周到、耐心细致的工作态度，对待每一件事、每一个服务对象，用心用情做好本职工作，在推进事业进步的过程中实现个人职业发展。”① 尤其是各级领导干部要努力增强服务本领，克服本领恐慌，努力成为各行各业的行家里手。

5．奉献社会

奉献社会要求从业人员在各自的岗位上，通过兢兢业业的工作，自觉

---

① 中共中央宣传部宣传教育局：《〈新时代公民道德建设实施纲要〉学习读本》，人民出版社，2020，第60—61页。

地全心全意为社会作贡献，为社会整体的、长远的利益，不惜牺牲个人的利益。它是社会主义职业道德中最高层次的要求，体现了社会主义职业道德的最高目标指向。每个人在选择职业时，要把自己的人生理想融入国家和民族的复兴伟业中，投身于实现国家追求、民族向往和人民期盼的共同愿景中，并自觉主动地奉献社会，才能焕发出人生绚丽的光彩。“时代楷模”陈俊武，是中国科学院院士、中国石化集团有限公司科技委顾问、中石化洛阳工程有限公司技术委员会名誉主任，是我国著名炼油工程技术专家、煤化工技术专家、催化裂化工程技术奠基人。他心有大我、至诚报国，新中国成立之初就投身到党和人民的事业，与共和国同成长、共奋进，为新中国石化工业不懈奋斗 70 余年。他敢为人先、勇于登攀，推动我国催化裂化技术从无到有、从弱到强，为我国炼油工业进步作出开创性的贡献，进入耄耋之年，仍然奋战在科研一线。他淡泊名利、甘为人梯，为国家培养了一大批高水平石化专家，资助了多名贫困学生和优秀青年。“人生在世，不过七八十年，为了活得有意义，对社会的奉献要大于索取，一生才灿烂辉煌。我们应该在这短暂的‘人间世’中，做个有意义的‘世间人’，才无愧对自己的一生。”这是陈俊武的自白。工龄 70 余年，他始终不忘报国初心。他用自己的一言一行，诠释了何为真正的“时代楷模”，书写了奉献社会的精彩篇章。

奉献社会是一种崇高的职业理想和职业追求。要做到这一点，需要有职业理想作支撑，不计较个人得失，把自己的职业理想与中华民族伟大复兴的中国梦结合起来，把自己的职业追求与踏踏实实地建设中国特色社会主义结合起来。习近平总书记鼓励青年人要把个人的进步和国家、民族的发展结合起来，把人生理想融入国家和民族的事业中，投身于实现国家和民族的中国梦，唯有如此，才能实现个人的人生理想。当代中国青年要有所作为，就必须投身于人民的伟大奋斗。同人民一起奋斗，青春才能靓丽；同人民一起前进，青春才能昂扬；同人民一起梦想，青春才能无悔。

### ❀小知识

## 黄文秀：青春之花绽放在扶贫路上

黄文秀生前是广西壮族自治区百色市委宣传部干部。她于2016年从北京师范大学硕士毕业后自愿回到百色革命老区工作，2018年3月主动请缨到乐业县百坭村担任驻村第一书记，埋头苦干，带领88户418名贫困群众脱贫，全村贫困发生率从22.88%降至2.71%。2019年6月17日凌晨，为了按时赶回村里工作，面对暴雨之夜可能遭遇的危险，黄文秀连夜赶路，在从百色返回乐业途中遭遇山洪不幸遇难，献出了年仅30岁的宝贵生命。黄文秀同志被追授“全国三八红旗手”“全国脱贫攻坚模范”“时代楷模”等称号，中共中央授予黄文秀“七一勋章”。

习近平总书记对黄文秀同志先进事迹作出重要指示，指出：“黄文秀同志研究生毕业后，放弃大城市的工作机会，毅然回到家乡，在脱贫攻坚第一线倾情投入、奉献自我，用美好青春诠释了共产党人的初心使命，谱写了新时代的青春之歌。广大党员干部和青年同志要以黄文秀同志为榜样，不忘初心、牢记使命，勇于担当、甘于奉献，在新时代的长征路上做出新的更大贡献。”

“时代楷模”黄文秀感动了中国，获评“感动中国2019年度人物”。其颁奖词是这样说的：“有些人从山里走了，就不再回来，你从城里回来，却再没有离开。来的时候惴惴，怕自己不够勇敢，走的时候匆匆，留下最美的韶华。百色的大山，你是最美的朝霞，脱贫的战场，你是醒目的黄花。”

黄文秀，短暂的一生令人动容。她在扶贫一线兢兢业业、努力工作，她把青春奉献给了自己热爱的家乡，留下了为扶贫事业不懈奋斗的殷切深情和坚定信念。花季虽短，但灿烂地绽放过，馨香永存！

## （三）在工作中做一个好建设者

一个推崇敬业乐业的民族，必定是令人肃然起敬的民族；一个弘扬职业理想的社会，必定是一个活力涌流、文明进步的社会。遵守职业道德，就要笃定理想并执着坚守，把个人发展和为人民服务的事业紧密结合起来。空谈误国，实干兴邦，要立足本职，苦干实干，锻造过硬本领；要勤业敬业，精益求精，创造一流业绩；要艰苦奋斗，勤俭修身，成就出彩人生，实现自身价值。

坚守崇高职业理想。一个人理想越远大，信念越坚定，社会责任感越强烈，就越会集中智慧和力量实现自己的目标。习近平总书记指出："良好职业道德体现在执着坚守上，要有'望尽天涯路'的追求，耐得住'昨夜西风凋碧树'的清冷和'独上高楼'的寂寞，最后达到'蓦然回首，那人却在，灯火阑珊处'的领悟。"[①] 一个人树立了崇高的职业理想，就能守住初心，淡泊名利，经得住诱惑，守得住清贫，成就惊天动地的伟业。中国核物理学家、我国铀同位素分离事业的理论奠基人王承书，曾放弃美国的优越条件和获诺贝尔奖的机会毅然回国，用三个"我愿意"肩负起国家的重托，为祖国的原子弹事业，隐姓埋名 30 余年，一生无私奉献书写报国誓言。她也被毛主席称赞为"中国第一颗原子弹爆炸的女功臣"。

练就过硬职业本领。空谈误国，实干兴邦。没有一身过硬的本领，想干事也未必能干成事。在干事创业中成就出彩人生，就要立足本职，苦干实干，从自身做起，从点滴做起，练就本领域本专业的过硬本领，努力践行"工匠精神"，从而为社会、为他人提供更加优质的服务。被誉为高铁战线的"工人院士""高铁焊接大师"的李万君，是中国技能最高奖"中华技能大奖"的获得者。30 多年来，他兢兢业业刻苦钻研，练就了超一流的焊

---

① 习近平：《一个国家、一个民族不能没有灵魂》，《求是》2019 年第 8 期。

接手艺，成为国内外专家钦佩的高铁焊接大师。在短短 6 年时间里，中国高铁完成了时速 250 公里、350 公里、380 公里的“三级跳”。然而，高速度需要高技能人才队伍支撑。李万君作为高铁焊接领域的专家，积极带徒弟、传技术、教绝活。他培养的徒弟逐步成长为时速 380 公里动车组的生产主力，推动长客公司焊接技术整体水平与欧洲西门子实现同步。2017 年 9 月，“复兴号”动车组在京沪高铁开行，中国再次成为世界高铁商业运营速度最快的国家，这让高铁工人充满自豪。这一领跑世界的“中国速度”的达成，离不开李万君和他的工友们这些“幕后英雄”的努力。李万君就是靠精益求精、追求极致的过硬本领，铸就了大国工匠！正如他所说的：“只要我们用工匠精神把每天的工作干好、干精，都会走出精彩的人生。”要在全社会弘扬精益求精的工匠精神，激励广大从业者走技能成才、技能报国之路。

始终做到勤业精业。“一勤天下无难事。”勤业，就是对事业勤奋，作风不慵懒、态度不懈怠、工作不懒惰。不论从事什么工作，从业人员都要勤勉尽责，竭尽全力做好本职工作。精业，就是干一行、爱一行、精一行，成为本专业精通业务的行家里手。这就要求从业人员在工作中要敬业实干、勤业苦干、精业巧干，练就自己的“金刚钻”。只有精业，工作才有底气，事业才有生气，工作才会出成绩。奋进新征程，建功新时代，需要我们接续奋斗，而不能躺在功劳簿上沾沾自喜，要继续保持勤勉奋进的工作态度和工作作风，在工作中精益求精，取得更多富有创造性的高质量的成果。在奋进的道路上没有舒适区，不能有松口气、歇歇脚的心态，要有一棒接着一棒继续跑下去的冲劲、闯劲和干劲。要大力弘扬劳模精神和工匠精神，营造劳动光荣的社会风尚和精益求精的敬业风气，激励广大从业人员要勤于学习、善于实践，踏实劳动、勤勉劳动，在工作中兢兢业业、精益求精，努力在平凡岗位上干出不平凡的业绩。

矢志艰苦奋斗为动力。艰苦奋斗是中华民族的传统美德，更是党和国家事业发展壮大、创造辉煌的重要保证。新时代新征程，推动乡村全面振兴，全面建成社会主义现代化强国、实现第二个百年奋斗目标，必须赓续艰苦奋斗的精神。从业者要在各自的岗位上继续保持和弘扬艰苦奋斗精神，在艰苦的条件中，保持艰苦奋斗的作风，不怕苦、不怕累，一步一个脚印往前走，努力完成自己的本职工作；在优越的环境中，保持艰苦奋斗的作风，不迷失、不骄躁，争取创造出更大的奇迹。把艰苦奋斗精神落到实处，就要求从业人员做到严于律己，始终保持勤俭修身，同时自觉抵制拜金主义、享乐主义的侵蚀，养成良好的工作作风。从业人员只有长期坚持，久久为功，自觉涵养艰苦奋斗的工作作风，才能担当工作重任，成就个人和祖国更加美好的未来。①

**❊小链接**

只有奋斗的人生才称得上幸福的人生。奋斗是艰辛的，艰难困苦、玉汝于成，没有艰辛就不是真正的奋斗，我们要勇于在艰苦奋斗中净化灵魂、磨砺意志、坚定信念……奋斗者是精神最为富足的人，也是最懂得幸福、最享受幸福的人。

——习近平

## 三、家庭美德建设

家庭美德是人们在家庭生活中调整家庭成员间关系、处理家庭问题时所遵循的高尚的道德规范。新时代加强公民道德建设，必须重视家庭建设，注重家庭、注重家教、注重家风。《新时代公民道德建设实施纲要》强调，

① 参见王东姺、袁雅莎、梁皓《新时代职业道德建设读本》，中国言实出版社，2020，第126—127页。

要“推动践行以尊老爱幼、男女平等、夫妻和睦、勤俭持家、邻里互助为主要内容的家庭美德，鼓励人们在家庭里做一个好成员”①。新时代新征程，培育家庭美德，崇尚良好家风，才能为家庭谋和谐、为他人送温暖、为社会作贡献。

### （一）家庭美德是公民道德养成的起点

家庭是社会的细胞、国家的基石。家庭和睦则社会安定，家庭幸福则社会祥和，家庭文明则社会文明。中华民族有着深厚的家庭情结，注重家庭、注重家教、注重家风，注重发扬家庭美德。中华民族传统家庭美德是支撑中华民族生生不息、薪火相传的重要精神力量，是家庭文明建设的宝贵财富。2016 年 12 月 12 日，习近平总书记在会见第一届全国文明家庭代表时指出：“无论时代如何变化，无论经济社会如何发展，对一个社会来说，家庭的生活依托都不可替代，家庭的社会功能都不可替代，家庭的文明作用都不可替代。无论过去、现在还是将来，绝大多数人都生活在家庭之中。我们要重视家庭文明建设，努力使千千万万个家庭成为国家发展、民族进步、社会和谐的重要基点，成为人们梦想启航的地方。”②

家庭是个人品德养成的起点。每个人在成长过程中所接受的家庭教育对其一生的发展格外重要。家庭是人生的第一个课堂，父母是孩子的第一任老师。家庭生活在潜移默化中塑造着每个人的行为方式，有什么样的家教，就有什么样的个人。家庭教育不仅是知识与技能的传授，更重要的是道德品质的培养和良好家风的传承。“追求家庭和顺美满，关键是用良好家教家风涵育道德品行。爱国华侨陈嘉庚兴巨资办学却对家人很‘抠门’，勤俭家教让子女养成了和他一样的公益情怀；人民教育家于漪耕耘教坛 60 多

① 《中共中央国务院印发新时代公民道德建设实施纲要》，《人民日报》2019 年 10 月 28 日。
② 习近平：《在会见第一届全国文明家庭代表时的讲话》，《光明日报》2016 年 12 月 16 日。

年，儿子、孙女在她的熏陶下相继走上教师岗位。”[①] 父母要重言传、重身教，教知识、育品德、传家风，身体力行作出示范，用正确的道德观念塑造美好心灵，帮助孩子扣好人生的第一粒扣子，迈好人生的第一个台阶。

家庭美德建设是社会和谐稳定的基石。家和万事兴。家，不仅是每一个中国人安身立命的人生起点，更是中国人修齐治平的理念依托。家庭关系和谐，则家庭兴、家族兴、家国兴、万事兴。家是最小国，国是千万家，千千万万小家庭的家风汇聚成的是整个国家的国风。家风正，则党风清；党风清，则政风廉；政风廉，则民风淳；民风淳，则国家盛。家庭美德建设在社会生活中发挥着极其重要的作用，向内塑造个人的道德品质，向外影响社会和国家的道德风尚，是社会、国家和民族和谐稳定的基础。家风好，就能家道兴盛、和顺美满；家风差，难免殃及子孙、贻害社会。必须加强家庭美德建设，“为促进家庭和睦、亲人相爱、下一代健康成长、老年人老有所养而努力，共同为提高全社会文明程度而努力”[②]。家家户户都有好的“家风”，社会风气就会充满正能量，道德建设也就“开花结果”。家庭向善，国家向上。

家庭美德建设是社会主义精神文明建设的重要内容。家庭美德，是社会主义道德在家庭生活中的具体体现，是个人良好品行塑造和正确价值观的根基。加强社会主义精神文明建设，提高全民道德素质，培育文明风尚，离不开家庭美德建设。要引导家庭成员自觉履行道德责任和道德义务，倡导忠诚、责任、亲情、学习、公益的理念，让家庭成员相互影响、相互提高，为家庭谋幸福、为他人送温暖，努力做对家庭和社会有用的人。个人的价值观影响着整个社会的价值观。推进新时代家庭美德建设，就要把社会主义核心价值观贯穿于家庭生活的方方面面，传递尊老爱幼、男女平等、

---

① 石羚：《做守家庭美德的好成员》，《人民日报》2019 年 10 月 31 日。

② 习近平：《在会见第一届全国文明家庭代表时的讲话》，《光明日报》2016 年 12 月 16 日。

夫妻和睦、勤俭持家、邻里团结的观念，让人们在实践中感知它、领悟它，切实推动社会主义核心价值观落地生根、开花结果。同时，中华民族传统家庭美德，是家庭文明建设的宝贵精神财富。推进新时代家庭美德建设，就要继承中华民族传统家庭美德，大力弘扬优良家风，让美德植根于每个家庭成员心灵，以千千万万家庭的良好家风支撑起全社会的好风气。

### （二）新时代家庭美德的基本要求

家庭美德不仅涵盖了家庭生活中的夫妻、长幼关系，同时也涵盖了日常生活中的邻里关系。加强新时代公民道德建设，要准确把握尊老爱幼、男女平等、夫妻和睦、勤俭持家、邻里互助的基本要求，弘扬家庭美德。

1．尊老爱幼

尊老爱幼，是指尊敬长辈，爱护晚辈，形容人的品德良好。尊老，就是不仅要孝敬自己的父母，还应尊敬别人的老人，让他们老有所养，安享晚年，颐养天年；爱幼，就是爱护年幼的孩子，让他们快乐生活，轻松学习，健康成长。尊老爱幼是每个人都应该践行的道德义务，也是社会生活中应该履行的一种道德责任，更是家庭美德的集中体现。“老吾老以及人之老，幼吾幼以及人之幼。”关爱老人、孝敬父母、爱护幼小的传统美德对新时代家庭美德建设仍具有启迪意义。新时代要发扬中华民族尊老爱幼的传统美德，引领人们自觉承担家庭责任，树立良好家风，强化家庭成员赡养老人、抚养幼小的责任意识，实现老有所养、幼有所长，促进家庭老少和顺。

百善孝为先。尊老、敬老，就要赡养、孝敬老人。新时代孝敬老人有着丰富的内涵：一是物质赡养，即满足老年人衣、食、住、行和健康的基本需求，给老年人应有的物质保障，确保老年人有一个相对安全的生活环境和良好的健康状态；二是精神赡养，即在日常生活中尊重、理解、关心、体贴老年人，在精神上给予慰藉，使其愉悦、开心。三是贴心照顾，当老年人丧生活自理能力时，需要别人的照料，要真心尊重，和颜悦色、任劳任怨，让老人有尊严地生活。

### ❊小知识

### 全国道德模范张水珍：用坚韧担当谱写“孝老”赞歌①

张水珍，陕西省铜川市耀州区绵阳路街道水峪村村民。30多年来，她无怨无悔、无微不至地照顾丈夫的奶奶、父亲母亲、养父养母和养父的弟弟6位老人，用坚韧担当谱写了一曲新时代尊老、敬老、孝老、爱老的赞歌。

1984年，张水珍经人介绍与任新宏喜结连理。她刚嫁到任家时，家里一贫如洗，全家老少7口人挤在仅有的4孔破土窑洞里，家中还有4位老人：体弱多病的奶奶，丈夫的养父和患病的养母，还有智力体力都有些残疾的小叔父。张水珍没有退缩，义无反顾地承担起照顾一家人的重任。

婚后不到一个月，80岁的奶奶查出肺癌晚期，吃喝拉撒睡全在土炕上。张水珍每天为奶奶端屎端尿，精心伺候。丈夫的亲生父母身体羸弱，经常患病住院，其他子女常年在外，她便主动承担起照顾老人的重任。养父多年身体状况不佳，患有骨膜炎、中耳炎，最后又查出胃癌，她借钱为公公看病，直至为他养老送终。2010年，小叔父患上偏瘫，生活不能自理，她不嫌弃、不放弃，一直照顾老人到82岁过世。

张水珍还精心照料着84岁的养母任彩霞，不仅为她安排好饮食起居，更在日常生活中给予无微不至的关爱。她们之间有着深厚的感情，不是母女胜似母女。她是大家公认的好妻子、好母亲、好媳妇、好邻居。2019年，张水珍荣获第七届“全国孝老爱亲模范”荣誉称号。

---

① 参见《全国道德模范张水珍：用坚韧担当谱写“孝老”赞歌》，http://www.wenming.cn/specials/hr/sx/sbdqz/202110/t20211028_6218656.shtml.

“莫道桑榆晚，为霞尚满天。”老年人曾为祖国昌盛、家乡的繁荣、家庭的幸福献出了宝贵的青春与汗水。尊老、敬老、爱老、助老作为中华民族传统美德源远流长，是每个人义不容辞的责任和义务。新时代的家庭美德建设，要“大力弘扬中华孝道，引导人们感念父母养育之恩，感念长辈关爱之情，养成孝敬父母、尊敬长辈的良好品质，以自身的模范言行教育、引导子女”①。

爱幼要注重“慈”“爱”“扶”。“慈母手中线，游子身上衣。临行密密缝，意恐迟迟归。谁言寸草心，报得三春晖。”唐代诗人孟郊的这首《游子吟》，生动地表达了母亲的慈爱之情，一针一线、一个手势、一个眼神，都传达出对儿女的无限关爱之情。爱孩子是父母的天性，是本能。“父母除了在物质生活上抚育子女之外，也要当好子女的引路人和看护人，不仅要把子女‘扶上马’，还要‘送一程’，自觉担负起教育子女的责任，培养孩子的美好心灵”②，使其健康成长，成为对社会有用之人。爱孩子并不是单纯地一味溺爱，而是真诚地尊重、支持和帮助。“既要给孩子传授知识和经验，也要播撒亲情和爱意，还要灌输品德与规矩，特别是强化对品格的磨炼。”③ 孩子的事情，一定要让孩子自己做，父母不要代劳，从小培养孩子的自立精神，不给别人添麻烦。家长对孩子包办代替太多，最终只能是害了孩子。神童魏永康 13 岁上大学，17 岁被中科院高能物理研究所破格录取并硕博连读，20 岁因欠缺生活自理能力被中科院劝退。一代天才少年自此跌落神坛。其背后的原因就是魏永康的母亲为了让儿子全心全意投入学业，包揽了他生活上的一切，甚至喂饭、穿衣，直到儿子上大学时仍跟在身边“陪读”。生活自理能力的丧失，最终把天才少年魏永康拉下神坛。

---

① 中共中央宣传部宣传教育局：《〈新时代公民道德建设实施纲要〉学习读本》，人民出版社，2020，第 75 页。

② 中共中央宣传部宣传教育局：《〈新时代公民道德建设实施纲要〉学习读本》，人民出版社，2020，第 74 页。

③ 尹红领、王雪萍：《新时代家庭美德建设读本》，中国言实出版社，2020，第 41—42 页。

2. 男女平等

婚姻家庭中的男女平等，是指夫妻双方在经济、政治、文化、社会和家庭等各方面享有同等的权利，负担同等的义务。也就是说，夫妻双方在家庭生活中地位平等、人格独立；在抚育子女和教育子女上，权利和义务是平等的；在赡养父母的义务上，也是平等的。男女平等是我国的一项基本国策，我国宪法和有关选举、劳动、教育和婚姻家庭等一系列法律法规，都体现了男女平等原则。

加强新时代家庭美德建设，必须不断推进和实现男女平等。一要尊重和保护女性的合法权益，保护其在家庭中的人格独立和地位平等，反对歧视和虐待妇女。《中华人民共和国妇女权益保障法》规定："男女平等是国家的基本国策。妇女在政治的、经济的、文化的、社会的和家庭的生活等方面享有同男子平等的权利。国家采取必要措施，促进男女平等，消除对妇女一切形式的歧视，禁止排斥、限制妇女依法享有和行使各项权益。"实现男女平等，保障女性的平等权利，就要保障妇女经济参与的机会，实行男女同工同酬，保障妇女的政治参与权，培养和选拔妇女干部，使广大妇女能够平等依法行使民主权利，平等参与经济社会发展，平等享有改革发展成果。二要摒弃"重男轻女"思想，共同承担家庭责任。"重男轻女"的传统性别歧视以及男女不平等的社会资源分配制度，不仅压抑、禁锢和伤害了女性，也不曾保护男性。男女都是家庭建设的重要力量，缺一不可。实现新时代男女平等，就要摒弃"重男轻女"的传统思想，使家庭中的男女享有教育、就业及财产等方面的同等权利，特别是在生育观上，要真正做到"生男生女都一样"。夫妻双方要自觉肩负起尊老爱幼、教育子女的责任，追求积极向上、文明高尚的生活。三要弘扬男女平等的家庭美德。"要注重发挥男子在事业开拓进取、家庭责任主动担当、家庭关系协调处理等方面的积极作用，也要注重发挥妇女在弘扬中华民族传统美德、树立良好家风方面的独特作用。”① 同时，男性还要尊重、支持、理解女性，女性也应努力做到“自尊、自信、自立、自强”，以巾帼不让须眉的豪情，去学习、去拼搏、去创造，尽力为家庭多作贡献，共同建设幸福之家。

3. 夫妻和睦

家庭关系，包括夫妻关系、亲子关系和其他家庭成员之间的关系。夫妻和睦是家庭关系的核心，是维系家庭和谐幸福的关键。夫妻和睦强调夫妻之间在生活上相互关心和照顾对方，在事业上相互理解和支持对方，在感情上相互爱恋和体贴对方。特别是夫妻之间在处理各种家庭矛盾时，要坦诚相待，相互理解，包容对方。夫妻感情与父母子女感情的最大区别是爱情，只有持之以恒地珍惜、培育和增进这种感情，才能永葆夫妻和睦关系的存在。②

家和万事兴。让美德植根于每个家庭，首在夫妻和睦。一要平等相待。夫妻双方一定要平等相处，尊重对方的人格和主张，关心对方的情感，善于发现对方的长处和闪光点，包容对方的缺点和不足，共同负责经营好家庭。二要互敬互爱。“夫妻者，非有骨肉之恩也，爱则亲，不爱则疏。”夫妻因爱而结合，互敬互爱是家庭幸福的源泉，相敬如宾是夫妻关系的最高表达。奠基在夫妻平等基础上的互敬互爱，表现为夫妻双方在生活中相互照顾、相互信任；在工作中相互理解、相互支持、相互取长补短；遇到困惑时相互开导、相互帮助。老一辈无产阶级革命家周恩来和邓颖超在夫妻关系的处理上，提出互敬、互爱、互信、互勉、互助、互让、互谅、互慰的“八互”原则，不仅是处理夫妻关系的一般原则和规范，而且是社会主义社会中爱情婚姻道德的集中体现。三要谦让包容。有缘千里来相会，无缘对面手难牵。百年修得同船渡，千年修得共枕眠。夫妻之间要懂得珍惜

① 中共中央宣传部宣传教育局：《〈新时代公民道德建设实施纲要〉学习读本》，人民出版社，2020，第76页。

② 参见靳凤林《弘扬中华民族家庭美德》，《光明日报》2022年2月7日。

缘分，宽容忍让，尤其是在处理家庭矛盾时更要以诚相待，理解包容对方，切忌相互抱怨、相互指责、相互谩骂。只有宽容忍让，才能愈合不愉快的创伤，才能轻松和谐。幸福的婚姻不是没有问题的婚姻，而是善于解决问题的婚姻，善于沟通的婚姻，善于互相包容和谦让的婚姻。四要共担责任。责任是夫妻和睦相处的黏合剂。建立在爱的基础上的夫妻关系，内在蕴含关心、责任、尊重和理解。维系家庭存续和发展，需要夫妻双方在守护婚姻和家庭的过程中相互扶持、一起成长，共同担负教育子女、赡养老人的责任。五要同舟共济。夫妻并非“大难来时各自飞”的“同林鸟”，而应是一辈子同舟共济、不抛弃、不放弃的“队友”。夫妻之间要有福同享，有难同当，患难与共，相濡以沫。夫妻双方只有齐心协力、风雨同舟、共渡难关，才能创造美满的婚姻和幸福的家庭。①

### ❀小知识

#### 最美家庭：沈伟华家庭

2019 年，交通系统沈伟华家庭被评为“桐乡市最美家庭”和 100 户特色文明家庭。多年来，沈伟华和妻子周明红互敬互爱，家庭生活一直和睦美满。沈伟华曾是空军某部队军人，在前线守卫国家 12 年。丈夫从军期间，周明红主动担起了家庭的重担，照顾双方父母，教育幼子，毫无怨言。夫妻俩相敬如宾，互相支持、帮助，努力为孩子树立起良好的榜样，有困难共同面对，协商解决。此外，该家庭多年来还积极参与社会公益事业，为汶川地震灾区捐款，每年捐献家里的旧衣服，每天参加“日行一善，日捐一元”公益活动，对社会上的贫困家庭给予力所能及的帮助。该家庭曾荣获“光荣之家”荣誉，沈伟华夫妻俩已成为人人羡慕的模范夫妻。

---

① 参见中共中央宣传部宣传教育局《〈新时代公民道德建设实施纲要〉学习读本》，人民出版社，2020，第 77—78 页。

4. 勤俭持家

勤俭持家是保证家庭物质基础稳固的前提条件，任何家庭生活的幸福美满都必须具备良好的物质基础，这就要求每一个家庭成员必须通过勤勉刻苦、节约俭朴、奋发努力来丰富家庭的物质财富。中国人向来勤劳有素，节俭成习。勤俭关系家庭的盛衰，也关系着国家的兴亡。中国古人提出“克勤于邦、克俭于家”“历览前贤国与家，成由勤俭破由奢”“俭以养德、俭以励志、俭以生廉”，都将“俭”视为家庭生活的美德，并构成当代中国家庭美德的重要思想资源。

在新时代，勤俭持家的美德不能丢。一要勤劳勤奋。幸福不会从天降，美好生活靠劳动创造。勤为富足之源、德之本。劳动是财富和幸福的源泉，是推动人类社会进步的根本力量。“兴家立业，劳动为本。必须树立劳动最光荣、劳动最崇高、劳动最伟大、劳动最美丽的观念，引导人们养成辛勤劳动、诚实劳动、热爱劳动的好习惯，摒弃好逸恶劳、游手好闲、坐享其成等错误思想，依靠勤劳和汗水开辟人生和事业的光明前程。”① 同时，创造美好未来还需要始终保持奋斗精神，将个人理想与国家命运炙热相融，勇敢书写属于自己的人生传奇。二要节俭节约。“兴国兴家，不仅需勤，还需俭。勤为竭力劳作，广开物源；俭为谨身节用，量入为出。俭以养德，俭而不吝。”② 倡导勤俭持家，“并不是要一味地节衣缩食，而是要量入为出、适度消费、理性消费、因需消费。要防止消费主义，防止追求消费的炫耀性、奢侈性和新奇性，抵制无节制的物质享受、消遣与享乐主义”③。三要树立正确财富观。家庭幸福需要一定的经济条件作支撑，但君子爱财，取之有道，不义之财无法长久支撑一个家庭的幸福和荣耀。坚持勤劳致富、

---

① 中共中央宣传部宣传教育局：《〈新时代公民道德建设实施纲要〉学习读本》，人民出版社，2020，第 79 页。

② 尹红领、王雪萍：《新时代家庭美德建设读本》，中国言实出版社，2020，第 141 页。

③ 参见中共中央宣传部宣传教育局《〈新时代公民道德建设实施纲要〉学习读本》，人民出版社，2020，第 80 页。

合法致富，在创造财富的路上守好心灵的净土，才能实现自身价值和家道兴旺长久。四要倡导勤俭养廉兴家兴国。俗话说："勤生廉，懒生贪。""居官之所恃者，在廉。其所以能廉者，在俭。"精神世界富足的人，往往甘于过俭朴生活；而心存贪念者，即使其财产再多，也不会轻易满足。勤俭持家是腐败堕落的克星。倡导党员干部过俭朴生活，弘扬尚俭戒奢的美德，警惕奢靡享乐的诱惑，自觉向高标准看齐，做艰苦朴素的楷模。

**❀小链接**

大力加强反腐倡廉教育和廉政文化建设。我国历史上，历朝历代的统治者为了维护自己的统治地位，都高度重视道德建设，特别是为政者的道德建设。古人认为："才者，德之资也；德者，才之帅也。""为政以德，譬如北辰，居其所而众星共之。"所以要"格物、致知、诚意、正心、修身、齐家、治国、平天下"。中国历史上形成和留下了大量这方面的思想遗产，虽然这里面有封建社会的糟粕，但很多观点至今仍然富有启发意义。比如，"政者，正也。子帅以正，孰敢不正"，"富贵不能淫，贫贱不能移，威武不能屈"，"克勤于邦，克俭于家"，"儆戒无虞，罔失法度。罔游于逸，罔淫于乐"，"直而温，简而廉"，"公生明，廉生威"，"无教逸欲有邦，兢兢业业"，等等。对此，我们要坚持古为今用、推陈出新，使之成为新形势下加强反腐倡廉教育和廉政文化建设的重要资源。

——习近平

5．邻里互助

邻里之间和睦相处、互帮互助、互敬互谅，是中华民族的传统美德，也是新时代家庭美德建设不可或缺的内容。"远亲不如近邻"，邻里虽然没有血缘、姻缘关系，但地缘关系却能把彼此联系在一起。邻里有困难，适时伸出援助之手，相互帮助、彼此关照、排忧解难，能极大提高人们生活安全感、信任感和舒适感，有助于形成互相尊重、互相关心、团结互助的良好风气。良好的邻里关系也能最大限度地消解社会的不稳定因素，促进社会和谐稳定。

新时代，营造良好、新型的邻里关系，对邻里互助提出了新要求。一要助人为乐，不应以邻为壑。要着重做到“四互”：互尊，即尊重邻居的人格、生活方式和生活习惯，切忌搬弄是非；互助，要破除“各人自扫门前雪，休管他人瓦上霜”的旧观念，积极主动为邻里做好事；互让，邻里之间因生活琐事发生矛盾，不必斤斤计较，要讲风度、讲谦让，相互让一让；互谅，要谅解邻居的苦衷。对邻居要少一点抱怨，多一点宽容；少一点指责，多一点赞扬；少一点品头论足，多一点相互学习；少一点斤斤计较，多一点热忱关怀。二要宽容大度，不应寸步不让。要树立“远亲不如近邻”的理念，遇到矛盾纠纷，双方要宽容大度，要克己待人，宽宏忍让，不要斤斤计较，不要寸步不让，更不要做方便自己却有损他人的事情。三要平等互信，不应嫌贫爱富。邻里之间要一视同仁，不传闲话，不把自己的观点和意见强加于人；要相互信任，坦诚相待，千万不可无中生有，胡乱猜疑，更不能杯弓蛇影，捕风捉影。四要热心公益，不应自私自利。热心公益事业，应是新时代每个公民所应具有的公德。搞好邻里关系，要积极参加居住区的公益活动，爱护公物，勇于对损害公共财物的行为进行批评和斗争。

**❊小知识**

## 安徽桐城六尺巷的故事

据记载，桐城出的最大的官，是康熙朝的张英和他的儿子张廷玉，都做到了文华殿大学士，人称父子双宰相。张氏故居，在今天六尺巷一带，当年宰相府第，已荡然不见痕迹，唯六尺巷的故事，仍在这块土地上流传，象征着一种气度和胸襟，给今人以启迪。相传张英在京为官时，家人飞马传送一封家书，说是邻人吴氏盖房占用了张家的宅基。张英看后，提笔写道："一纸书来只为墙，让他三尺又何妨。长城万里今犹在，不见当年秦始皇。"家人见了张英的诗，就让地三尺，吴氏受到感动，也退到三尺之外。于是，这桐城城里，从此就有了六尺巷道，取名"仁义胡同"。一段因宅地而起的纷争，最终化干戈为玉帛。表面上看，张家让的是三尺房基地，而实际上，张家让的是宽容，是一种家庭美德。对今天新时代家庭美德建设仍然具有极强的道德启迪和现实意义。

### （三）在家庭里做一个好成员

家庭是社会的基本细胞，是抚慰心灵的温暖港湾，是梦想起航的"始发站"。家庭要把好孩子人生"第一道关"，注重品德教育，塑造美好心灵，促使家庭成员健康成长；同时要弘扬传统家庭美德，传承优良家风，培育高尚道德情操，在为家庭谋幸福、为彼此送温暖、为社会作贡献的过程中培育文明风尚。

做一个爱国爱家的家庭好成员。"家是最小国""国是千万家"。家与国紧密相联。没有国家繁荣发展，就没有家庭幸福美满。同样，没有千千万万家庭幸福美满，就没有国家繁荣发展。"新时代做一个爱国爱家的家庭好成员，需要树立和坚持正确的历史观、民族观、国家观、文化观，不断增强中华民族的归属感、认同感、尊严感、荣誉感，把爱国和爱家统一起来，把实现家庭梦融入中国梦之中，处理好家庭各种关系，处理好个人和集体的关系，处理好家庭和国家的关系"①；要弘扬家国情怀，恪守"天下兴亡，匹夫有责""先天下之忧而忧，后天下之乐而乐"的使命，强化责任担当，与时代同频共振，自觉肩负起中华民族伟大复兴的历史重任，为建设

① 中共中央宣传部宣传教育局：《〈新时代公民道德建设实施纲要〉学习读本》，人民出版社，2020，第81—82页。

美好家园，做出无愧于时代的业绩。

做一个敬业担责的家庭好成员。敬业担责是每一个家庭成员应尽的义务，是家庭和谐幸福的源泉。敬业，就是要求每一个家庭成员都要各司其职，兢兢业业做好自己的本职工作，如父母要努力工作，赚钱养家；孩子要勤奋学习，做好自己的事情，不让父母操心。担责，是指每个家庭成员都要自觉承担各自的家庭责任，奋发有为，为家庭和谐、团结友爱付诸努力。要互敬互爱、和睦相处、尊老爱幼，建立良好家风，引导家庭成员自觉履行应尽的道德责任，促进家庭和谐、亲人相亲相爱、下一代健康成长。在遇到家庭琐事和矛盾纠纷时，要学会接受，学会包容，学会克制，真心实意对待家人，以爱心和付出及时化解矛盾，化解琐事误会，着力打造温馨和谐欢乐的家庭氛围，让家庭每一个成员都能身心愉悦。

做一个遵纪守法的家庭好成员。遵守宪法和法律是每个公民应尽的义务。要树立法治意识，尊崇宪法和法律的权威，弘扬法治精神，增强法治观念，提高法治素养。要形成遵守和服从规则的习惯，严于律己，不做违法乱纪的事情。要做遵纪守法的表率，要学法、懂法、守法、用法，为家庭成员作出示范。①

做一个传承优良家风的好成员。家风是社会风气的重要组成部分，优良的家风能推动形成好的政风、社风。家庭不只是人们身体的住处，更是心灵的归宿。家风好，就能家道兴盛、和顺美满；家风差，难免殃及子孙、贻害社会。正所谓“积善之家，必有余庆；积不善之家，必有余殃”。守住和呵护好温暖的“安乐窝”，才能终生安全、阖家幸福。加强新时代家庭美德建设，必须弘扬优良家风，鼓励每一个成员成为优良家风的建设者和弘扬者，传承中华孝道，讲好中华民族传统美德故事、红色家风故事和新时代孝老爱亲故事，使尊老爱幼、勤俭持家、知书达理、遵纪守法等内化于

① 参见中共中央宣传部宣传教育局《〈新时代公民道德建设实施纲要〉学习读本》，人民出版社，2020，第 83 页。

新时代的优良家风之中。特别是广大党员干部更应在弘扬优良家风方面作表率，用良好的家风家规管好家属子女，身体力行地用优良家风带动党风、促进政风、影响社风。有了千千万万家庭的好家风，就会有爱国爱家、相亲相爱、向上向善、共建共享的社会主义家庭文明新风尚。[①]

## 四、个人品德建设

个人品德是一定社会的道德原则和道德规范在个体思想和行为中的总体呈现。中华民族历来重视个人品德修养，一直强调“修身齐家治国平天下”传统。社会主义核心价值观从个人层面提出“爱国、敬业、诚信、友善”，要求弘扬个人品德、磨砺个体品行。《新时代公民道德建设实施纲要》提出：“推动践行以爱国奉献、明礼遵规、勤劳善良、宽厚正直、自强自律为主要内容的个人品德，鼓励人们在日常生活中养成好品行。”[②] 这一鲜明主张，充分反映了新时代对公民个人品德提出的新的更高要求，为促进社会全面进步、促进人的全面发展指明了努力方向。

### （一）个人品德是安身立命的根本

德行之于人类，是人性存在之根基。“百行德为首”，无论是为人，还是处世、立业，“修德”是人生的第一根基石。道德是做人的根本，做人做事第一位的是崇德修身。“德者，才之帅也；才者，德之资也”，强调德对于做学问的基础性作用。人而无德，行之不远，德是一个人走向成功最稳固的基石。习近平总书记曾引用教育家蔡元培先生所说：“若无德，则虽体

---

① 参见中共中央宣传部宣传教育局《〈新时代公民道德建设实施纲要〉学习读本》，人民出版社，2020，第 83—84 页。

② 《中共中央国务院印发新时代公民道德建设实施纲要》，《人民日报》2019 年 10 月 28 日。

魄智力发达，适足助其为恶。”① 一个人若没有良好的道德品质和思想修养，即使有丰富的知识、高深的学问，也难成大器。一个人只有明大德、守公德、严私德，其才方能用得其所。“德”是每个人成长成才的前提和基础，一个人的“才”只有与“德”相匹配，以“德”为引领，才能真正成为国家和人民需要的栋梁之材。新时代，每个公民都应重视个人品德建设，自觉加强思想道德修养，注重培养健康的生活情趣，明辨是非，克己慎行，三省吾身，择善而从。唯有如此，治家才能家和兴旺，治国才能厚德载物、国家富强、天下安宁。

**❊小链接**

人无德不立，品德是为人之本。……精神上强，才是更持久、更深沉、更有力量的。青年要把正确的道德认知、自觉的道德养成、积极的道德实践紧密结合起来，不断修身立德，打牢道德根基，在人生道路上走得更正、走得更远。

——习近平

个人品德在社会道德建设中具有基础性作用。在新时代公民道德建设中，个人品德与社会公德、职业道德、家庭美德相辅相成、互为补充，形成了由全体到个体、由外在到内心的完整道德链条。一方面，个人品德是形成社会公德、职业道德、家庭美德的前提条件和重要支撑。一个品德低下、人品卑劣的人，想要拥有健全的社会公德、职业道德、家庭美德，终是奢谈。另一方面，社会公德、职业道德、家庭美德状况影响和制约个人品德。试想，一个不孝敬父母的人，怎能做到推己及人、广爱他人、利他利国？因此，个人品德是社会公德、职业道德、家庭美德的出发点，又是

① 习近平：《青年要自觉践行社会主义核心价值观》，《人民日报》2014 年 5 月 5 日。

其归宿。“如果个体不能养成良好的品德，社会公德、职业道德和家庭美德建设就都将是虚幻的空中楼阁。因此，在现实生活中，社会公德、职业道德、家庭美德的状况，最终都是以每个社会成员的道德品质为基础的，个人品德的优劣也就成为衡量道德建设成效的‘试金石’。”①

个人品德是社会道德文明的基础，社会的道德文明程度是靠每个人的道德风貌来体现的。“不积跬步，无以至千里；不积小流，无以成江海。”个体的人在社会上很渺小，但每一滴水都能折射太阳的光辉，每个人的德行也会从不同角度折射出整个社会的道德风貌。道德建设人人可为、时时可为、事事可为，从我做起，从现在做起，从小事做起，是公民道德建设走向成功的起点，也是公民道德建设走向成功的标志。“在新时代，加强和重视个人品德建设，人人讲道德、人人重修养、人人求境界、人人促和谐，公民道德建设的各项目标和任务要求才能最终落到实处，实现中华民族伟大复兴中国梦才能获得有力的道德支撑。”② 同时，锤炼个人品德还须从一点一滴做起，绵绵用力、久久为功，积小流成江海，推动新时代全民道德素质和社会文明程度达到一个新的高度。

### （二）新时代个人品德的基本要求

新时代把个人品德与社会公德、职业道德、家庭美德并列为公民道德建设的主要内容，凸显了个人品德在道德建设中的重要地位，是新时代公民道德建设的新突破。要立足新时代要求，深化对爱国奉献、明礼遵规、勤劳善良、宽厚正直、自强自律等道德规范的理解和把握，切实推进个人品德建设。

---

① 中共中央宣传部宣传教育局：《〈新时代公民道德建设实施纲要〉学习读本》，人民出版社，2020，第 87 页。

② 中共中央宣传部宣传教育局：《〈新时代公民道德建设实施纲要〉学习读本》，人民出版社，2020，第 87—88 页。

1．爱国奉献

有一种坚守是爱国，有一种担当是奉献。爱国奉献作为个人品德的重要内容，应当成为每个人的自觉价值追求。爱国主义始终是中华民族精神的核心，是中国人精神血脉中流淌着的基因，也是每一个华夏儿女最朴素的价值追求。“它深深植根于中华民族心中，为中国人民和中华民族维护民族独立和尊严提供强大精神动力，也维系着中华大地上各个民族的团结统一，激励着一代又一代中华儿女为祖国发展繁荣而自强不息、不懈奋斗。”① 千百年来，爱国奉献是无数仁人志士始终不渝的精神追求。古代的屈原、岳飞、文天祥谱写了爱国主义的光辉篇章；革命战争年代，杨靖宇、赵一曼、左权等慷慨赴义、为国捐躯；社会主义建设时期雷锋、焦裕禄等鞠躬尽瘁、死而后已，王进喜“宁肯少活二十年，拼命也要拿下大油田”；和平年代守岛卫国32年的王继才、“太行新愚公”李保国、至诚报国的黄大年等，他们甘于奉献、一心为国的高尚品格，生动诠释了爱国奉献精神，令人肃然起敬。

**❀小知识**

## “人民楷模”王继才

王继才生前是江苏省灌云县开山岛民兵哨所所长。开山岛是我国黄海前哨的一座国防战略岛，面积仅有0.013平方公里，长期没水、没电、缺衣少食，王继才却整整坚守了32年。他让五星红旗每天在这里伴着朝阳升起，让松树、桃树、梨树在石头缝里开花结果，而自己却因积劳成疾，永远倒在了开山岛的台阶上。在庆祝新中国成立70周年之际，王继才被授予“人民楷模”国家荣誉称号。习近平总书记对王继才同志先进事迹作出重要

① 中共中央宣传部宣传教育局：《〈新时代公民道德建设实施纲要〉学习读本》，人民出版社，2020，第89页。

指示强调，王继才同志守岛卫国32年，用无怨无悔的坚守和付出，在平凡的岗位上书写了不平凡的人生华章。我们要大力倡导这种爱国奉献精神，使之成为新时代奋斗者的价值追求。

建功新时代，奋进新征程，需要每一个人大力弘扬爱国奉献精神，把自己的人生理想同祖国的前途命运紧密相连，坚定理想信念、强化责任担当、勇挑时代重任，把爱国之情、报国之志、强国之行融入民族复兴的伟大事业伟大奋斗中，书写爱国奉献的精彩人生。具体表现为：一是不忘初心、心系家国，做甘于奉献之人。爱国奉献是新时代奋斗者的价值追求，要摒弃个人私欲，以国家和社会利益为重，舍小家为大家，服务社会，服务人民，推动社会进步。二是忠于职守、勇挑重任，做肯奋斗之人。幸福都是奋斗出来的，要发扬拼搏奋斗精神，立足本职，尽职尽责，脚踏实地，一步一个脚印努力奋斗，在担当重任中干好自己的工作，实现人生理想和价值追求。三是增长才干、肩扛责任，做有担当之人。一代人有一代人的使命，一代人有一代人的担当。有担当意识，才能在关键时刻和危急关头豁得出去、顶得上去、经得起考验。新时代年轻人要有“在其位，谋其政”的主人翁意识，勤于学、长见识、增才干，自觉担当时代使命，奋勇拼搏，不负韶华，为实现人生价值和国家富强贡献力量。

2. 明礼遵规

知之愈明，则行之愈笃。明礼遵规是个人品德的重要组成部分，是中华民族几千年来共同遵守的行为规范和道德准则。对个人品德建设的“礼”和“规”理解得越清楚、越深刻，相应的道德实践就越扎实、越稳固。“礼”是国家政治和个人生活的规范，“规”是做人做事的基本原则，明礼遵规是中华民族的传统美德。“我国是文明古国、礼仪之邦。从古至今，大到‘治国、平天下’，小到‘修身、齐家’，中国人民的生活充满着礼仪制度。这些礼仪制度成为广大人民群众行为的规范，维护着中华民族的和谐延续。”[①] 要从明“礼”中增强规矩意识、责任意识。“矩不正，不可为方；规不正，不可为圆。”没有规矩，不成方圆。明规矩、守规矩、明白哪些事能做、哪些事不能做，自觉按原则、按规矩办事。

### ❊小链接

要建立和规范一些礼仪制度，组织开展形式多样的纪念庆典活动，传播主流价值观，增强人们的认同感和归属感。要利用各种时机和场合，形成有利于培育和弘扬社会主义核心价值观的生活情景和社会氛围，使核心价值观的影响像空气一样无所不在、无时不有。

——习近平

明礼遵规既是一个认知过程，又是一个实践过程。新时代将道德规范自觉融入日常生活，就要自觉自愿地克制欲望，规范自己的行为。一要文明其表。现代社会，每个人都是文明的因子。文明不仅体现在精神层面，更体现在你我日常的举手投足、洒扫应对上。乱扔垃圾、乱闯红灯，都有可能影响别人的文明观感。这就需要我们以“文明使者”的自觉，体现出与大国身份相适应的文明教养，与“礼仪之邦”相匹配的中华风范。二要制度其里。捍卫以法律和公序良俗为基础的规则文明，是中国现代化进程的一道必答题。在现代社会的文明肌体中，规则就是筋和骨。有了明确的规则，才能框定人们的行动边界。习近平总书记指出：“注重培育人们的法律信仰、法治观念、规则意识，引导人们自觉履行法定义务、社会责任、家庭责任，营造全社会都讲法治、守法治的文化环境。”[②] 规则是现代社会正常运转的“润滑剂”，只有通过培育人们的规则意识和守则能力，才能推动社会向着有序、文明的方向发展。“一个文明社会的形成，既需要自律，

① 李明、单玉华：《新时代个人品德建设读本》，中国言实出版社，2020，第 40 页。
② 习近平：《论坚持全面依法治国》，中央文献出版社，2020，第 166 页。

也需要他律；既需要好言好语的劝导，更需要法律制度的规范。刚性的制度、严格的管理也是一种唤醒，它唤起人们的文明意识，形成人们对文明的敬畏，最终让文明内化于心、外化于行”①，不断推动社会文明水平的提升。

3．勤劳善良

勤劳善良是中华民族的传统美德，是创造幸福美好生活的道德要求，是新时代公民应有的美好品质。劳动是幸福的源泉，要幸福就要通过诚实劳动努力奋斗，进而实现个人的美好梦想。“千百年来，中华儿女凭借自己的辛勤劳动和无穷智慧创造了灿烂的文明。雄浑壮美的万里长城、美轮美奂的北京故宫、精妙绝伦的敦煌壁画，无不是人们勤劳智慧的结晶。”② 天道酬勤，需要付出不懈的努力和坚守。“业精于勤荒于嬉，行成于思毁于随。”社会主义是干出来的，伟大梦想是拼出来的。新时代更加需要发扬勤劳的传统美德。幸福不会从天降，天上不会掉馅饼。勤劳是福，不是空喊口号，必须倾力实干，力戒空谈，始终保持辛勤劳动和智慧付出的精神状态，勤劳勇敢，发愤图强，不断超越自我，创造辉煌，追寻更大幸福和梦想。新时代是奋斗者的时代，更是追梦人的舞台。无数奋斗者用实际行动证明，有梦想、有机会、有奋斗，一切美好的东西都能创造出来。

**小知识**

## 勤劳勇敢智慧的温州人

在中华文化中，温州人的勤劳勤勉堪称典范，“白天当老板，晚上睡地板”是温州人身体勤的写照；“有机会抓机会，没有机会就创造机会”则是温州人脑子勤的最佳注脚。在市场经济的大潮中，温州人以“不撞南墙不

① 李明、单玉华：《新时代个人品德建设读本》，中国言实出版社，2020，第53页。

② 中共中央宣传部宣传教育局：《〈新时代公民道德建设实施纲要〉学习读本》，人民出版社，2020，第92页。

回头”的倔强，一路摸爬滚打，培育出敏锐的市场眼光，从无到有、从小到大、从弱到强，创造了温州模式，成为中国经济乃至世界经济中一股不可忽视的力量，引起全社会的普遍关注。

止于至善，是中华民族始终不变的人格追求。新时代的美好社会，需要善良美德的凝合。新时代的善良表现为：一要居心善良，与人为善，关爱他人，温和有礼。心存友善之人，在他人有了困难时，会及时解急救难、雪中送炭。二要换位思考，宽厚平和，知恩感恩，热心公益。拥有善心的人，善于换位思考，宽厚包容，知恩感恩，懂得回报他人和社会，积极投身公益事业，用自己的行动书写善良的真谛，而不是刻薄自私，一味抱怨，只向他人和社会索取。“善良如春风化雨，可以使强者感到温暖，使弱者感到力量；能使人抛弃积怨，让那些鸡毛蒜皮的琐屑小事随风而去，使人间处处充满关爱、温暖。在现实生活中，善良不是可有可无的华丽衣衫，而是灵魂深处的一盏心灯，是对人类大善之爱的续写和人性温暖的相互传递。”①

4. 宽厚正直

宽厚正直，是立身之本和做人之要，是个人品德中最可贵的品质。我国自古以来就提倡做人要宽厚正直，这是中华民族的优良传统。“君子以厚德载物”，强调的是君子的品德应当像养育万物的大地那样博大宽广、厚实淳朴，承载接纳万事万物。只有宽厚之人，才能海纳百川，以德服人。中国共产党自成立之日起，就提出革命者要做宽厚正直的人，奉行“宽以待人、严以律己”的原则，从最初的“三大纪律八项注意”到《中国共产党廉洁自律准则》等，无不以正直为贵、以宽厚为德。宽厚正直，是立身之本、处世之基，是做人的“压舱石”。己不正，何以正人？只有品行端正，

① 中共中央宣传部宣传教育局：《〈新时代公民道德建设实施纲要〉学习读本》，人民出版社，2020，第93页。

做人才有底气，做事才会硬气，才会赢得他人的信赖与尊敬。宽厚正直，对每个人来说，不是可有可无的，而是新时代必须具备的品格。

新时代，每一个人都应自觉去做一个宽厚正直的人，要从我做起，从现在做起，从小事做起。从我做起，就要勇于面对挫折，善于反思，多听取别人的意见，摆正自己的位置。从现在做起，就要勇于面对现实，改正不正确的东西；要有恒心，加强意志力的锻炼。从小事做起，就要从大处着眼，从小事着手，在小事小节中加强修养，严以修身，正心明道，防微杜渐，时刻保持宽厚正直的本色；要自觉做到“勿以恶小而为之，勿以善小而不为”。新时代，宽厚正直仍然是人们十分珍视的可贵品质，是为人处世的重要准则。

5．自强自律

自强自律是个人品德的一种内在性要求。自强是指努力奋斗，永不放弃，永不言败，积极进取。“天行健，君子以自强不息。”自强不息是中华民族勇往直前的精神源泉。习近平总书记指出：“中国人所具有的不屈不挠的意志力，是战胜前进道路上一切艰难险阻的力量源泉。”[①] 生活从不眷顾因循守旧、满足现状者，从不等待不思进取、坐享其成者，而是将更多机遇留给勇于自强和善于自律的人们。自强者胜，自律者强。自强之人，总能勇敢面对人生困境，从挫折中不断奋起，永不言败，勇于担当，披荆斩棘，奋发图强。空谈误国，实干兴邦。自强就要立足本职，苦干实干，要有敢为人先的锐气，勇于解放思想、与时俱进，敢于上下求索、开拓进取；要有逢山开路、遇河架桥的意志，为了创新创造而百折不挠、勇往直前；要有探索真知、求真务实的态度，在立足本职的创新创造中不断积累经验、取得成果。[②]

---

① 习近平：《习近平谈治国理政》（第四卷），外文出版社，2020，第102页。

② 参见中共中央宣传部宣传教育局《〈新时代公民道德建设实施纲要〉学习读本》，人民出版社，2020，第95页。

## ❀小知识

### 严三媛：失明不失志自强又助人

在太湖之滨，一位女孩在19岁那年因患继发性青光眼不幸双目失明。因为不想成为家里的累赘，她艰难地学习中医推拿，从最基本的手法学起，推、揉、滚、拿、拔、按、擦，一招一式模仿练习。她叫严三媛。2000年，30岁的她成为无锡第一位获得大专文凭的盲人推拿师。如今，她已经在无锡创办了9家盲人推拿按摩店，累计安置员工千余名，其中40%是来自低收入家庭的盲人。自强不息的严三媛，是我国千千万万残疾人的缩影。

自律是指在没有人监督的情况下，自己要求自己，自我约束，自觉遵守道德和法律。自律是一种生活态度，也是一种习惯。只有自律的人才能更好地掌控自己的人生。真正做到自律，要求个人不仅要有自控的决心、坚定的毅力，还要有自我约束、自我监督、自我改造的实际行动。自我约束，就是要自觉主动地控制、限制自己的行为，使其不越轨、不出轨，不违反社会道德原则和规范的要求。自我监督，就是自觉主动地检视、调整自己的动机、言论和行为，督促自己按照社会道德原则和价值规范的要求为人行事。自我改造，就是主动自觉地按照社会道德规范来要求自己，克服缺点、改正错误，不断提高自我道德水平。“没有自律，自强的目标再远大，也无法真正落地。加强个人品德修养，自强自律是一个永恒主题，在时间空间上都不应该有例外。”①

### （三）在日常生活中养成好品行

良好的品德是一个人成功的前提。讲道德，有品行，是做人之本，成

① 张溢木：《立身行善：个人品德养成的基本路径》，《河南日报》2020年9月23日。

事之基。在日常生活中涵养个人品德，是人之为人并不断完善自己的基本途径。新时代加强个人品德修养，做一个品德高尚的人，就要把正确的道德认知、自觉的道德养成、积极的道德实践紧密结合起来，在日常生活中不断修身立德，提升个人道德修养，养成好品行。

理想远大，脚踏实地。理想是指路明灯，没有理想，就没有人生方向和目标追求。选择什么样的生活，走什么样的人生道路，是每一个人一生的追问。心中有信仰，脚下有力量，理想信念是人的精神脊梁，是激励人们砥砺前行的力量源泉。只有树立远大理想和崇高的道德追求，在服务人民、服务社会中实现自己的人生价值，才能在平凡的生活中演绎生命的精彩。作为有担当的时代新人，“要以党和国家事业长远发展为目标，以献身人民事业为己任，以甘当无名英雄为自豪，爱岗敬业，忠于职守，任劳任怨，发奋努力，为家庭、为社会、为国家作出应有的贡献”①。

坦荡无私，见贤思齐。心底无私天地宽。心底无私，光明磊落，才能见贤思齐，择善而从。要坚守正道、弘扬正气，坚持以信念、人格、实干立身；襟怀坦白，公道正派，坚持原则，敢讲真话，敢揭真相，保持浩然正气；处理好公和私、义和利、是和非、正和邪、苦和乐的关系。要见贤思齐，对标榜样，身体力行，以公正心评判他人，以平和心择善而从，以进取心博采众长，取长补短，不断增长才干，砥砺品行。

慎独自律，慎微杜渐。道自微而生，祸自微而成。良好的道德操守是涵养严谨生活作风、确保健康生活的基础。做人先修德，要想行得端、走得正，就必须涵养道德操守，明礼诚信，怀德自重，保持严肃的生活作风，培养健康的生活情趣，严格自律，做到慎独慎微。在日常生活中养成好品行，就要求个人要管好自己的生活圈、交往圈、娱乐圈，严于修身，正心明道，讲道德、守公德、严私德；要自我约束，严格自律，行为不放纵、

① 张溢木：《立身行善：个人品德养成的基本路径》，《河南日报》2020 年 9 月 23 日。

不越轨、不逾矩，做到人前人后一个样、有没有监督一个样；要注重小事小节，勤于正身，慎独慎微，不因善小而不为，不因恶小而为之；要克己慎行，防微杜渐，时刻检点自己工作、生活的方方面面，不断加强个人道德修养，实现自我完善，夯实人生、事业发展的根基。

# 第七章　新时代道德建设的重点任务

《新时代公民道德建设实施纲要》明确提出，新时代公民道德建设的重点任务有四项：一是筑牢理想信念之基，二是培育和践行社会主义核心价值观，三是传承中华传统美德，四是弘扬民族精神和时代精神。这为新时代的道德建设明确了重点，指明了努力方向。

## 一、筑牢理想信念之基

理想信念是精神之“钙”，是一个人的人生奋斗目标、精神支柱、前进动力。人民有信仰，国家有力量，民族有希望。信念信仰指引人生方向，引领道德追求。科学的理想信念，有助于引导公民形成正确的道德认知、积极的道德实践，从而为坚定人生方向、成就出彩人生构筑思想防线。新时代公民道德建设，必须坚持以习近平新时代中国特色社会主义思想为指导，筑牢理想信念之基。

## （一）理想信念是道德生活的基石

心有所信，方能行远。理想信念体现了人们对美好未来的向往和追求，是人的思想行为的重要支撑和动力。习近平总书记指出："信仰、信念、信心，任何时候都至关重要。小到一个人、一个集体，大到一个政党、一个民族、一个国家，只要有信仰、信念、信心，就会愈挫愈奋、愈战愈勇，否则就会不战自败、不打自垮。"① 百年来，中国共产党由弱小到发展壮大、从绝境到重生、由挫折到胜利，在应对风险挑战和攻坚克难中不断创造新的胜利，带领中华民族实现从站起来、富起来到强起来的伟大飞跃，其根本原因就在于我们党有远大的理想和崇高的追求。对马克思主义的信仰，对社会主义和共产主义的信念，对中华民族伟大复兴中国梦的执着追求，引领着一代代共产党人和中华儿女为崇高道德追求和使命担当前赴后继、奋勇前行。历史和实践反复证明，一个政党有了远大理想和崇高追求，就会坚强有力，就能经受住一次次挫折而又一次次奋起，最终取得成功和胜利。任何时候，道德建设都离不开理想信念的科学指引。筑牢理想信念之基，才能推动事业发展和社会进步。

理想信念指引人生方向，关乎未来发展。理想信念是事业和人生的灯塔，决定我们的方向和立场，也决定我们的言论和行动。心中有理想，脚下有力量。慎重抉择并坚守理想信念的人，道路清晰，方向明确，脚步坚实，即使历尽千难万险，也要为自己的理想拼搏奋斗，无怨无悔。而犹豫彷徨迟迟未能择定人生目标的人，只能随波逐流或听任内心原始欲望的驱使。共产党人如果没有理想信念，精神上就会"缺钙"，就会得"软骨病"，必然导致政治上变质、经济上贪婪、道德上堕落、生活上腐化。领导干部一旦丧失了理想信念，就会把握不住自己，就会迷失方向，不仅会越过做

① 习近平：《在庆祝改革开放 40 周年大会上的讲话》，《人民日报》2018 年 12 月 19 日。

党员的底线，而且会越过做人的底线。近年来查处的众多干部腐败案件，从根本上来说就是理想信念的防线崩溃。坚定理想信念不是一阵子而是一辈子的事，要常修常炼、常悟常进，无论顺境逆境都坚贞不渝，经得起大浪淘沙的考验。

理想信念决定道德取向，为事业发展提供不竭动力。理想信念是指引一个人前行的指路明灯，是决定一个人事业兴衰成败的关键因素。对于一个政党或国家来说，同样也是如此。革命理想高于天。中国共产党从诞生之日起就把马克思主义写在自己的旗帜上，把实现共产主义确立为最高理想。理想信念之火一经点燃，就永远不会熄灭。从长征的血战到抗日的烽烟，从建设的探索到改革的攻坚，从发展的事业到复兴的伟业，真理之光与理想之光交相辉映，展现着一个政党的恢宏气象，照亮了一个民族的历史天空。党史、新中国史、改革开放史、社会主义发展史都表明：对马克思主义的真诚信仰，对中国特色社会主义的坚定信念，为中华民族谋复兴的使命担当，是中国共产党奋勇前进的指路明灯，是攻坚克难的精神支柱，是为党和人民事业不懈奋斗的动力源泉。正是有了坚定理想信念的引领，中国共产党才能在百年的腥风血雨中直面风险挑战，克服艰难困苦，以攻坚克难的勇气和干事创业的锐气，创造了一个又一个的人间奇迹，带领中华民族迎来了从站起来、富起来到强起来的伟大飞跃，迎来了实现伟大复兴的光明前景。

理想信念指引道德追求，为道德实践提供保障。崇高的理想信念，为寻求更完美的自己、更光明的未来指明了努力方向。坚定理想信念，明确人生目标，付诸行动不懈奋斗，才能成就完美人生。习近平用自己的人生经历证实了这一点。15 岁时，习近平来到陕西延川县文安驿镇的梁家河插队落户，最初感到孤独、迷惘、彷徨；22 岁离开黄土地时，他已经有着坚定的人生目标，充满自信。因为这里培养出了他不变的信念：要为人民做实事！只有理想信念坚定的人，才能始终不渝、百折不挠，不论风吹雨打，不怕千难万险，坚定不移为实现既定目标而奋斗。习近平是这样说的，也是这样做的。在道德生活中，理想信念是精神之“钙”，是支撑一个人始终做好事的强大精神动力，更是一个人追求崇高道德修养的力量源泉。“砍头不要紧，只要主义真”“敌人只能砍下我们的头颅，决不能动摇我们的信仰”。共产主义远大理想激励了一代又一代共产党人英勇奋斗、前仆后继，共创辉煌。共产党人只有胸怀天下、志存高远，不忘初心使命，把人生理想融入党和人民事业之中，把为人民幸福而奋斗作为自己最大的幸福，才能拥有高尚的、充实的人生。

理想信念引领道德修为，升华道德境界。理想信念关乎国家未来。树立远大理想，将自己的“小我”融入国家发展、人民幸福的“大我”之中，与时代同步伐，与人民共命运，才能更好地实现人生价值、升华人生境界。共产主义的远大理想和中国特色社会主义共同理想，是中国共产党人的精神支柱和政治灵魂，也是激励中国共产党人不断前进、创造人生辉煌的根本动力。中国共产党人没有把生命局限在物质层面的满足之上，而是将生命的价值与国家民族的前途命运紧密相连，与全人类的自由与解放紧密相连。在革命、建设、改革的各个历史时期，一代又一代具有坚定理想信念的中国共产党人，以国家和人民的根本利益为出发点，站在时代潮头，把个人命运同国家和民族的命运紧紧联系在一起，为民族独立、国家富强、人民幸福奋斗终生，以卓越的贡献成为无愧于时代和人民的先锋模范。信仰信念的力量，照亮前行的道路；真理的力量，鼓舞奋进的脚步。正是有了坚定的理想信念，才会有舍生取义的壮举，才能创造出惊天动地的伟业。一个人要想成就一番事业，就一定要志存高远，树立远大的目标和理想。有了坚定的理想信念，眼界就会更加高远，心胸就会更加开阔，就会用奉献他人、造福社会的实际行动，不断追求“止于至善”的道德境界。

## （二）用党的创新理论打牢理想信念的理论根基

理想信念是人生的精神向导，决定道德发展方向，指明人生追求的目标。但是崇高的信仰、坚定的信念不会自发地产生。要练就“金刚不坏之身”，就必须用党的创新理论武装头脑，教育人民，打牢信仰信念的思想理论根基。

坚定理想信念，坚守共产党人的精神追求，始终是共产党人安身立命的根本，是其追求高尚道德境界的动力源泉。正是由于对理想信念的执着坚守，无数共产党人才能够在革命年代前仆后继、百折不挠，在建设年代激情燃烧、艰苦奋斗，在改革开放年代敢为人先、勇立潮头。雷锋在短暂的一生中虽然没有创造出惊天动地的丰功伟绩，但他在平凡的岗位上、平凡的小事中时时处处全心全意为人民服务，于细微处生动诠释了一名共产党员的理想和情怀。“就想把群众期盼的一些小事做好”，吕建江坚信“不管在什么岗位，都要对得起‘党员’这个称号”，他用实际行动诠释不变的初心，用生命兑现党旗下的铮铮誓言。“铿锵一生，苦干惊天动地事；淡泊一世，甘做隐姓埋名人”的林俊德，不畏艰难、勇攀高峰，先后多次荣获国家科技进步奖、国家技术发明奖和军队科技进步奖，年过七旬依然战斗在科研实验第一线，在被确诊为胆管癌晚期到去世的20多天里，仍把病房当作战场，为国防科技事业奋斗到生命最后一息。罗阳坚守航空报国，用生命擎起舰载机起飞；黄文秀在脱贫攻坚一线倾情投入，奉献自我。这些不同时期的英雄模范，都把理想信念植根于心，用奉献书写初心和使命；把党的事业放在首位，把人民利益放在心上，用行动诠释为党和人民牺牲奉献的大爱情操和以身许国、人民至上的高尚品格，展现出远大的理想追求和崇高的人生境界。新时代加强公民道德建设，筑牢理想信念的理论之基，就要用新时代党的创新理论武装头脑，即要以习近平新时代中国特色社会主义思想为指导，在学懂弄通做实上下功夫。

习近平新时代中国特色社会主义思想，是马克思主义中国化的最新理论成果，是党和人民实践经验和集体智慧的结晶，是推动新时代党和国家事业不断向前发展的科学指导思想，是全党全国各族人民为实现中华民族伟大复兴而奋斗的行动指南。它是当代中国的马克思主义、二十一世纪的马克思主义，是中华文化和中国精神的时代精华，实现了马克思主义中国化时代化新的飞跃。习近平新时代中国特色社会主义思想立足于为人民谋幸福、为民族谋复兴、为世界谋大同，充满了对马克思主义的坚定信仰和对社会主义、共产主义的坚定信念，展现了当代中国共产党人的政治立场、价值追求、精神风范，让当代中国马克思主义焕发出强大的真理力量、独特的思想魅力、巨大的实践伟力。

“这一思想坚守中国共产党人为人民谋幸福的初心，坚持人民主体地位，坚持一切为了人民、一切依靠人民，彰显了人民是历史的创造者、人民群众是真正英雄的唯物史观，彰显了以人为本、人民至上的价值取向，彰显了立党为公、执政为民的执政理念。这一思想承载了中国共产党人为民族谋复兴的使命，擘画实现民族复兴中国梦的宏伟蓝图，高扬中华民族伟大创造精神、伟大奋斗精神、伟大团结精神、伟大梦想精神，传承和弘扬中华优秀传统文化，为实现中华民族伟大复兴提供了强大精神力量。这一思想担当中国共产党人为世界谋大同的责任，饱含对人类发展重大问题的睿智思考和独特创见，洞察时代风云，把握时代脉搏，引领时代潮流，为应对全球共同挑战、共同问题提供了中国智慧和中国方案，为推动构建人类命运共同体、维护人类共同利益和共同价值作出了重要贡献。”①

习近平新时代中国特色社会主义思想，是我们党必须长期坚持的指导思想。用这一思想武装全党、教育人民、推动工作，既是公民道德建设的基本前提，也是提升公民道德素养的内在要求。加强新时代公民道德建设，

---

① 中共中央宣传部：《习近平新时代中国特色社会主义思想学习纲要》，学习出版社、人民出版社，2019，第10—11页。

坚持不懈用习近平新时代中国特色社会主义思想武装全党、教育人民，就要深入学习领会这一思想，并在学深悟透上下功夫，推动理论学习往深里走、往心里走、往实里走。一是强化理论学习，组织干部群众读原著、学原文、悟原理，抓好常态化教育培训和理论宣讲，推动理论学习全覆盖，做到真学真懂、学深悟透，不断提升理论素养。二是学思践悟，在融会贯通上下功夫。要把学习新思想与学习党史、新中国史、改革开放史、社会主义发展史贯通起来，同新时代进行伟大斗争、建设伟大工程、推进伟大事业、实现伟大梦想的实践贯通起来，在指导实践中进一步感悟思想伟力，不断增强政治认同、理论认同、情感认同，提高政治判断力、政治领悟力、政治执行力。三是以学促行，在推动工作发展上下功夫。要把理论学习同观照现实、指导工作结合起来，联系实际学，结合工作用，把学习成效转化为工作的动力和实效。通过坚持不懈用习近平新时代中国特色社会主义思想武装全党、教育人民，不断夯实共产主义远大理想和中国特色社会主义共同理想的思想基础，筑牢马克思主义道德观、社会主义道德观的思想基础，确保全体人民始终坚持社会主义道德的正确立场和价值取向。

### （三）深入持久开展理想信念教育

《新时代公民道德建设实施纲要》指出，应广泛开展理想信念教育，深化社会主义和共产主义宣传教育，深化中国特色社会主义和中国梦宣传教育。通过开展理想信念教育，生动展现习近平新时代中国特色社会主义思想的丰富内涵，打牢理想信念的思想理论根基，坚定“四个自信”，凝聚奋进力量，更好地引领新时代人民的道德追求。

要联系党的初心和使命开展理想信念教育。马克思主义是我们立党立国的根本指导思想。中国共产党自诞生之日起，就把马克思主义鲜明地写在自己的旗帜上，把共产主义确立为远大理想，把为中国人民谋幸福、为中华民族谋复兴作为自己的初心和使命，并一以贯之体现到党的全部奋斗之中。回顾党的百年历史，我们党之所以能够不断发展壮大，能够一次次绝处重生，在攻坚克难中不断从胜利走向胜利，根本原因就在于我们党有远大理想和崇高追求，无论处于顺境还是逆境，从未动摇对马克思主义的信仰，始终坚守为中国人民谋幸福、为中华民族谋复兴这个初心和使命，义无反顾朝着这个目标奋勇前进，从而赢得了人民衷心拥护和坚定支持。新时代开展理想信念教育，就要结合巩固拓展“不忘初心、牢记使命”主题教育成果，深入开展党史、新中国史、改革开放史、社会主义发展史教育，讲清楚我们党、我们国家和民族从哪里来、到哪里去，深刻认识共产党执政规律、社会主义建设规律、人类社会发展规律，坚定共产主义必胜的信念，引导干部群众准确把握习近平新时代中国特色社会主义思想的历史逻辑、理论逻辑、实践逻辑，不断深化对新时代坚持和发展中国特色社会主义科学真理性和历史必然性的认识，做到学深悟透、真信笃行，推动全党和全国人民更加自觉地为实现新时代党的历史使命而不懈奋斗。

要联系党的奋斗实践开展理想信念教育。党的百年奋斗史，就是一部中华民族的复兴史。实现中华民族伟大复兴，是近代以来中国人民最伟大的梦想，是几代共产党人带领中华儿女历经千辛万苦、接力探索取得的。中国共产党自成立之日起，就把为民族谋复兴作为自己的历史使命，并为之进行了不懈奋斗。新民主主义革命时期，中国共产党带领人民历经 28 年浴血奋战，建立了新中国，中国人民从此站起来了。改革开放和社会主义现代化建设新时期，中国共产党团结带领人民成功走出一条中国特色社会主义道路，实现了人民生活从温饱不足到总体小康、奔向全面小康的历史性跨越，中国人民逐步富裕起来，大踏步赶上了时代。党的十八大以来，中国共产党带领亿万人民开拓奋进，决胜全面建成小康社会，奋力实现“两个一百年”奋斗目标，推动党和国家事业取得历史性成就、发生历史性变革，中国人民踏上了“强起来”的伟大征程，实现中华民族伟大复兴进入了一个不可逆转的历史进程。新时代开展理想信念教育，要大力宣传我们党波澜壮阔的奋斗历程和举世瞩目的伟大成就，引导人们深刻认识中国共产党为什么“能”、马克思主义为什么“行”、中国特色社会主义为什么“好”，深刻认识红色政权来之不易、新中国来之不易、中国特色社会主义来之不易，不断提升对习近平新时代中国特色社会主义思想的政治认同、思想认同、情感认同。

要联系党的宏伟目标开展理想信念教育。党的十九届六中全会指出，党的十八大以来，中国特色社会主义进入新时代。党面临的主要任务是，实现第一个百年奋斗目标，开启实现第二个百年奋斗目标新征程，朝着实现中华民族伟大复兴的宏伟目标继续前进。实现中华民族伟大复兴，是党百年奋斗的主题。党的十九大站在“两个一百年”奋斗目标的历史交汇点上，提出既要全面建成小康社会、实现第一个百年奋斗目标，又要乘势而上开启全面建设社会主义现代化强国新征程，向第二个百年奋斗目标进军，并分为两个阶段进行：第一个阶段从 2020 年到 2035 年，在全面建成小康社会的基础上，再奋斗 15 年，基本实现社会主义现代化；第二个阶段从 2035 年到本世纪中叶，在基本实现现代化的基础上，再奋斗 15 年，把我国建成富强民主文明和谐美丽的社会主义现代化强国。同时，我们党要与世界各国人民同心协力，为应对全球共同挑战、共性问题贡献中国智慧和中国方案，为推动构建人类命运共同体、维护人类共同利益和共同价值作出新贡献。新时代公民道德建设，要立足国内国际两个大局，联系党的宏伟目标，引导人们把个人理想与远大理想、共同理想统一起来，进而落实到道德实践之中，在干事创业中练就过硬本领，锤炼品德修为，实现伟大梦想。

开展理想信念教育，还要融入日常生活。理想信念不是空洞的口号，而是凝聚着广大人民群众对美好生活的向往和追求，体现在日常生活点点滴滴和实实在在的行动中。著名航天工程专家戚发轫在谈到自己的理想信念时曾说，为了国家的强盛，为了国防事业，要去干一辈子，为此可以牺牲一些个人的东西。理想信念促使人们在遇到困难时不退缩，笃定前行，甚至牺牲生命也在所不惜。理想信念并非要干多大的事业，而是把对党的忠诚、对共产主义的信仰融入工作，融入生活，在工作生活的小事小节中守住理想信念的高地。爱岗敬业、脚踏实地、恪尽职守，努力做好自己的本职工作，就是践行理想信念的具体体现。

## 二、培育和践行社会主义核心价值观

社会主义核心价值观，是当代中国精神的集中体现，是凝聚中国力量的思想道德基础，是公民修身立德的根本遵循。新时代公民道德建设，要“坚持以社会主义核心价值观为引领，将国家、社会、个人层面的价值要求贯穿道德建设各方面，以主流价值建构道德规范、强化道德认同、指引道德实践，引导人们明大德、守公德、严私德”①。

### （一）用社会主义核心价值观凝心聚力

习近平总书记在党的二十大报告中指出：“社会主义核心价值观是凝聚人心、汇聚民力的强大力量。”这一重要论断，深刻阐明了社会主义核心价值观的重要地位和重大意义，为培育和践行社会主义核心价值观，不断夯实全民族全社会休戚与共、团结奋进的思想道德基础指明了方向。

发挥引领力。人类社会发展的历史表明，对一个民族、一个国家来说，最持久、最深层的力量是全社会共同认可的核心价值观。核心价值观，承载着一个民族、一个国家的精神追求，体现着一个社会是非曲直的价值标准。社会主义核心价值观是社会主义先进文化的精髓，昭示着中国特色社会主义发展方向和光明前景。它植根于中华文化沃土，熔铸于我们党领导

① 《中共中央国务院印发新时代公民道德建设实施纲要》，《人民日报》2019 年 10 月 28 日。

人民长期奋斗的伟大实践，深刻回答了我们要建设什么样的国家、建设什么样的社会、培育什么样的公民的重大问题，是当代中国精神的集中体现，凝结着全体人民共同的价值追求。把培育和践行社会主义核心价值观作为凝魂聚气、强基固本的基础工程，充分发挥社会主义核心价值观的引领作用，更好地构筑中国精神、中国价值、中国力量，促进全体人民在思想上、精神上紧紧团结在一起，为新时代中国特色社会主义事业提供源源不断的精神动力和道德滋养。

增强凝聚力。我国是一个拥有 56 个民族、14 亿多人口的大国，确立反映全国各族人民共同的价值观“最大公约数”，使全体人民同心同德、团结奋进，关乎国家前途命运，关乎人民幸福安康。培育和践行社会主义核心价值观，有利于在全社会形成统一的指导思想、共同的理想信念、强大的精神支柱和基本的道德规范，使人们超越民族、血缘、语言、习惯、地域等方面的差异，增强全民族的归属感和向心力。与此同时，伟大斗争需要众志成城，伟大工程需要坚定意志，伟大事业需要聚力推进，伟大梦想需要同心共筑。这就需要激发全体人民的信心和热情，凝聚起团结奋斗的强大力量。着力培育和践行社会主义核心价值观，能够筑牢理想信念、坚守价值追求、激发奋斗热情、聚合磅礴伟力，引领全国人民在建设中国特色社会主义道路上越走越坚定、越走越自信。

### （二）用社会主义核心价值观修身立德

《新时代公民道德建设实施纲要》指出，要持续深化社会主义核心价值观教育，增进认知认同、树立鲜明导向、强化示范带动，引导人们把社会主义核心价值观作为明德修身、立德树人的根本遵循。要坚持育人为本、德育为先，围绕立德树人的根本任务，把培育和践行社会主义核心价值观融入国民教育全过程。

增进认知认同。推进社会主义核心价值观的认知认同绝非一日之功，教育育人是基础，也是主渠道。“要强化对国民教育的引领，围绕立德树人根本任务，推动核心价值观融入思想道德教育、文化知识教育、社会实践教育各环节，贯穿启蒙教育、基础教育、职业教育、高等教育各领域，体现到教材教学、校风学风建设之中，体现到高校思想政治工作全过程。”①要教育引导广大青少年树立远大志向，培育美好心灵，勤学、修德、明辨、笃实，扣好人生第一粒扣子，打牢思想之基、价值之基。“强化对精神文明创建的引领，把培育践行核心价值观作为文明城市、文明村镇、文明单位、文明家庭、文明校园创建的根本任务，突出思想内涵，鲜明价值导向。强化对精神文化产品创作生产传播的引领，推动广大文艺工作者身体力行践行核心价值观，坚持以人民为中心的创作导向，高扬爱国主义主旋律，唱响时代正气歌。”②

树立鲜明导向。社会主义核心价值观是追求真善美的价值观，要把增强全社会的价值判断力和道德责任感作为宣传教育的着力点，引导人们辨别什么是真善美、什么是假恶丑，树立正确道德导向、澄清模糊认识、匡正失范行为，形成激浊扬清、抑恶扬善的思想道德舆论场，让正气得到弘扬，邪气无处藏身，促进良好社会风气的形成和发展，激发人们形成善良的道德意愿、道德情感，并自觉做到常修善德、常怀善念、常做善举，从而提高全民族的思想道德素质。

强化示范引领。伟大时代呼唤伟大精神，崇高事业需要榜样引领。榜样的力量是无穷的，要以先进模范引领道德风尚，彰显社会道德高度。先进典型是时代的先锋、社会的楷模，是践行社会主义核心价值观的杰出代表，是社会道德建设的一面重要旗帜。在我国新民主主义革命、社会主义建设和改革时期，各行各业、各条战线涌现出无数可歌可泣的英雄模范、时代楷模，如“为真理而凛然献身”的夏明翰、“宁愿一人脏，换来万家

① 黄坤明：《培育和践行社会主义核心价值观》，《人民日报》2017年11月17日。
② 黄坤明：《培育和践行社会主义核心价值观》，《人民日报》2017年11月17日。

净”的掏粪工人时传祥、当代产业工人的楷模许振超、洪水前铸就“铜墙铁壁”的人民子弟兵……他们虽然岗位不同、职业不同、事迹不同，但他们高度的政治觉悟、坚定的理想信念、崇高的精神境界和良好的道德修养，诠释和践行了社会主义核心价值观的本质要求，传承了中华民族的传统美德，展现了新时代的精神风貌。要深入挖掘先进典型的思想和精神，让先进典型成为鲜活的教科书，使社会主义核心价值观变得更加生动具体，更容易为群众所认同和接受。感动就在身边，先进并不遥远。要创新方式方法，定期开展道德模范评选表彰活动，树立起群众触手可及的榜样标杆，以身边事感动身边人，使典型更加可亲可敬、可信可学。在践行社会主义核心价值观的实践中，尤其要充分发挥党员干部的示范引领作用。党员干部讲党性、重品行、作表率，以自己的善行义举提升社会道德温度，用自己的实际行动践行社会主义核心价值观，为群众树立起追随的榜样，以影响和带动更多的人学做好人、争做好事，培育良好道德风尚和浓郁文明乡风。正如《新时代公民道德建设实施纲要》所强调的：“持续推出各行各业先进人物，广泛推荐宣传最美人物、身边好人，让不同行业、不同群体都能学有榜样、行有示范，形成见贤思齐、争当先进的生动局面。尊崇褒扬、关心关爱先进人物和英雄模范，建立健全关爱关怀机制，维护先进人物和英雄模范的荣誉和形象，形成德者有得、好人好报的价值导向。”①

### ❊小知识

## 时代楷模吴蓉瑾、王红旭②

吴蓉瑾、王红旭同志是一线人民教师的优秀代表，是新时代“四有”好老师的典范，他们用默默无闻的耕耘，传播知识、传播思想、传播真理，

---

① 《中共中央国务院印发新时代公民道德建设实施纲要》，《人民日报》2019 年 10 月 28 日。

② 参见《时代楷模吴蓉瑾、王红旭》，《求是》2022 年第 18 期。

用甘当人梯的奉献，塑造灵魂、塑造生命、塑造新人，用舍己为人的牺牲，彰显了人民教师这一最伟大最神圣职业的崇高价值追求。2022 年 9 月，中共中央宣传部授予他们“时代楷模”称号。

吴蓉瑾，女，汉族，1974 年生，中共党员，上海市黄浦区卢湾一中心小学校长、教师。她传承红色基因、培育红色传人，培养了近千名小学生党史讲解员，在学生心中播撒理想信念的种子。她扎根基础教育，潜心教书育人，不断创新德育方法和手段，真情守护学生身心健康，有力促进了学生们德智体美劳全面发展。她推动教育公平、促进均衡发展，以实际行动推进优质教育资源均等化，在努力办好人民满意的教育上作出了突出成绩，荣获国家级教学成果二等奖、上海市教书育人楷模等荣誉。

王红旭，男，汉族，1986 年生，重庆万州人，生前系重庆市大渡口区育才小学体育教师。他传承家风、担当使命，一家三代从事教师职业，真心热爱教育事业，着力培养学生健全人格和强健体魄。他以德立身、潜心施教，在基层小学默默耕耘、无私奉献，展现了爱生如子的真挚情怀和甘为人梯的高尚境界。他胸怀大爱、见义勇为，2021 年 6 月为救两名落水儿童献出了宝贵生命，用短暂的一生诠释了为人师表、行为世范的深刻意义。逝世后，他被追认为中共党员，追授“全国优秀教师”等称号。

### （三）把社会主义核心价值观融入法治建设、社会发展和日常生活

培育和践行社会主义核心价值观，必须坚持贯穿结合融入、落细落小落实，把社会主义核心价值观要求融入法治建设、融入社会发展、融入日常生活，使之成为人们日用而不觉的道德规范和行为准则。

用社会主义核心价值观引领公民道德建设，必须融入法治建设。新时代公民道德建设，要坚持德法兼治，以道德滋养法治精神，以法治体现道

德理念，实现法律和道德相辅相成、法治与德治相得益彰。推动社会主义核心价值观融入法治建设，就要将社会主义核心价值观的要求全面体现到中国特色社会主义法律体系中，体现到法律法规立改废释、公共政策制定修订、社会治理改进完善中，把社会主义核心价值观的要求落实到科学立法、严格执法、公正司法、全民守法各环节，全面发挥法治对培育和践行社会主义核心价值观的规范和保障作用，使符合社会主义核心价值观的行为得到褒扬、鼓励，使背离社会主义核心价值观的行为受到贬斥、惩戒，从而有效强化人们对社会主义核心价值观的认同，为弘扬主流价值提供良好社会环境和制度保障。

用社会主义核心价值观引领公民道德建设，必须融入社会发展。要按照社会主义核心价值观的基本要求，健全各行各业规章制度和道德规范，完善市民公约、乡规民约、学生守则等具体行为准则，促使社会成员按照社会主义核心价值观的要求修身立德、为人处世、建功立业；要把社会主义核心价值观的要求融入群众性精神文明创建活动之中，融入学校、企业、社区、农村以及网络空间，切实推动社会主义核心价值观深入群众，内化于心、外化于行，明确价值判断和行为选择，在参与活动中提升精神境界、培育文明风尚；要把社会主义核心价值观融入礼仪活动之中，建立和规范礼仪制度，组织开展形式多样的纪念庆典活动，传播主流价值，增强人们的认同感。要利用各种时机和场合，形成有利于培育和弘扬社会主义核心价值观的生活场景和社会氛围。

用社会主义核心价值观引领公民道德建设，必须融入日常生活。要把社会主义核心价值观所倡导的价值理念与人们的日常生活联系起来，运用群众喜闻乐见的方式方法，深入开展社会主义核心价值观宣传、教育和实践，善始善终，善作善成，日积月累，久久为功。一是及时发现善行义举，引领群众崇德向善。以“善”为起点，意在善、贵在行，弘扬善，践行善，通过“善”来调动、激发人们对社会主义核心价值观的认同和尊奉；二是组织开展“意在善、贵在行”的好人好事道德实践活动，如广泛开展“孝老敬亲、敬业奉献、诚信互助、扶贫助残”等各种群众性道德实践活动，吸引广大群众自觉参与其中，体悟核心价值观的真谛，大力弘扬乐善行善、敬业奉献、诚实守信、乐于助人的善行义举，推动社会主义核心价值观落地生根；三是通过组织化、规范化评议，组织群众定期开展道德模范评选表彰活动，树立起群众身边触手可及的榜样标杆，对好人好事进行表彰，以典型的示范引领和正面激励，影响和带动更多的人学做好人、争做好事，弘扬善行义举，培育良好道德风尚。

**小知识**

## 弘扬德善文化，培育乡村文明风尚

河北省石家庄市藁城区杜村以建设德善杜村、文明家园为目标，大力弘扬德善文化，着力打造和谐、文明、美丽、富裕的幸福家园，积极推动社会主义核心价值观落地生根。近年来，杜村修缮了戏台，重建了古庙，新建了村史馆、图书馆、便民服务中心及古槐园广场、民心广场、雷锋广场等，打造了德善文化、志愿服务、社会主义核心价值观、绿色发展四条主题街并绘制了文化墙，让村民在浓厚的文化氛围里感受幸福生活。妇女们还自发成立巾帼志愿服务队，组织村民培训，开展文化活动。杜村每年在春节、妇女节、青年节、国庆节等重大节日都要举办大型文艺演出活动。2019年春节举办的金钹战鼓大型活动，为村民带来了一场难忘的视觉盛宴；举办的“巾帼心向党、扬帆新征程”庆“三八”文艺汇演，隆重表彰了杜村好媳妇、好婆婆、好邻里、美丽庭院、最美家庭、孝老爱亲等优秀妇女代表，鼓励她们继续弘扬自尊、自信、自立、自强的“四自”精神，勤奋学习、刻苦求知、立足岗位、敬业奉献；召开的纪念五四运动100周年“巾帼心向党，礼赞新中国”故事会，激发了杜村妇女和青年们建设新杜村的参与热情和奋斗激情；隆重举办了“礼赞新中国，奋进新时代”——杜村庆祝新中国成立70周年文艺汇演，村民们欢聚一堂，共同庆祝祖国母亲的生日，讴歌好人好事，弘扬文明新风。丰富多彩、形式多样的文化活动，不仅倡导了社会主义核心价值观，也提振了全村人的精气神，并以坚定的文化自信引领乡村文明新风尚。

## 三、传承中华传统美德

中华传统美德是中华文化的精髓，是人类文明发展的重要精神财富，是道德建设的不竭源泉。加强新时代公民道德建设，就要以礼敬自豪的态度对待中华优秀传统文化，对中华传统美德进行创造性转化和创新性发展，充分彰显其时代价值和永恒魅力，使之与现代文化、现实生活相融相通，成为全体人民精神生活、道德实践的鲜明标识。

### （一）中华传统美德是道德建设的不竭源泉

“中华传统美德是中华民族在历史发展中形成的、至今仍然具有强大生命力的优秀道德理论、道德规范和道德行为的总和。”① 中华传统美德，从时间上看包括古代、近代以及新民主主义革命时期的道德传统；在内容上既有思想观念方面的，也有行为规范方面的。中华传统美德是中华文化的精髓，蕴含着丰富的哲学理念、人文精神和道德规范，是中华民族砥砺前行的道德支撑和精神纽带，也是道德建设的深厚源泉。

中华传统美德蕴含着丰富的道德资源。中华民族在长期实践中培育和形成了独特的思想理念和道德规范，有讲仁爱、重民本、守诚信、崇正义、尚和合、求大同等思想理念，有自强不息、敬业乐群、扶正扬善、扶危济

① 张博颖：《用中华传统美德成风化人》，《人民日报》2017年7月21日。

困、见义勇为、孝老爱亲等传统美德。这些优秀的中华传统美德，是中华民族发展壮大的文化基因，是有别于其他民族的独特精神标识。中华优秀传统文化中很多思想理念和道德规范，不论过去还是现在，都有其永不褪色的价值。如天下兴亡、匹夫有责的担当意识，精忠报国、振兴中华的爱国情怀，崇德向善、见贤思齐的社会风尚，孝悌忠信、礼义廉耻的荣辱观念，德主刑辅、以德化人的德治主张，以和为贵、好战必亡的和平理念，都体现着中华民族评判是非曲直的价值标准，潜移默化地影响着中国人的思想和行为方式。经过漫长的历史积淀，这些思想理念和道德规范以其鲜明的民族特色，在与时俱进中不断融入中华民族的思维方式、价值观念、行为方式和风俗习惯。历史和现实证明，中华传统美德是一个人为人、修身、处世的思想源泉和道德标尺，潜移默化地影响了一代又一代的中华儿女。随着时间的推移和时代的变迁，中华传统美德生生不息、历久弥新，在新时代依然闪烁着耀眼的道德光芒，成为新时代道德建设的重要文化资源和思想基础。

中华传统美德植根于中华文化沃土。博大精深的中华优秀传统文化是中华民族的“根”和“魂”，是中华传统美德的重要来源和丰厚滋养，也是我们在世界文化激荡中站稳脚跟的坚实根基。中华优秀传统文化积淀着中华民族最深沉的精神追求，是中华民族发展壮大的精神命脉，是涵养社会主义核心价值观的重要资源。中华优秀传统文化内蕴的丰富道德情感、道德原则、道德理想，是新时代公民道德建设的孕育土壤和思想源泉。“中华民族和中国人民在修齐治平、尊时守位、知常达变、开物成务、建功立业过程中培育和形成的基本思想理念，如革故鼎新、与时俱进的思想，脚踏实地、实事求是的思想，惠民利民、安民富民的思想，道法自然、天人合一的思想等，可以为人们认识和改造世界提供有益启迪，可以为治国理政提供有益借鉴。传承和发展中华优秀传统文化，就要大力弘扬讲仁爱、重民本、守诚信、崇正义、尚和合、求大同等核心思想理念。”[①] 这些思想理念是中华传统美德的集中体现，便于人们良好道德品行的养成，成为新时代人们道德修养的重要来源。

中华传统美德是民族复兴的精神伟力。人民有信仰，国家有力量，民族有希望。长期以来，中华传统美德是中华民族砥砺前行的道德支撑和精神纽带。自强不息、敬业乐群、扶正扬善、扶危济困、见义勇为、孝老爱亲等传统美德超越了时代、阶级的局限，激励着一代又一代中华儿女为实现民族复兴而不懈努力。“天行健，君子以自强不息”，千百年来，正是生生不息的自强精神为中华民族自立于世界民族之林注入永续精神动力。习近平总书记指出：“自强不息、厚德载物的思想，支撑着中华民族生生不息、薪火相传，今天依然是我们推进改革开放和社会主义现代化建设的强大精神力量。”[②] 中华民族从积贫积弱一步步走到今天的发展繁荣，实现了中华民族从站起来、富起来到强起来的伟大跨越。这一跨越靠的是一代又一代人的顽强拼搏和中华传统美德凝聚的团结奋斗精神。这种精神鼓舞着中华儿女众志成城、克敌制胜，在新时代新征程中，成为我们在伟大斗争中无惧风险挑战的思想武器。

## （二）礼敬自豪中华传统美德

要以礼敬自豪的态度对待中华传统美德。中华传统美德积淀在中华民族的民族精神中，形成了以爱国主义为核心的团结统一、爱好和平、勤劳勇敢、自强不息的民族精神；流淌在革命精神中，在长期的革命和建设实践中形成了无私奉献、顽强拼搏、艰苦奋斗、勤俭节约的道德规范，成为中华民族精神的宝贵财富和时代精神的重要来源；凝聚在改革创新的时代精神中，为以改革创新为核心的时代精神提供有益滋养，也可为新时代公

① 《关于实施中华优秀传统文化传承发展工程的意见》，《经济日报》2017年1月26日。
② 习近平：《习近平谈治国理政》（第一卷），外文出版社，2018，第158页。

民道德建设提供有益启发，为解决当代道德难题提供了历史借鉴和智慧启迪。要在礼敬与保护文化经典、历史遗存的前提下，进一步挖掘和揭示传统文化蕴含的道德价值；要在研究阐释传统文化经典中，讲清楚中华传统美德的历史渊源、发展脉络、基本走向、重要特征，引导广大人民特别是青少年走进中华经典，自觉做中华传统美德的传承者和发扬者。要加强对濒危文物抢救、文化古迹保护和馆藏文物的修复工作，注重文明传承、文化延续，让收藏在禁宫里的文物、陈列在大地上的遗产、书写在古籍里的文字都活起来。

要弘扬古圣先贤、民族英雄、志士仁人的嘉言懿行。崇德向善是中华文化的鲜明底色，见贤思齐是中国人民的共同心理。在中华民族几千年的文明史中，涌现出众多的古圣先贤、民族英雄和志士仁人，如“鞠躬尽瘁，死而后已”的诸葛亮、“先天下之忧而忧，后天下之乐而乐”的范仲淹、“精忠报国”的岳飞、“苟利国家生死以，岂因祸福避趋之”的林则徐、浩然正气以身殉志的文天祥、两袖清风勇担重担的于谦、清廉为官为国分忧的袁崇焕，他们的嘉言懿行生动诠释了先贤志士心系家国、勇挑重担、大义报国、不畏牺牲的崇高道德追求，鼓舞和激励了一代又一代中华儿女为振兴中华而发愤图强。“大力弘扬古圣先贤、民族英雄、志士仁人的优秀品格，引导人们学习他们助人为乐、关爱他人的高尚情怀，见义勇为、勇于担当的无畏精神，以诚待人、守信践诺的崇高品格，孝老爱亲、血脉相依的至美真情，涵养人们深沉的家国情怀和个人道德意识，培养人们的国家意识和社会责任，不断激发广大人民投身道德建设的积极性、主动性、创造性。”①

---

①　中共中央宣传部宣传教育司：《〈新时代公民道德建设实施纲要〉学习读本》，人民出版社，2020，第139页。

### （三）彰显中华传统美德时代价值和永恒魅力

新时代公民道德建设，必须继承和发扬中华传统美德，并结合新的时代条件和实践要求，对传统美德进行创造性转化和创新性发展，充分彰显其时代价值和永恒魅力。

转化与发展传统美德。传统美德必须与现代社会相协调，与现实生活相融相通，充分彰显时代价值和永恒魅力，做到创造性转化与创新性发展。要以积极主动的文化实践，深入挖掘和阐发中华传统美德，加大对重要传统道德文化典籍的整理和研究，尤其是蕴含其中的思想观念、经典话语、道德理论、榜样模范要进行科学地分析和鉴别，把其中仍具有当代价值的道德精神发掘出来，并结合现代生活赋予其新的内涵和表现形式，激活其生命力。如对古代道德中“三从四德”“男尊女卑”等带有明显阶级和时代局限性的道德糟粕要剔除；对“诚信友善”“见义勇为”“修身养性”“亲仁善邻”等至今依然生机盎然的道德精华要主动传承，彰显其永恒魅力；对古代社会倡导的“民本”“忠”等道德传统要在扬弃继承的前提下，结合新的时代条件和实践要求，进行创新性发展，赋予其新的时代内涵，古为今用，彰显其时代价值。在探索古为今用的过程中，要不断挖掘、整理、提炼、升华传统美德，处理好传统与现代、继承与发展、中国与世界的关系，使中华传统美德与新时代道德建设相契合，进而让其成为全体人民精神生活、道德实践的鲜明标识。

讲好中华传统美德故事。千百年来，中华传统美德之所以流传至今、经久不衰，一个很重要的原因就是采取通俗易懂的故事形式，如孔融让梨、诸葛亮鞠躬尽瘁、岳飞精忠报国、花木兰代父从军、杨家将满门忠烈等，都是用故事讲述传统美德的典范。传承和弘扬中华传统美德，需要好的讲述方式，以人们喜闻乐见的方式，在理论和实践上不断创新、丰富中华传统美德的新表述。新时代，讲好中华传统美德故事，不仅要挖掘其时代内涵，也要创新形式，运用符合现代审美情趣的展示和表达方式。近年来深受群众喜爱的《德化人生》《道德观察》等道德类电视节目，以及《中华好家风》《中华好故事》《经典咏流传》等文化类电视节目，就在讲述中华优秀传统美德故事、传承弘扬中华优秀传统文化方面发挥了很好的作用。如《中华好故事》就是通过“爱国励志”“道德礼仪”“民俗民情”等主题，利用知识竞赛、名人出题、故事演绎、知名校友助阵等现代形式传承中华传统美德，深受受众喜爱。

### ❀小知识

#### 青县广播电视台《德化人生》栏目

河北青县广播电视台《德化人生》栏目始创于2001年，是《公民道德建设实施纲要》颁布之后，全国首个以公民道德建设为主题的电视栏目。该栏目以报道“青县人自己的道德故事”为主旨，着力挖掘群众身边的凡人善举，培树道德典型，以“平民化的视角、故事化的方式、本土化的内容、情节化的人物”讲述老百姓身边的道德故事。

2012年《德化人生》商标在国家工商总局成功注册，2014年荣膺“河北省著名商标”，成为全省首个电视栏目著名商标品牌，也是全国首个公益性道德类电视栏目著名商标品牌。2020年1月，《德化人生》栏目荣膺首届河北广播电视“十个名”之“名栏目”称号，是全省唯一入选的县级广播电视台栏目。

截至2019年，《德化人生》栏目累计播出节目900余期，带动全县涌现出孝老敬亲、扶危济困、见义勇为等各类道德模范典型3000多个。这些典型中受到国家和省、市表彰的有260多个先进个人和集体，其中31人荣登“中国好人榜”，6人次分别荣获“全国百名优秀志愿者”“全国自强模范”“全国美德少年”“全国道德模范”提名奖、“感动中国”候选人、“首届全国文明家庭”称号，8人当选全国道德模范。“中国好人榜”上榜人数居全国县级之首，形成了引人注目的道德建设“青县现象”，引起了中央和省、市领导和全国各大媒体的高度关注，掀起了全国各地聚焦青县的热潮。

《德化人生》栏目在中视协举办的全国电视节目推优活动中，连年荣获全国电视栏目一等奖，“德化人生、善行天下”微视频登上新华社融媒体平台三天点击量突破370万，开创了全国县级广播电视台先河。新时代，迎着融媒体发展的东风，《德化人生》栏目正焕发出勃勃生机。

积极践行中华传统美德。涓涓细流汇成大海，点滴善行成就大爱。中国古人向来重视道德实践，重视在道德实践中提升道德修养，培养理想人格。新时代践行中华传统美德，就要从自身做起，从身边做起，从平凡事做起，让一个个小小的凡心善举汇成人间大爱，在全社会营造浓厚道德氛围，引导人们把中华传统美德内化于心、外化于行，并成为自觉行动。践行中华传统美德，不仅需要每个人的高度自觉，更需要全社会的共同努力。2012年以来，在河北省开展的“善行河北”主题道德实践活动，大兴互助、诚信、敬业、节俭、孝敬之风，人民群众热情参与，各类先进典型层出不穷，向善乐善氛围日益浓厚，持续形成了善意浓浓、善心涌动、善行如潮、善曲高奏、善果累累的生动局面，成为培育和践行社会主义核心价值观的河北品牌。

**小知识**

## 张莹莹：自强不息、助人助己

张莹莹，女，1989年8月生，广东省深圳市雨燕残疾人关爱事业发展中心主任。她因幼时罹患小儿麻痹症，双腿肌肉萎缩，行动不便。2011年大学毕业后，她投身助残就业创业帮扶事业。2016年，张莹莹和残障朋友创办了慈善组织——深圳市雨燕残疾人关爱事业发展中心，为残疾人提供就业培训、心理辅导等服务，在岗员工90%以上是残疾人和残疾儿童家属。2018 年，张莹莹带领雨燕团队负责运营位于深圳龙华的残疾人创业就业基地“IC 爱创空间”，为创业初期及有创业意愿的残疾人提供资源链接、人员代招、法律咨询、心理干预等服务，着力开创残疾人多元化就业创业模式。在张莹莹的精心组织下，该机构共开展残疾人就业创业技能培训 150 余场，帮助 2700 多名残疾人上岗就业，并成功孵化出国家高新技术企业“深圳互联心集团有限公司”等残障者创业企业和社会组织共 23 家，探索出一条适合残障人士就业的创新模式。

作为龙华区公共文明促进会会长，张莹莹积极开展各类志愿服务、公共文明促进活动，促进残健融合。她带领社区志愿者，组织实施残疾人“演说家”志愿服务项目，鼓励残障朋友们走出家门、走进社区、走进企业进行励志演讲，至今已开展演讲 90 多场，听众超过 5000 人。她还组织开展“春笋计划”等助残行动，为残障者提供就业指导、创业服务、法律咨询等服务，帮助残障者提升职场能力，累计服务 3 万余人次。

张莹莹带领团队连续 3 年赴深圳市对口扶贫地区广西东兰、凤山、巴马、罗城等地，组织开展“残障者就业技能培训班”，提供电商客服、直播带货、抖音制作等课程，帮助贫困地区残疾人掌握一技之长，拓宽就业路径，重拾生活信心。

张莹莹身体力行地诠释了自强不息、助人助己的精神内涵，被誉为“勇敢的雨燕”。她也因此获评全国自强模范、全国三八红旗手、中国青年五四奖章、第八届全国道德模范等荣誉称号，荣登“中国好人榜”，其家庭被评为全国文明家庭。

## 四、弘扬民族精神和时代精神

伟大事业需要伟大精神，伟大精神成就伟大事业。实现中华民族伟大复兴的中国梦，必须弘扬中国精神。以爱国主义为核心的民族精神和以改革创新为核心的时代精神，构成了中国精神的基本内容。这种精神是凝心聚力的兴国之魂、强国之魂。

## （一）民族精神和时代精神是中华民族的强大道德力量

“一个民族没有优秀的精神品格，就不可能屹立于世界先进民族之林；一个国家，没有凝聚人心的民族精神和与时俱进的时代精神，就不会有旺盛的生命力、强大的凝聚力和卓越的创造力。”① 民族精神和时代精神是中华民族生生不息、发展壮大的坚实精神支撑和强大道德力量，是当代中国人民建功立业、创造崭新业绩的力量源泉。

一个民族要生存和发展，就要有一种昂扬向上的民族精神。民族精神“是一个民族在长期的共同生活、共同语言与文化的熏陶以及共同的社会实践基础上形成和发展的，为民族大多数成员所共同认同和接受并内化的思想品格、价值取向和道德规范，是一个民族的心理特征、文化传统、礼仪传承、生活习惯和思想情感的综合反映，是一个民族生生不息、不断发展的不竭动力”②。民族精神是一个民族赖以生存和发展的精神支撑，是民族进步和发展的动力源泉。

中华民族在漫长的历史发展进程中，不仅创造了源远流长、博大精深的中华文化，而且还在绵延数千年的优秀传统文化中孕育了中华民族精神。在五千多年的历史长河中，中华民族形成了以爱国主义为核心的团结统一、爱好和平、勤劳勇敢、自强不息的伟大民族精神。这种伟大民族精神始终是鼓舞我们民族迎难而上、团结互助、战胜强敌与困难的不竭力量之源。习近平总书记提出“伟大创造精神、伟大奋斗精神、伟大团结精神、伟大

① 本报评论员：《把握精髓 弘扬民族精神和时代精神——四论全面准确理解社会主义核心价值体系》，《人民日报》2006 年 12 月 24 日。

② 朱金瑞等：《新时代中国特色社会主义道德建设研究》，人民出版社，2020，第 44 页。

梦想精神”，不仅全面阐释了伟大民族精神的深刻内涵，而且赋予其新的时代意义，描绘出全党全国各族人民构建共有精神家园的美好图景。

伟大创造精神。“在几千年历史长河中，中国人民始终辛勤劳作、发明创造，我国产生了老子、孔子、庄子、孟子、墨子、孙子、韩非子等闻名于世的伟大思想巨匠，发明了造纸术、火药、印刷术、指南针等深刻影响人类文明进程的伟大科技成果，创作了诗经、楚辞、汉赋、唐诗、宋词、元曲、明清小说等伟大文艺作品，传承了格萨尔王、玛纳斯、江格尔等震撼人心的伟大史诗，建设了万里长城、都江堰、大运河、故宫、布达拉宫等气势恢弘的伟大工程。”① 中国人民的伟大创造精神还体现在历朝历代的变革创新之中，战国时期商鞅变法，赵武灵王“胡服骑射”，汉朝皇帝刘彻“独尊儒术”改革，隋炀帝开创科举制度，北宋王安石变法，明代张居正变法，近代“戊戌变法”，新民主主义革命时期开创农村包围城市的革命道路，新中国成立后相继进行的土地改革、市场经济体制改革、“两弹一星”的成功研制、青蒿素抗疟疾的发现，以及新时代天宫、蛟龙、天眼、悟空、墨子、大飞机等国之重器的相继问世，表明中国人民的发明创造改变着中国，影响着世界，让一个饱受外族欺侮的国家和民族不仅站起来、富起来，而且迈向了全面建成社会主义现代化强国的新征程。今天，中国人民的创造精神正在前所未有地迸发出来，推动我国日新月异向前发展，大踏步走在世界前列。只要 14 亿多中国人民始终发扬这种伟大创造精神，就一定能够创造出一个又一个人间奇迹。

---

① 习近平：《在第十三届全国人民代表大会第一次会议上的讲话》，《人民日报》2018 年 3 月 21 日。

## ❊小知识

### 矢志创新的中国芯片之父——邓中翰

邓中翰，1968 年出生于江苏南京，1992 年从中国科学技术大学毕业后赴美国加州大学伯克利分校学习；1997 年毕业时取得电子工程学博士、经济管理学硕士、物理学硕士学位，是该校建校 130 年来第一位横跨理、工、商三学科的学者。1998 年邓中翰在硅谷创建集成电路公司 PIXIM. INC，领导研制高端数码成像半导体传感器，用于监控、卫星、外太空探测等高尖端应用。1999 年邓中翰毅然回国，注册成立“中星微电子有限公司”；在“星光中国芯工程”启动实施后，他带领团队承建了国家重点实验室，担任“星光中国芯工程”总指挥，成功开发出中国第一个超大规模集成电路“星光中国芯”数字多媒体芯片并打入国际市场，彻底结束了中国“无芯”的历史。邓中翰领导的“星光中国芯工程”实现了八大核心技术突破，申请了上千项国内外专利，成功地在国内外大规模实现产业化，“星光”系列芯片打入了三星、索尼、戴尔、惠普、联想等一系列国内外知名品牌的计算机和笔记本电脑，占据了全球计算机图像输入芯片 60%以上的市场份额，并应用于移动通讯、数字监控等领域。多年来，中星微电子有限公司吸引了多位优秀的海外集成电路设计人才回国效力，培养了几百名集成电路设计工程师，组建了一支国内顶尖的芯片设计团队。中星微电子公司于 2005 年在美国纳斯达克成功上市。邓中翰获得了“国家科技进步一等奖”“全国五一劳动模范”“中国青年五四奖章”“中国十大杰出青年”等奖项及荣誉称号。邓中翰作为中星微集团创始人、数字多媒体芯片技术国家重点实验室主任、微电子学和大规模集成线路系统的首席专家，于 2009 年当选为中国工程院最年轻的院士。在他的带领下，我国芯片领域获得突飞猛进的发展，“中国芯”也得到了全世界的认可。

伟大奋斗精神。奋斗是成就美好人生的必由之路，人世间的一切美好，只有通过奋斗才能实现。中国人民自古就明白，世界上没有坐享其成的好事，要幸福就要奋斗。只有迎难而上，顽强拼搏，才能迎来民族复兴的光明前景。“在几千年历史长河中，中国人民始终革故鼎新、自强不息，开发和建设了祖国辽阔秀丽的大好河山，开拓了波涛万顷的辽阔海疆，开垦了物产丰富的广袤粮田，治理了桀骜不驯的千百条大江大河，战胜了数不清的自然灾害，建设了星罗棋布的城镇乡村，发展了门类齐全的产业，形成了多姿多彩的生活。”① 一百多年来，我们党团结带领人民谱写了一曲感天动地、气壮山河的奋斗赞歌，迎来了实现中华民族伟大复兴的光明前景。中华民族取得的伟大成就是党和人民拼出来、干出来、奋斗出来的，凝结着中国人的聪明才智，浸润着中国人的辛勤汗水，刷新着中国人的美好生活。奋斗精神已深深融入中华民族的血液，成为民族精神的基因。新时代是奋斗者的时代，撸起袖子加油干，风雨无阻向前行。只要 14 亿多中国人民始终发扬这种伟大奋斗精神，就一定能够实现创造人民更加美好生活的宏伟目标。

### ❊小知识

### 时代楷模南仁东：矢志不渝筑大国重器

南仁东是我国著名的天文学家，是“中国天眼”的发起者和奠基人。他出生于吉林辽源，1963 年就读于清华大学，之后于中国科学院研究生院获硕士、博士学位，毕业后在日本国立天文台任客座教授，1982 年他进入中国科学院北京天文台工作。从 1994 年起，他 20 多年扎根贵州深山，锐意创新、矢志不渝地铸造着国之大器。他一直负责 FAST（500 米口径球面射电望远镜）的选址、预研究、立项、可行性研究及初步设计。作为项目

① 习近平：《在第十三届全国人民代表大会第一次会议上的讲话》，《人民日报》2018 年 3 月 21 日。

首席专家、总工程师，负责编订FAST科学目标，全面指导FAST工程建设，并主持攻克了索疲劳、动光缆等一系列技术难题。2016年9月25日，南仁东主持的500米口径球面射电望远镜工程在贵州省平塘县的喀斯特洼坑中落成启用，并开始接收来自宇宙深处的电磁波。2017年9月15日，南仁东因病去世，享年72岁。他留给我们的世界最大最灵敏的单口径射电望远镜，第一次让我国在射电天文学领域占据制高点，为我国天文学研究提供了国之重器。

2017年11月17日，中宣部追授南仁东"时代楷模"荣誉称号，由南仁东的亲属代领了"时代楷模"奖章和荣誉证书。替他领奖的南夫人在颁奖台上如是说："我的先生南仁东，是千千万万中国知识分子当中的普通一员，普通得不能再普通。是这个伟大的时代成就了他，使他点点滴滴平凡的工作和生活折射出不平凡的光辉；是博大精深的中华文化滋养了他，养成他淡泊名利、坚持真理、一诺千金、善良勤劳的优秀品格；是无数科技泰斗教育和影响了他，给予他渊博的学识，铸就了他敢为人先、迎难而上、坚忍不拔的科学精神。"她说："追授南仁东的这块奖牌上，凝聚着祖国和人民对每一位普通劳动者的期待。我想，对我们来说，没有天赋，那就更勤奋一些；没有机遇，那就再坚持一下；没有传奇的过往，那就让未来充满正能量，为他人、为社会、为国家乃至为了这个伟大的时代，去做些点点滴滴又实实在在的贡献。"2018年10月，"时代楷模""天眼"巨匠南仁东塑像落成暨"南仁东星"命名仪式在贵州平塘500米口径射电望远镜现场举行。国家天文台于1998年9月25日发现的国际永久编号为"79694"的小行星被正式命名为"南仁东星"，这是人们对"中国天眼"的发起者和奠基人的最高敬意。2018年12月，党中央、国务院授予南仁东同志"改革先锋"称号，南仁东获评"中国天眼"的主要发起者和奠基人。2019年9月，国家主席习近平签署主席令，授予南仁东"人民科学家"荣誉称号；与此同时，南仁东还被评选为"最美奋斗者"。

伟大团结精神。中国自古以来就是一个统一的多民族国家，共同的地缘和生活环境，共同的历史命运把不同民族紧密联系在一起，并在共同的奋斗中锻造了中华民族的伟大团结精神。一部中华民族发展史，就是一部民族团结、统一、奋进的历史。“在几千年历史长河中，中国人民始终团结一心、同舟共济，建立了统一的多民族国家，发展了 56 个民族多元一体、交织交融的融洽民族关系，形成了守望相助的中华民族大家庭。”① 特别是近代以来，面对外敌入侵和亡国灭种的空前危机，各族人民共御外侮、共赴国难，抛头颅、洒热血，共同书写了中华民族艰苦卓绝、气壮山河的伟大史诗。其中涌现出一大批少数民族的卫国英烈、建党先驱、工农运动领袖、抗日英雄、开国将领，为民族独立和人民解放作出了不可磨灭的历史贡献。中国人民从亲身经历中深刻认识到，团结就是力量，团结才能前进，一个四分五裂的国家不可能发展进步。团结也是开创新时代、奋进新征程的强大力量，只要 14 亿多中国人民始终发扬这种伟大团结精神，就一定能够形成勇往直前、无坚不摧的强大力量。

**❊小知识**

## 回族抗日英雄——马本斋

在抗日战争的战场上，活跃着一支以回族青年为主力的回民支队，他们所向披靡，让敌人闻风丧胆，被毛泽东誉为“百战百胜的回民支队”。这支英雄部队的司令员就是马本斋。马本斋，1901 年出生于河北省献县的一个回族农民家庭。早年投身奉军当兵，凭借过人胆识和战功，被提拔为团长。“九一八”事变后，他不满国民党当局的政策，离部回乡。全国抗战爆

① 习近平：《在第十三届全国人民代表大会第一次会议上的讲话》，《人民日报》2018 年 3 月 21 日。

发后，马本斋在家乡组织回民义勇队，奋起抗日。1938年，马本斋率队参加八路军，所部改编为冀中军区回民教导总队，并被任命为队长。马本斋入党后，所带领的回民支队迅速发展并成为一支能征善战的抗日劲旅。从1937年至1944年，马本斋率部经历大小战斗870余次，共歼灭日伪军3.6万余人，在广阔的冀中平原和冀鲁豫大地上，所向披靡，屡建战功，打得日本侵略者闻风丧胆，被冀中军区誉为“攻无不克，无坚不摧，打不烂、拖不垮的铁军”。

在长期艰苦卓绝的战斗生活中，马本斋积劳成疾，加之缺医少药，未能及时治疗，于1944年2月病逝于冀鲁豫军区后方医院，终年42岁。1944年3月17日，延安各界为马本斋举行了追悼大会。毛泽东赠挽：“马本斋同志不死！”周恩来赠挽：“民族英雄，吾党战士！”

伟大梦想精神。成就伟大事业，实现伟大梦想，需要强大的精神力量支撑。中华民族是一个勤劳务实的民族，也是一个充满理想与奋斗精神的民族。“在几千年历史长河中，中国人民始终心怀梦想、不懈追求，我们不仅形成了小康生活的理念，而且秉持天下为公的情怀，盘古开天、女娲补天、伏羲画卦、神农尝草、夸父追日、精卫填海、愚公移山等我国古代神话深刻反映了中国人民勇于追求和实现梦想的执着精神。”① 近代以来，国家蒙辱、人民蒙难、文明蒙尘，中华民族遭受前所未有的劫难。实现中华民族伟大复兴，成为中华民族最伟大的梦想，中国人民浴血奋战、百折不挠、自力更生、锐意进取、守正创新，进行了180多年的持续奋斗，终于把贫穷落后的旧中国变成日益繁荣富强的新中国。中华民族迎来了从“站起来”“富起来”到“强起来”的伟大飞跃，中国人民更有信心和能力实现中华民族伟大复兴。中国人民相信，山再高，往上攀，总能登顶；路再长，

---

① 习近平：《在第十三届全国人民代表大会第一次会议上的讲话》，《人民日报》2018年3月21日。

走下去，定能到达。对伟大梦想的追求已经深深融化在中国人民的血脉中，深深烙印在中华文明的基因里。只要14亿多中国人民始终发扬这种伟大梦想精神，就一定能够实现中华民族伟大复兴。

### ❊小知识

### 林鸣：四十年焊接大江瀚海，一辈子逐梦天堑通衢

林鸣是中国交通建设集团首席科学家，曾任港珠澳大桥岛隧项目总经理、总工程师。四十年，焊接大江瀚海；一辈子，逐梦天堑通衢。他长期在施工一线从事桥梁、隧道、海洋工程等技术，主持建成中国首条、世界最长的跨海公路沉管隧道，主持攻克多座国家重点公路桥梁工程关键难题，在岛隧技术自主创新上取得了重大突破，创建了“模式、技术、方法”深度融合的工程管理体系。

截至2021年11月，林鸣先后主持完成润扬大桥、港珠澳大桥岛隧工程等国家重点工程，并带领团队刻苦钻研、攻克难关，自主研发了十几项国内首创且世界领先的专用设备和系统，获得数百项专利，成功攻克十余项外海沉管安装世界级工程难题，创造了当年动工当年成岛、一年安装10节沉管的中国速度，浇筑的百万方混凝土无一裂缝，建成了世界唯一滴水不漏的沉管隧道等诸多世界工程奇迹。作为中国地下工程、隧道工程与桥梁等领域的领军人物，四十年来，林鸣始终坚持严谨求真、追求卓越，以匠心筑梦、以匠艺强国，开创了诸多工程新技术先河，为中国公路沉管隧道技术跨入世界领先行列作出了重大贡献。

时代精神是在继承民族精神的基础上，在新的历史条件下形成和发展的，体现民族特质并顺应时代潮流的思想观念、行为方式、价值取向、精神风貌和社会风尚。在改革开放40多年的伟大实践中，我们党团结带领中国人民在继承和弘扬伟大民族精神的基础上，立足新的时代条件，赋予中

华民族精神以新的时代内涵，形成了以改革创新为核心的时代精神。

实现梦想、应对挑战、创造未来，只能从发展中来，从改革中来，从创新中来。改革创新是我们党和国家发展进步的活力源泉，是中国特色社会主义事业开拓前进的不竭动力。改革创新的时代精神，特指自党的十一届三中全会以来，我们在发展中国特色社会主义的伟大实践中所形成的宝贵精神财富，如改革开放精神、劳模精神、劳动精神、工匠精神、优秀企业家精神、科学家精神等，这些精神是时代精神的集中体现。

改革开放精神。伟大时代铸就伟大精神，伟大精神领航伟大时代。从开启新时期到跨入新世纪，从站上新起点到进入新时代，改革开放的伟大实践，铸就了改革开放精神。习近平总书记在庆祝改革开放 40 周年大会上的重要讲话中指出："改革开放铸就的伟大改革开放精神，极大丰富了民族精神内涵，成为当代中国人民最鲜明的精神标识！"① 伟大改革开放精神体现了解放思想、实事求是、与时俱进、求真务实的精神品格，彰显了敢闯敢试、攻坚克难、砥砺奋进、不断进取的奋斗底色，反映了高瞻远瞩、总揽全局、放眼世界、面向未来的恢宏视野。从乡镇企业异军突起到实施乡村振兴战略，从兴办深圳等经济特区到共建"一带一路"，从加入 WTO 到成功举办首届中国国际进口博览会，从经济体制改革为主到全面深化经济、政治、文化等各项制度改革，我们党带领全国人民敢为人先敢闯敢试，又步步为营蹄疾步稳，推动党和国家事业发生历史性变革、取得历史性成就。改革开放已走过千山万水，但仍需跋山涉水。"将改革进行到底"，成为新时代的主旋律和最强音。新时代继续把改革开放推向前进，需要以伟大改革开放精神为引领，汇聚起将改革进行到底的磅礴力量。广大干部群众唯有保持迎难而上、奋发有为的进取精神，拿出奋勇争先、浴火重生的勇气，拿出改革创新、干事创业的担当，拿出求真务实、埋头苦干的劲头，敢于

① 习近平：《在庆祝改革开放 40 周年大会上的讲话》，《人民日报》2018 年 12 月 19 日。

破除阻碍改革发展的制度藩篱，善于用新思路解决新问题，才能奋力书写新时代中国特色社会主义新篇章。

劳模精神、劳动精神、工匠精神。“劳模精神、劳动精神、工匠精神是以爱国主义为核心的民族精神和以改革创新为核心的时代精神的生动体现，是鼓舞全党全国各族人民风雨无阻、勇敢前进的强大精神动力。”① 劳模精神是劳动模范在长期实践中形成的爱岗敬业、争创一流、艰苦奋斗、勇于创新、淡泊名利、甘于奉献的精神，这一表述道出了劳模之所以能在广大劳动者群体中脱颖而出的根本原因，为新时代广大劳动者群体提出了奋斗的目标和方向。其中爱岗敬业是本分，争创一流是追求，艰苦奋斗是作风，勇于创新是使命，淡泊名利是境界，甘于奉献是修为。劳模精神反映了劳动模范在生产实践中的职业素养、职业能力、职业品质。做一个守本分、有追求、讲作风、担使命、有境界、有修为的人，是每一位劳模的精神风范，更是每一位劳动者应该追求的目标。劳动精神是每一位劳动者为创造美好生活而在劳动过程中秉持的劳动态度、劳动理念及其展现出的劳动精神风貌。崇尚劳动、热爱劳动、辛勤劳动、诚实劳动，是对劳动精神的高度概括和生动诠释，为新时代坚持和弘扬劳动精神指明了方向、提供了遵循。其中，崇尚劳动、热爱劳动，强调全社会要以辛勤劳动为荣，以好逸恶劳为耻，任何时候任何人都不能看不起普通劳动者，都不能贪图不劳而获的生活；辛勤劳动、诚实劳动，强调无论时代如何发展，辛勤、诚实永远是劳动的本色，广大劳动者只要踏实劳动、勤勉劳动，在平凡岗位也能干出不平凡的业绩。工匠精神是每一位不甘于平庸的劳动者在平凡的工作中不断对自己提出更高的要求，并不断自我超越、自我提升、自我完善，始终追求做更好的自己时所表现出的工作态度、工作境界、工作习惯以及整体工作精神面貌。执着专注、精益求精、一丝不苟、追求卓越，生动概

① 习近平：《在全国劳动模范和先进工作者表彰大会上的讲话》，《人民日报》2020 年 11 月 25 日。

括了工匠精神的深刻内涵，激励广大劳动者走技能成才、技能报国之路，立志成为高技能人才和大国工匠。其中执着专注是本分，精益求精是追求，一丝不苟是作风，追求卓越是使命。工匠精神不仅是大国工匠群体特有的品质，更是广大技术工人心无旁骛钻研技能的专业素质、职业精神。实践证明，不论时代怎样变迁、社会怎样变化，劳模精神、劳动精神、工匠精神始终是鼓舞全党全国各族人民风雨无阻、勇敢前进的强大精神动力。

**❀小知识**

**孙泽洲：九天揽星人**

孙泽洲，生于1970年，辽宁沈阳人，毕业于南京航空航天大学，中国空间技术研究院空间飞行器总体设计部型号总设计师、研究员。他曾获国家科学技术进步特等奖1项、一等奖1项，国防科学技术奖特等奖以及全国五一劳动奖章等多项荣誉。他是我国航天器总体设计和测控通信技术专家，是我国月球及深空探测器技术的新一代领军人物之一。他长期致力于深空探测领域研究和工程实践，先后担任嫦娥三号探测器、嫦娥四号探测器、火星探测器系统总设计师，带领团队圆满完成了我国首次绕月探测任务和首次月面软着陆及巡视探测任务，尤其是嫦娥四号探测器实现人类首次登陆月球背面，是我国建设航天强国的重大标志性工程。作为火星探测器总设计师，他将带领团队继续推动中国深空探测不断走向更远。

“宇宙浩瀚辽阔，探索艰苦卓绝，你和你的团队，负重前行，历经挫折，终将可上九天揽月的梦想变为现实，中国跻身世界航天强国行列，你的名字在深空绽放。”这是央企楷模评委会给孙泽洲的一段颁奖词，也是对以孙泽洲为代表的一代代航天人的深情褒奖。

优秀企业家精神。优秀企业家精神是优秀企业家身上体现出来的一种共有品质，即热爱祖国，勇于创新，诚信守法，具有国际视野，以实际行动回报社会。2017 年 9 月 25 日，《中共中央国务院关于营造企业家健康成长环境弘扬优秀企业家精神更好发挥企业家作用的指导意见》正式公布。这是中央首次聚焦企业家精神的专门文件，并对其提出了 36 字要求：爱国敬业、遵纪守法、艰苦奋斗、创新发展、专注品质、追求卓越、履行责任、敢于担当、服务社会。习近平总书记于 2020 年 7 月在企业家座谈会上的讲话中再次赋予企业家精神新的内涵，包含五个方面：爱国、创新、诚信、社会责任、国际视野。其中爱国是根本要求，创新是核心要求，诚信、有社会责任是基本要求，国际视野是现实必然要求。企业家精神的五个内涵既有世界观层面的指导，又有企业家经营中方法论层面的要求，五个内涵紧密相连、环环相扣，其中爱国又是企业家的立身之本和企业家精神的鲜明底色。正如习近平总书记所指出的："优秀企业家必须对国家、对民族怀有崇高使命感和强烈责任感，把企业发展同国家繁荣、民族兴盛、人民幸福紧密结合在一起，主动为国担当、为国分忧，正所谓'利于国者爱之，害于国者恶之'。"①

科学家精神。以爱国、创新、求实、奉献、协同、育人为主要内涵的科学家精神，是我国科技工作者在长期实践中积累的宝贵精神财富，标注了中国科学家的价值坐标，成为中国共产党人精神谱系的重要组成部分。党中央专门出台《关于进一步弘扬科学家精神加强作风和学风建设的意见》，提出新时代科学家精神具体表现为：一是胸怀祖国、服务人民的爱国精神。坚持国家利益和人民利益至上，以支撑服务社会主义现代化强国建设为己任，着力攻克事关国家安全、经济发展、生态保护、民生改善的基础前沿难题和核心关键技术。二是勇攀高峰、敢为人先的创新精神。敢于提出新理论、开辟新领域、探寻新路径，在独创独有上下功夫。三是追求真理、严谨治学的求实精神。坚持解放思想、独立思辨、理性质疑、认真

① 习近平：《在企业家座谈会上的讲话》，《人民日报》2020 年 7 月 22 日。

求证，在践行社会主义核心价值观、引领社会良好风尚中率先垂范。四是淡泊名利、潜心研究的奉献精神。静心笃志、心无旁骛、力戒浮躁，甘坐“冷板凳”，肯下“数十年磨一剑”的苦功夫。五是集智攻关、团结协作的协同精神。强化跨界融合思维，倡导团队精神，建立协同攻关、跨界协作机制。六是甘为人梯、奖掖后学的育人精神。坚决破除论资排辈的陈旧观念，打破各种利益纽带和裙带关系，善于发现培养青年科技人才，敢于放手、支持其在重大科研任务中“挑大梁”，甘做致力提携后学的“铺路石”和领路人。广大科技工作者要把自己的科学追求融入建设社会主义现代化国家的伟大事业中去，树立敢于创造的雄心壮志，努力实现更多“从 0 到 1”的突破，不断向科学技术广度和深度进军。①

### ※小知识

## 屠呦呦：撷百草精华 萃济世青蒿

屠呦呦，1930 年出生，浙江宁波人，药学家。1951 年考入北京大学医学院药学系生药专业，1955 毕业于北京医学院（今北京大学医学部）。毕业后被分配至中国中医研究院（2005 年更名为中国中医科学院）中药研究所工作，现为中国中医科学院终身研究员、青蒿素研究中心主任。她多年来致力于中医药研究实践，创建低温提取青蒿抗疟有效部位的方法，率先提取分离得到抗疟有效单一成分青蒿素并开展临床试验。因发现抗疟新药青蒿素，挽救了全球特别是发展中国家数百万疟疾患者的生命，为人类健康事业作出了突出贡献，是中国首位诺贝尔生理学或医学奖获得者。“感动中国 2015 年度人物”，其颁奖词是这样写的：“青蒿一握，水二升，浸渍了千多年，直到你出现。为了一个使命，执着于千百次实验。萃取出古老文化的精华，深深植入当代世界，帮人类渡过一劫。呦呦鹿鸣，食野之蒿。

① 参见《进一步弘扬科学家精神加强作风和学风建设》，《人民日报》2019 年 6 月 12 日。

今有嘉宾，德音孔昭。”屠呦呦先后荣获国家最高科学技术奖和“最美奋斗者”等荣誉称号，2019 年被授予“共和国勋章”。

“民族精神和时代精神相融相生，时代精神离不开民族精神，需要从民族精神中汲取养分；民族精神也离不开时代精神，需要用时代精神丰富自身内涵，二者统一于中华民族的精神品格之中。”[①] 走好新时代的长征路，需要民族精神和时代精神凝聚伟大力量。加强新时代公民道德建设，一个重要方面就是弘扬民族精神和时代精神，不断增强民族自尊心、自信心和自豪感，更好凝聚起实现中华民族伟大复兴的强大精神力量。

### （二）弘扬以爱国主义为核心的民族精神

民族精神是一个民族的灵魂，是一个民族赖以生存和发展的强大精神支撑，也是公民道德建设的重点任务。新时代公民道德建设，要注重弘扬以爱国主义为核心的民族精神。“爱国主义是中华民族的民族心、民族魂，是中华民族最重要的精神财富，是中国人民和中华民族维护民族独立和民族尊严的强大精神动力。爱国主义精神深深植根于中华民族心中，维系着中华大地上各个民族的团结统一，激励着一代又一代中华儿女为祖国发展繁荣而自强不息、不懈奋斗。”[②]

爱国主义是中华民族精神的核心，是中华民族团结奋斗、自强不息的精神纽带。5000 多年来，中华民族之所以能够经受住无数难以想象的风险和考验，始终保持旺盛生命力，生生不息，薪火相传，同中华民族有深厚持久的爱国主义传统密不可分。“爱国主义是人们对国家民族、精神文化、故土家园的深厚感情，既同维护国家利益、增进民族团结、促进历史发展

① 中共中央宣传部宣传教育局：《〈新时代公民道德建设实施纲要〉学习读本》，人民出版社，2020，第 151 页。

② 《新时代爱国主义教育实施纲要》，《人民日报》2019 年 11 月 13 日。

密切联系，也同人们的日常行为、言行举止密切相关。爱国是爱祖国的大好河山、爱自己的骨肉同胞、爱祖国的灿烂文化、爱我们伟大的祖国。”①

一百多年来，中国共产党团结带领全国各族人民进行的革命、建设、改革实践是爱国主义的伟大实践，谱写了中华民族爱国主义精神的光辉篇章。在新民主主义革命时期，党团结带领人民浴血奋战、百折不挠，推翻帝国主义、封建主义、官僚资本主义三座大山，建立新中国，实现了民族独立、人民解放，从根本上改变了中国人民和中华民族的前途命运。新中国成立后，党团结带领人民自力更生、发愤图强，创造了社会主义革命和建设的伟大成就，实现了中华民族有史以来最为广泛而深刻的社会变革。改革开放后，党团结带领人民解放思想、锐意进取，创造了改革开放和社会主义现代化建设的伟大成就，实现了新中国成立以来党的历史上具有深远意义的伟大转折，中国大踏步赶上了时代。新时代党团结带领人民自信自强、守正创新，统揽伟大斗争、伟大工程、伟大事业、伟大梦想，创造了新时代中国特色社会主义的伟大成就，解决了许多想解决而没有解决的难事，办成了许多过去想办而没有办成的大事，推动党和国家事业发生了历史性变革，迎来了中华民族从站起来、富起来到强起来的伟大飞跃，书写了爱国主义新的辉煌篇章。爱国主义以其巨大的凝聚力和生命力，成为鼓舞和动员全民族的伟大力量，成为各族人民风雨同舟、自强不息的强大精神支柱。

新时代要大力弘扬以爱国主义为核心的民族精神。伟大事业需要伟大精神，伟大精神铸就伟大梦想。中国特色社会主义进入新时代，中华民族迎来伟大复兴的重要时刻，全面建成社会主义现代化强国、实现第二个百年奋斗目标，以中国式现代化全面推进中华民族伟大复兴，必须大力弘扬爱国主义精神，这不仅是时代的要求，更是现实的选择。新时代爱国主义

---

① 中共中央宣传部宣传教育局：《〈新时代公民道德建设实施纲要〉学习读本》，人民出版社，2020，第153页。

的鲜明主题是实现中华民族伟大复兴的中国梦。要广泛开展爱国主义教育，将其融入、贯穿国民教育和精神文明建设全过程，唱响爱国主义主旋律，让爱国主义成为每一个中国人的坚定信念和精神依靠。特别是要在广大青少年中开展深入、持久、生动的爱国主义教育，让爱国主义精神牢牢扎根。“要把国家富强、民族振兴、人民幸福作为不懈追求，着力扎紧全国各族人民团结奋斗的精神纽带，厚植家国情怀，培育精神家园，引导人们坚持中国道路、弘扬中国精神、凝聚中国力量，为实现中华民族伟大复兴的中国梦提供强大精神动力。”①

坚持爱党爱国爱社会主义相统一。爱国主义是具体的、现实的，爱国主义的内涵也是随着时代发展而不断发展的。在当代中国，爱国主义的本质就是坚持爱国和爱党、爱社会主义高度统一。中国共产党不仅是中国革命、建设、改革的领导力量，还是爱国主义精神最坚定的弘扬者和实践者，新中国又是中国共产党领导的社会主义国家，祖国的命运与党的命运、社会主义的命运密不可分，爱国、爱党和爱社会主义是高度统一的。历史雄辩地证明，只有中国共产党才能领导中国，只有社会主义才能救中国，只有中国特色社会主义道路才能引领中国走向繁荣富强。要引导人们深刻认识党的领导是中国特色社会主义最本质特征和最大制度优势，坚持党的领导、坚持走中国特色社会主义道路是实现国家富强的根本保障和必由之路。自觉坚持党的领导和我国社会主义制度，坚决抵制一切削弱、歪曲、否定党的领导和社会主义制度的言行，始终做爱国、爱党、爱社会主义的忠诚实践者，以坚定的信念、真挚的情感把新时代中国特色社会主义伟大事业推向前进。新时代弘扬以爱国主义为核心的民族精神，就要增强“四个意识”、坚定“四个自信”、做到“两个维护”，听党话、跟党走，胸怀忧国忧民之心、爱国爱民之情，不断奉献祖国、奉献人民，为实现中华民族伟大

① 《新时代爱国主义教育实施纲要》，《人民日报》2019年11月13日。

复兴的中国梦不懈奋斗。

维护祖国统一和民族团结。祖国统一是各族人民的最高利益，民族团结是祖国统一的基本保证。国家统一和民族团结是中华民族根本利益所在。中华民族自古以来就是一个统一的多民族国家，共建美好家园、共创美好未来，将 56 个民族、14 亿多中国人民紧密凝聚在一起。中华民族一家亲，同心共筑中国梦，不仅是全体中华儿女的共同心愿，是全国各族人民的共同目标，也是新时代我国民族团结进步事业的生动写照。新中国成立后，我国实行民族区域自治制度，走出一条中国特色解决民族问题的正确道路，开辟了发展各民族平等团结互助和谐关系的新纪元。特别是党的十八大以来，以习近平同志为核心的党中央统筹谋划和推进新时代党的民族工作，以铸牢中华民族共同体意识为主线，推动民族团结进步事业取得新的历史性成就，使少数民族的面貌、民族地区的面貌、民族关系的面貌、中华民族的面貌都发生了翻天覆地的历史性巨变。新时代中华民族迎来了历史上最好的发展时期，同时面对复杂的国内外形势，各民族更要团结一致、凝聚力量。要坚决维护国家主权、安全、发展利益，旗帜鲜明地反对分裂国家图谋、破坏民族团结的言行，筑牢国家统一、民族团结、社会稳定的铜墙铁壁。要强化祖国统一和民族团结进步教育，深刻揭示维护国家主权和领土完整、实现祖国统一是大势所趋、大义所在、民心所向，铸牢中华民族共同体意识，加强各民族交往交流交融，引导各族群众牢固树立“三个离不开”① 思想，不断增强对伟大祖国、中华民族、中华文化、中国共产党、中国特色社会主义的认同，使各民族同呼吸、共命运、心连心的光荣传统代代相传。“要始终不渝坚持民族团结是各族人民的生命线，巩固和发展平等团结互助和谐的社会主义民族关系，引导全国各族人民像爱护自己的眼睛一样珍惜民族团结，维护全国各族人民大团结的政治局面，巩固和

① “三个离不开”是指汉族离不开少数民族，少数民族离不开汉族，各少数民族之间也相互离不开。

发展最广泛的爱国统一战线。”① 56个民族拧成一股绳，各民族大团结的中国就无往而不胜。实现中华民族伟大复兴，需要各民族手挽着手、肩并着肩，共同努力奋斗。要以铸牢中华民族共同体意识为主线，加强和改进党的民族工作，全面推进民族团结进步事业。

厚植爱国情怀，笃行强国之志。爱国情怀是一种最深层、最根本、最永恒的情怀。对每一个中国人来说，爱国是本分，也是职责，是心之所系、情之所归。爱国从来都不是一句简单的口号，将爱国之情转化为强国之志，必须付诸顽强奋斗的实际行动，使爱国主义成为广大干部群众的坚定信念、精神力量和自觉行动。要把青少年作为爱国主义教育的重中之重，将爱国主义精神贯穿学校教育全过程，教育引导学生树立正确的历史观、民族观、国家观、文化观，听党话、跟党走，立志扎根人民、奉献祖国。新时代是奋斗者的时代，把爱国之情、强国之志转化为报国行动，要求广大青年始终保持奋斗姿态，脚踏实地、真抓实干，不畏艰难、勇于担当，用青春汗水和勤劳双手创造业绩，用实际行动助力中华民族伟大复兴的历史事业，书写无愧于祖国、无愧于时代的绚丽篇章。党员干部要为国尽忠、为党尽责，主动担当作为，着力解决人民群众的操心事、烦心事，把爱国情转化为破解难题、推动发展的实际成效。要加强爱国主义宣传教育，大力宣传国家勋章和国家荣誉称号、“改革先锋”称号获得者、全国“时代楷模”“最美奋斗者”等先进典型，讲好爱国故事，砥砺强国之志；建好用好爱国主义教育基地和国防教育基地，大力发展红色旅游，让红色基因代代相传，引导人们在亲身体验中坚定爱国追求、矢志复兴伟业。

---

① 《新时代爱国主义教育实施纲要》，《人民日报》2019年11月13日。

## ❀小知识

### “时代楷模”黄大年

黄大年（1958—2017），男，广西南宁人，生前系国际知名战略科学家、中国著名地球物理学家。他曾任吉林大学新兴交叉学科学部首任部长，地球探测科学与技术学院教授、博士生导师；当选“感动中国2017年度人物”，被追授“杰出科学家”“全国优秀教师”荣誉称号，2019年获“最美奋斗者”个人称号。

黄大年热爱祖国，品格高尚，始终把祖国富强、民族振兴作为矢志不移的追求目标，2009年毅然放弃国外优越条件回到祖国，成为东北地区第一批“国家专家”；他师德高尚，诲人不倦，主动担任本科层次“李四光实验班”班主任，鼓励学生将个人价值与国家前途命运紧密联系在一起，积极提升青年教师和团队成员国际交流互动能力，培养了一批“出得去、回得来”的人才；他刻苦钻研，业绩突出，作为国家“863计划”首席科学家，突破国外禁运和技术封锁瓶颈，取得一系列重大成果，填补了多项国内技术空白；他不求名利，甘于奉献，长年不休，带病工作，把生命最绚丽的部分献给了他钟情的教育科研事业。黄大年用毕生努力实现了爱国之情、强国之志、报国之行的统一，他是新时期归国留学人员和高校教育工作者的杰出代表。

2017年5月，习近平总书记对黄大年同志先进事迹作出重要指示：黄大年同志秉持科技报国理想，把为祖国富强、民族振兴、人民幸福贡献力量作为毕生追求，为我国教育科研事业作出了突出贡献，他的先进事迹感人肺腑。我们要以黄大年同志为榜样，学习他心有大我、至诚报国的爱国情怀，学习他教书育人、敢为人先的敬业精神，学习他淡泊名利、甘于奉献的高尚情操，把爱国之情、报国之志融入祖国改革发展的伟大事业之中、融入人民创造历史的伟大奋斗之中，从自己做起，从本职岗位做起，为实现“两个一百年”奋斗目标、实现中华民族伟大复兴的中国梦贡献智慧和力量。

## （三）弘扬以改革创新为核心的时代精神

习近平总书记在博鳌亚洲论坛2018年年会开幕式上的主旨演讲中指出："变革创新是推动人类社会向前发展的根本动力。谁排斥变革，谁拒绝创新，谁就会落后于时代，谁就会被历史淘汰。"① 唯改革者进，唯创新者强，唯改革创新者胜。新时代加强公民道德建设，要注重弘扬以改革创新为核心的时代精神，为推动经济社会发展、创造美好生活、实现中华民族伟大复兴的中国梦提供源源不断的精神动力。

创新是一个民族进步的灵魂，是国家兴旺发达的不竭动力，也是中华民族最深沉的民族禀赋。"几千年前，中华民族的先民们就秉持'周虽旧邦，其命维新'的精神，开启了缔造中华文明的伟大实践。自古以来，中国大地上发生了无数变法变革图强运动，留下了'治世不一道，便国不法古'等豪迈宣言。自古以来，中华民族就以'天下大同''协和万邦'的宽广胸怀，自信而又大度地开展同域外民族交往和文化交流，曾经谱写了万里驼铃万里波的浩浩丝路长歌，也曾经创造了万国衣冠会长安的盛唐气象。正是这种'天行健，君子以自强不息''地势坤，君子以厚德载物'的变革和开放精神，使中华文明成为人类历史上唯一一个绵延5000多年至今未曾中断的灿烂文明。"②

创新是改革开放的源头活水。40多年来，我们党团结带领全国各族人民解放思想、实事求是，大胆地试、勇敢地闯，用勤劳、智慧、勇气干出了一片新天地，使改革创新成为当代中国最突出、最鲜明的特点。从中国特色社会主义理论体系到习近平新时代中国特色社会主义思想，不断推进

---

① 习近平：《开放共创繁荣 创新引领未来——在博鳌亚洲论坛2018年年会开幕式上的主旨演讲》，《人民日报》2018年4月11日。

② 习近平：《在庆祝改革开放40周年大会上的讲话》，《人民日报》2018年12月19日。

理论创新；从实行家庭联产承包到农村承包地“三权”分置，从深圳特区到河北雄安新区，不断推进实践创新；从“神舟”起航到“蛟龙”深潜，从“天舟”穿梭到“嫦娥”伴月，不断推进科技创新；从发展混合所有制到完善社会主义市场经济体制，从以经济体制改革为主到全面深化经济、政治、文化、社会、生态文明体制和党的建设制度改革，不断推进制度创新。改革开放以来，党和国家发生的历史性变革、取得的历史性成就，是各个领域创新的体现，创新已成为改革发展的鲜明底色。

加强新时代公民道德建设，要弘扬以改革创新为核心的时代精神，让改革创新成为新时代的最强音和人们的自觉意识，助推全面深化改革。

要大力倡导解放思想、实事求是的理念。弘扬以改革创新为核心的时代精神，解放思想是关键。要坚决破除条条框框、思维定式的束缚，打破习惯势力和主观偏见的束缚，自觉把思想认识从那些不合时宜的观念、做法和体制的束缚中解放出来，准确把握时代脉搏，了解时代需求，站在时代前列，用发展变化的观点创造性地改造客观世界。要坚持解放思想与实事求是的统一，坚持一切从实际出发，既要大胆探索又要脚踏实地，敢闯敢干，大胆实践，形成更多原创性、引领性、标志性改革成果，不断把改革开放引向深入。要以思想解放推动思路理念更加创新，坚持以新发展理念为引领，科学谋划改革发展思路，使发展的路子更开阔、举措更先进、行动更有力、成效更明显。

要营造改革创新的良好文化氛围。良好的创新文化氛围，既是创新成果的诱因，也是实现创新的助推器。要弘扬改革开放精神、劳动精神、劳模精神、工匠精神、优秀企业家精神、科学家精神，使全体人民保持昂扬向上、奋发有为的精神状态。要在全社会大力倡导敢为天下先的精神，形成尊重劳动、尊重知识、尊重人才、尊重创造的风尚，努力营造生动、活跃、民主的创新氛围。加强知识产权保护，依法严厉打击和有效遏制侵犯知识产权的违法犯罪行为。同时，强化激励机制，用好人才资源，使发明者、创造者合理分享创新收益。此外，积极创造条件，为人才发挥作用、施展才华提供更加广阔的天地，让他们人尽其才、才尽其用、用有所成。

要积极营造宽容失败、善待挫折的创新文化环境。改革创新是一种探索性活动，其中充满各种风险与挑战，既有成功的可能，也有可能失败，甚至可能是多次失败。失败并非坏事，而是迈向成功的一笔宝贵财富。宽容失败就是鼓励创新。要以欣赏的眼光、鼓励的心态面对失败，让先试者涵养“摔倒后爬起再来”的勇气。要破除“只许成功，不许失败”的传统观念，更不能歧视失败者或刁难失败者；相反，要善待失败者，为他们继续努力、走向成功创造条件。要把宽容失败作为一种精神，同敢为人先、敢冒风险、敢于创新、敢于竞争的精神相提并论，且大力倡导，唯有如此，才能鼓励探索和创新，激励人们从失败走向成功。

# 第八章　新时代道德建设的“路线图”

《新时代公民道德建设实施纲要》强调，加强公民道德建设是一项长期而紧迫、艰巨而复杂的任务，要通过深化道德教育引导、推动道德实践养成、抓好网络空间道德建设、发挥制度保障作用、加强组织领导，全面推进公民道德建设。这些部署描绘了新时代公民道德建设的“路线图”，为新时代公民道德建设提供了路径遵循。

## 一、深化道德教育引导

深化道德教育引导，打造新时代公民道德建设高地，需要学校、家庭、社会三方联动，需要典型引领和舆论引导。

### （一）强化教育引导

把立德树人贯穿学校教育全过程。学校是培养人才的地方，是公民道德建设的重要阵地。加强新时代道德建设要把立德树人贯穿学校教育全过程。要坚持以立德树人为根本任务，建立大中小学相互衔接、本硕博阶段各有侧重的公民道德教育学科体系、教学体系、教材体系、管理体系，培育有理想信念、有道德情操、有扎实学识、有仁爱之心的师资队伍，从道德认知、道德意愿、道德情感、道德判断、道德责任五大维度深化道德教育的引导，提升学生群体的思想道德修养。要把立德树人要求与从严治校结合起来，坚持严以治校、严以治教、严以治学，培育优良校风，有效发挥校风育人、校训励志的教育功能，努力营造有利于学生修德立身的良好氛围。

用良好家教家风涵育道德品行。家庭是社会的基本细胞，是道德养成的起点；家教和家风，构成独具家庭特色的“德育共同体”，和睦的家庭、严正的家教、朴厚的家风有利于营造良好的社会风尚。中华民族历来重视家庭家教家风，千百年来留下的家规家训数不胜数。诸葛亮诫子格言、颜氏家训、朱子家训，都是在倡导一种家风。广大家庭都要重言传、重身教，教知识、育品德，身体力行、作出示范，帮助孩子迈好人生第一步，引导他们养成良好的道德品质，培育美好的心灵。要在家庭中培育和践行社会主义核心价值观，引导家庭成员爱党爱国、相亲相爱、向善向上；自觉传承中华孝道，养成孝敬父母、尊敬长辈的良好品质；同时要倡导忠诚、责任、亲情、学习、公益等理念，推动人们在为家庭谋幸福、为他人送温暖、为社会作贡献的过程中提高精神境界、培育文明风尚。

**❀小知识**

### 梅兰芳的家风家训

京剧大师梅兰芳的家风是爱国、敬业、谦虚、俭朴。刻苦学艺、戏比天大是梅家的家训，这样的家训让梅家子孙在继承梅派艺术时格外认真，梅兰芳更是把梅派艺术提升到了一个新的高度。但是在山河破碎之际，为了国家，艺术则显得次要了。在日寇侵我山河、气焰嚣张的岁月里，梅兰芳蓄须明志，息影舞台，表现了崇高的爱国气节。梅兰芳一生律己甚严，他不但把自己的表演艺术传给诸多弟子和儿子梅葆玖，同时把梅家谦虚谨慎、俭朴随和、乐善助人的淳朴家风传给了子孙后代。

抓好重点群体的教育引导。抓住党员干部、青少年和社会公众人物三大重点群体的教育引导，是公民道德建设的关键。党员干部的道德操守直接影响着全社会的风尚，要落实全面从严治党要求，加强理想信念教育和政德修养，深化拓展“以案说纪、以案说法、以案说德、以案说责”警示教育，常修为政之德，常思贪欲之害，常怀律己之心，在严肃规范的党内政治生活中锤炼党性、改进作风、砥砺品质，践行忠诚老实、公道正派、艰苦奋斗、清正廉洁等品格，正心修身、慎独慎微，严以律己、廉洁齐家，在道德建设中发挥表率作用。发挥青少年生力军作用，健全家庭、学校、政府、社会相结合的德育体系，构建课堂教学、社会实践、校园文化相结合的育人平台，开展“童心向党”“红领巾追梦行动”等主题教育实践活动，引导青少年树立远大志向，激发爱国情、强国志、报国行，形成好思想、好品行、好习惯，扣好人生第一粒扣子。发挥社会公众人物的“名人效应”，加强思想政治引领，引导他们承担社会责任，加强道德修养，注重道德自律，自觉接受社会和舆论监督，树立良好社会形象。

### （二）营造良好德育环境

以先进模范引领道德风尚。伟大时代呼唤伟大精神，崇高事业需要榜样引领。先进模范是坚持中国道路、弘扬中国精神、凝聚中国力量的楷模，为全社会树立了道德标杆和学习的榜样。党的十八大以来，党中央高度重视先进模范的评选表彰，涌现出众多的“时代楷模”、道德模范和“最美奋斗者”，他们用自己的行为诠释着道德的真谛，展示了新时代的道德风尚。要精心选树“时代楷模”、道德模范等先进典型，综合运用宣传报告、事迹报道、专题节目、文艺作品、公益广告等形式，广泛宣传他们的先进事迹和突出贡献，树立鲜明的时代价值取向，彰显社会道德高度。要持续改进创新先进典型学习宣传，树立全媒体、融媒体思维，讲好典型故事，尊崇英雄模范，激发情感共鸣和效仿意愿，用崇高的精神感召人、激励人、引领人。要持续推出各行各业先进人物，广泛推荐最美人物、身边好人，让不同行业、不同群体都能学有榜样、行有示范，形成见贤思齐、争当先进的生动局面。要尊崇褒扬、关心关爱先进人物和英雄模范，建立健全关爱关怀机制，维护先进人物和道德模范的荣誉和形象，形成德者有得、好人好报的价值导向。①

**❀小知识**

## 甘远志：用生命书写新闻

甘远志生前系《海南日报》经济部主任记者。1986 年秋天，他从四川大学中文系毕业后回到家乡，成为《南充日报》记者、编辑，1992 年荣获“南充地区新长征突击手”称号。2001 年他应聘到《海南日报》记者岗位，在《海南日报》工作的三年时间里，终日奔波在新闻采访第一线，发表稿件达 1051 篇，有 162 篇被报社评为好稿。2004 年 9 月 4 日，甘远志在海南省东方市采访途中突发心脏病，不幸逝世，年仅 39 岁。

在甘远志的追悼会上，海南新闻界同行以挽联“卅九载春秋拼搏有精神，同仁知甘苦；千余日风雨妙笔著华章，朋辈铭远志”表达了人们对他的由衷敬意。甘远志是一个把新闻看得比生命还重的人，他敬业奉献，忘我工作，成绩卓著，是新闻记者的杰出代表。“他无愧于党报记者这个光荣的职业”“他是一个用生命书写新闻的优秀记者”。时任中央政治局委员、中宣部部长刘云山同志两次批示，称赞远志“是新闻记者的杰出代表。他的名字将永远镌刻在共和国的新闻史上，党和人民不会忘记他”。2009 年，

① 参见《中共中央国务院印发新时代公民道德建设实施纲要》，《人民日报》2019 年 10 月 28 日。

甘远志入选为“100 位新中国成立以来感动中国人物”之一。

以正确舆论营造良好道德环境。舆论具有成风化人、敦风化俗的重要作用。舆论导向正确是党和人民之福，舆论导向错误是党和人民之祸。要把牢政治方向，坚持以正确的舆论引导人。新闻媒体要始终坚持正面宣传，把正确价值导向和新时代道德要求贯穿到新闻报道和日常宣传中，体现到娱乐、体育、广告等各类节目栏目中。要加强网上舆论引导，充分发挥“学习强国”学习平台等在道德建设和爱国主义宣传教育中的作用，唱响网上主旋律，实现全媒体联动，共同奏响新时代公民道德建设的壮美乐章。要加强对道德领域热点问题的引导，以事说理、以案明德，着力增强人们的法治意识、公共意识、规则意识和责任意识。要发挥舆论监督作用，对违反社会道德、背离公序良俗的言行和现象，及时进行批评、驳斥，激浊扬清、弘扬正气，形成惩恶扬善的良好社会氛围。新闻媒体从业人员要恪守职业道德，加强道德修养，强化道德自律，自觉履行社会责任，在修身立德方面发挥引领作用，以实际行动影响和带动全社会。

以优秀文艺作品陶冶道德情操。文以载道，文以传情，文以植德。文艺是时代前进的号角，最能代表一个时代的风貌，最能引领一个时代的风气。优秀的文艺作品能启迪思想、陶冶情操，低俗的文艺作品往往污染文化、腐蚀心灵。文艺创作必须坚持把社会效益放在首位，倡导讲品位、讲格调、讲责任，抵制低俗、庸俗、媚俗，用健康向上的文艺作品温润心灵、启迪心智、引领风尚。要把社会主义道德作为文艺评论、评介、评奖的重要标准，更好地引导文艺创作生产传播坚守正道、弘扬正气。文艺工作者要坚持以人民为中心的创作导向，推出更多讴歌党、讴歌祖国，讴歌人民、讴歌英雄，讴歌劳动、讴歌奉献的精品力作，润物无声传播真善美，弘扬崇高的道德理想和道德追求。文艺工作者要紧紧围绕举旗帜、聚民心、育新人、兴文化、展形象的使命任务，深入生活、扎根人民，努力创作无愧于时代和人民的优秀作品，做到胸中有大义、心里有人民、肩头有责任、笔下有乾坤。要把崇德尚艺作为一生的功课，把为人、做事、从艺统一起来，加强思想积累、知识储备、艺术训练，提高学养、涵养、修养，努力追求真才学、好德行、高品位，做到德艺双馨。

**❊小链接**

我们要通过文艺作品传递真善美，传递向上向善的价值观，引导人们增强道德判断力和道德荣誉感，向往和追求讲道德、尊道德、守道德的生活。

——习近平

## （三）发挥各类阵地道德教育作用

各类阵地是面向广大群众开展道德教育的基本依托。只有积极发挥各类阵地的作用，才能形成强大的道德教育合力。

要建好、用好新时代文明实践中心。新时代文明实践中心是推动习近平新时代中国特色社会主义思想走深走实的重要载体，是打通宣传群众、教育群众、关心群众、服务群众“最后一公里”的重要举措。要着眼于凝聚群众、引导群众，以文化人、成风化俗，调动各方力量，整合各种资源，创新方式方法，用中国特色社会主义思想道德和文化牢牢占领基层思想文化阵地，使新时代文明实践中心成为传播党的声音、引领思想认识、传承优秀文化、培育文明新风的重要载体，充分发挥强信心、聚民心、暖人心、筑同心的作用。

## ※小知识

### “爱心小院”让文明实践聚人气、接地气

河北省邢台市清河县新时代文明实践中心依托文明实践站，号召爱心企业和爱心人士捐款成立文明实践基金，首先在谢炉镇王双庙村建起“八个一”① 标准的“爱心小院”，真正把实践站建实用好，吸引群众走进来。

1. 搭建文明实践载体，让献爱心有地方

一厅：针对留守、孤寡老人生活孤独问题，设立爱心餐厅，每周六组织 75 岁以上老人免费用餐，并在聊天中化解其内心孤独。一屋：开设义务理发屋，每月组织理发志愿者为老人免费理发。一堂：设立“小院讲堂”，每月组织理论宣讲志愿者开展讲理论、讲政策、讲法律、讲科技、讲健康、讲典型、讲技能“七讲”志愿服务，传播党的创新理论、惠民政策和致富技能。一室：成立“百姓说事室”，帮忙解决百姓揪心事、烦心事及矛盾纠纷等问题。

2. 组建志愿服务队伍，让献爱心有力量

针对“一厅、一屋、一堂、一室”等志愿服务项目，组建志愿服务队伍。组织成立“俏厨娘”志愿服务队，为“爱心餐厅”做饭；组织成立“理论宣讲志愿队”，为百姓宣讲党的创新理论和惠民政策；以支书、主任等村两委为主，组成“矛盾调解志愿服务队”，帮办解决急事、难事、红白事，解决不了的及时上报，力争将矛盾化解在萌芽状态。

3. 成立文明实践基金，让献爱心有保障

一金：组织村内企业家和爱心人士积极捐助，成立文明实践基金，主要用于各类志愿服务，如爱心餐厅的日常开支，优秀志愿者和志愿团队的表彰，好婆婆、好媳妇、最美家庭等活动评选奖励。一超市：设立积分超

---

① “八个一”即一间爱心餐厅、一个义务理发屋、一个“小院讲堂”、一个“百姓说事室”、一系列村级志愿服务队、一支文明实践基金、一个志愿服务检委会、一家志愿积分超市。

市，志愿者以志愿服务时长换取积分，用积分兑换相应奖励。一会：设立志愿服务检委会，由村里老党员和村民代表组成，记录村民参与志愿服务活动情况，监督积分兑换和基金管理情况，参与村内各优秀模范表彰活动的评选。

“爱心小院”运行以来，共组织开展孝心餐厅、理论宣讲、爱心义剪、全民宣讲、庭院评比等各类志愿活动100余场次，解决群众诉求150余件，兑换奖励积分2000余分，惠及群众1万余人次。全村注册志愿者达到180余人，占常住人口的20%，活跃度达85%，有力推动了人居环境改善、矛盾化解、移风易俗等基层工作开展，更多群众由被动参加到主动参与，从“当观众”转变为“唱主角”，群众的获得感、幸福感、归属感明显增强。

要大力推进媒体融合发展。要全面把握媒体融合发展的趋势和规律，加快构建融为一体、合而为一的全媒体传播格局，切实推动媒体融合向纵深发展，做大做强主流舆论，巩固全党全国人民团结奋斗的共同思想基础。尤其要抓好县级融媒体中心建设，将广播电视台、网站、报刊、微信、微博等所有县域公共媒体资源整合起来，实现融合发展，发挥立体化、全覆盖、强密度的多维度宣传模式的优势，推动基层广泛开展中国特色社会主义文化、社会主义思想道德学习教育实践，引导人们提高思想觉悟、道德水准、文明素养。①

发挥爱国主义教育基地作用。爱国主义教育基地，是党和国家的红色基因库，是弘扬民族精神、传承红色基因的重要地标和生动课堂，也是开展党史学习教育和加强公民道德建设的重要载体和有力抓手。首先，要把爱国主义教育基地建设好。加强爱国主义教育基地和革命纪念设施建设保护利用，充实展陈内容，丰富思想内涵，改进展陈形式，着力打造主题突

---

① 参见中共中央宣传部宣传教育局《〈新时代公民道德建设实施纲要〉学习读本》，人民出版社，2020，第186—187页。

出、导向鲜明、内涵丰富的精品陈列，强化爱国主义教育和红色教育功能，为社会各界群众参观学习提供更好服务。其次，要把爱国主义教育基地管理好。健全全国爱国主义教育基地动态管理机制，进一步完善落实免费开放政策和保障机制；推动文化和旅游融合发展，提升旅游质量水平和文化内涵，深入挖掘旅游资源中蕴含的爱国主义内容，防止过度商业行为和破坏性开发；推动红色旅游内涵式发展，完善全国红色旅游景点景区体系，凸显教育功能，加强对讲解员、导游等从业人员的管理培训，加强对解说词、旅游项目等的规范，坚持正确的历史观和历史标准。再次，要把爱国主义教育基地利用好。爱国主义教育基地要把讲好红色故事作为宣传教育工作的核心内容和重要方式，围绕革命、建设、改革各个历史时期的重大事件、重大节点，研究确定一批重要标识地，充分挖掘好、深入研究好、生动讲述好以红色故事为代表的历史故事、文化故事、革命故事、当代故事，为爱国主义教育基地的历史文化内容注入活的灵魂，把红色基因传承好。要将爱国主义教育基地搬上“云端”，实施爱国主义数字建设工程，推动爱国主义教育基地、红色旅游与网络传播有机结合；创新传播载体手段，积极运用微博微信、社交媒体、视频网站、手机客户端等传播平台，运用虚拟现实、增强现实、混合现实等新技术新产品，生动活泼开展网上爱国主义教育。

要依托各类公共文化设施开展德育工作。公共文化设施要结合各自功能特点有针对性地开展道德教育。民族团结教育基地要着力强化各族人民的国家意识、公民意识和中华民族共同体意识，着力增强中华民族的凝聚力。科普教育基地要充分发挥社会科普资源的作用，面向公众开展科普教育活动，提高国民的科学文化素养。国防教育基地要依托军地资源，有针对性地提高人们的国防和国家安全意识。图书馆、文化馆、博物馆、纪念馆、科技馆、青少年活动中心等公共文化设施，要结合各自功能特点有针对性地开展道德教育，并创办具有特色的思想道德教育网站，提高道德教育工作的科技含量。要用好宣传栏、显示屏、广告牌等户外媒介，大力营造明德守礼、崇德向善的浓厚氛围。①

❊小知识

**天津市烈士陵园组织清明祭英烈活动**

2023 年清明节来临之际，天津市烈士陵园组织开展了清明祭英烈活动。为营造庄重肃穆的祭扫氛围，整个园区增植了 4 万余株花草绿植，各电子大屏循环展播烈士事迹。不仅如此，为了讲好英烈故事，市烈士陵园还从共建学校招募了 12 名大学生和 1 名中学生志愿者，并对他们进行了专业培训，现场为祭扫群众做讲解。同时，在各烈士陵园广泛开展“2023·崇尚·清明祭英烈”主题活动，开设网上纪念堂、提供线下祭扫服务，为每座烈士墓敬献鲜花、擦拭墓碑，为无法到现场祭扫的烈士亲属提供“四个一”代为祭扫服务，即擦拭一遍墓碑、敬献一束鲜花、拍摄一组照片、书写一张寄语卡片，为烈士亲属和社会各界祭扫群众纪念缅怀英烈提供便利。

## 二、推动道德实践养成

道德追求重在实践，道德行为重在养成。新时代公民道德建设只有植根于人民的生活实践，通过实践的各种途径和不同方式方法，才能使道德内化于心、外化于行，才能使追求有道德的生活引领社会风气。

### （一）把道德建设融入各种文明创建活动中

广泛开展弘扬时代新风行动。良好的社会风尚是社会文明程度的重要

① 参见中共中央宣传部宣传教育局《〈新时代公民道德建设实施纲要〉学习读本》，人民出版社，2020，第 188 页。

标志，涵育着公民的美德善行，推动着社会和谐有序运转。新时代需要新风尚，新风尚需要新行动。弘扬时代新风，就要紧密结合社会发展实际，广泛开展文明出行、文明交通、文明旅游、文明就餐、文明观赛等活动，引导人们自觉遵守社会交往、公共场所中的文明规范。同时，要着眼完善社会治理、规范社会秩序，推动街道社区、交通设施、医疗场所、景区景点、文体场馆等的精细管理、规范运营，优化公共空间，提升服务水平，为人们增强公共意识、规则意识创造良好环境。

### ❀小知识

#### “指路大王”谢亮

谢亮是北京的一位离休干部，也是有名的“京城指路大王”，是志愿者的楷模。18 年来，他举着自制的“义务指路”牌子在东直门为过往行人指路，风雨无阻，从未间断。从早 7 点到晚 6 点，平均每天为 1500 人义务指路，重大节假日时每天要为三四千人连续不断地指路；他能熟练背出北京 5000 多个站点的名称、数百条公交车路线；他不畏高龄，刻苦学习英语，给外国人指路，成为北京东直门一张靓丽生动的名片，以致街坊邻居纷纷加入指路队伍，争做指路先锋。他还教育人们从身边事做起，对不文明行为要及时纠正，他的指路行为断了东直门附近专找外国人“趴活儿”人的“财路”，净化了社会风气，成为助力良好社会文明风尚的模范人物。

深化群众性创建活动。各类群众性创建活动是人民群众自我教育、自我提高的生动实践。群众性精神文明创建活动要突出道德要求，充实道德内容，将社会公德、职业道德、家庭美德、个人品德贯穿创建全过程。文明城市、文明村镇创建要坚持为民利民惠民，突出文化和谐、宜居宜业，不断提升基层社会治理水平和群众文明素质。文明单位创建要立足行业特色、职业特点，突出涵养职业操守，培育职业精神，完善职业规范，树立行业新风，引导从业者精益求精、追求卓越，为社会提供优质产品和服务。文明家庭创建要把“注重家庭、注重家教、注重家风”贯穿其中，涵育家庭美德，培养优良家教，弘扬良好家风。文明校园创建要聚焦立德树人，培养德智体美劳全面发展的社会主义建设者和接班人；要注重开展形式多样、健康向上、格调高雅的校园文化活动，弘扬良好校训校规，开展文明班级、文明宿舍创建，形成良好育人氛围。各级党政机关、各行业各系统开展的创建活动，要把公民道德建设摆在更加重要的位置，创新创建方式，充分运用互联网等新技术和群众喜闻乐见的形式，增强吸引力和感染力，以扎实有效的创建工作推动全民道德素质提升，培育文明风尚。

### （二）深入推进道德规范建设和道德服务行动

持续推进诚信建设。人无信不立，商无信不誉，市无信不兴，企业无信不昌。诚信是社会和谐的基石和重要特征，一个健全的社会一刻也离不开诚信。在培育现代诚信文化方面，要继承发扬中华民族重信守诺的传统美德，大力弘扬与社会主义市场经济相适应的诚信理念、诚信文化、契约精神，加大诚信故事、诚信典型的宣传力度，在全社会营造诚信经营的良好氛围。在制度机制建设方面，推动各行业各领域制定诚信公约，加快个人诚信、政务诚信、商务诚信、社会诚信和司法公信建设，推动建立健全覆盖全社会的征信体系；健全守信联合激励和失信联合惩戒机制，开展诚信缺失突出问题专项治理，提高全社会诚信水平。在活动开展方面，要通过诚信行业、诚信单位、诚信示范街区、诚信经营示范店等的创建，深入开展“诚信建设万里行”“诚信兴商宣传月”等活动，评选发布“诚信之星”，宣传推介诚信先进集体，激励人们更好地讲诚信、守信用。

## ❊小知识

### “良心油条哥”——刘洪安

刘洪安，河北省保定市80后大学毕业生。在保定高开区银杏路开了一间早点铺，使用一级大豆色拉油炸油条，坚持每天一换，坚决不用“复炸油”，他的油条被消费者称为“良心油条”，他也被网友亲切地称为“诚信油条哥”。刘洪安因此获得了全国道德模范、河北省道德模范、中国好人、“感动河北”人物等多项荣誉。刘洪安做“良心油条”，在保定市引发了做良心餐饮的热潮。

### 黄凌燕：坚守初心，道阻且长

黄凌燕，女，黎族，“80后”，海南滴滴沃家生态农业科技发展有限公司董事长，获第七届诚实守信全国道德模范奖。她从2014年辞职返乡创业，在与广大贫困农民接触过程中，她看到了农民种植的艰辛，更切身体会到靠个人力量是无法带领广大贫困户脱贫致富。于是，她在2016年7月创立了海南滴滴沃家生态农业科技发展有限公司，借助电商平台，恪守诚信为本、操守为重，以诚待人、以信取人，履约承诺、言行一致，损失己利、让利于人的品质，致力于帮助贫困户销售原生态、无公害的本土特色农产品，提高贫困户收入，带领广大贫困户脱贫致富。

深入推进学雷锋志愿服务。雷锋精神，是一支永不熄灭的火炬，是一面永不褪色的旗帜，引领和激励着一代又一代人成长。学雷锋和志愿服务是践行社会主义道德的重要途径。要弘扬雷锋精神和奉献、友爱、互助、进步的志愿精神，围绕重大活动、扶贫救灾、敬老救孤、恤病助残、法律援助、文化支教、环境保护、健康指导等，广泛开展学雷锋志愿服务活动，引导人们把学雷锋志愿服务作为一种生活方式和生活习惯，提升社会道德水平；要推进学雷锋志愿服务制度化，完善激励褒奖制度，健全志愿服务保障机制，形成全社会广泛参与、各方面共同支持的生动局面；要发展壮大志愿服务组织，鼓励广大志愿者、志愿服务组织、志愿服务工作者立足新时代、展现新作为，使“我为人人、人人为我”蔚然成风，以实际行动书写新时代的雷锋故事。

广泛开展移风易俗行动。摒弃陈规陋习、倡导文明新风是道德建设的重要任务。开展移风易俗行动，培育文明乡风，重在实践养成。要围绕实施乡村振兴战略，培育文明乡风、淳朴民风，倡导科学文明生活方式，挖掘创新乡土文化，发挥其在凝聚人心、教化群众、淳化民风中的重要作用，引导人们向上向善、孝老爱亲、重义守信、勤俭持家，不断焕发乡村文明新气象；要定期组织各乡村开展“孝老敬亲”“志愿帮扶”“零彩礼”等各类道德模范的评选活动，并对评选出的道德模范进行表彰奖励，营造崇德向善的良好社会风尚。要修订完善村规民约，充实婚事新办、丧事简办、孝老敬亲等移风易俗内容并出台具体约束性措施，对婚丧陋习、高价彩礼、不赡养老人等不良习气进行治理，通过教育、规劝、奖惩等措施，引导村民遵守相关规定；要规范红白理事会、村民议事会、道德评议会等群众组织运行，完善组织章程和各项制度，广泛开展议事协商，积极组织开展婚丧嫁娶服务、邻里互助和道德评议等活动。要提倡科学精神，普及科学知识，抵制迷信和腐朽落后文化，防范极端宗教思想和非法宗教势力渗透。要以群众文化需求为导向，开展文化进乡村活动，组织公益电影放映、文艺汇演、文艺培训等文化活动；同时结合地域特色和文化传统，继承优秀传统文化，保护非遗文化，弘扬当地红色文化，开展丰富多彩、形式多样的文体活动，丰富农民业余文化生活，改旧俗、移旧风，培养文明健康生活方式，树立社会文明新风尚。

**❀小知识**

## 河北丰宁：小积分兑出“大文明”

河北省丰宁满族自治县新时代文明实践中心积极利用“道德银行＋爱

心超市”，聚焦一条主线、实施一套办法、围绕一个关键、构建一套机制，把新时代文明实践工作与小康生活融合、与乡风文明共建、与基层治理衔接，成为提升公民道德素质的好路子、引领乡风文明的新引擎，让文明之花开遍丰宁大地，结出累累硕果。

1. 一条主线贯到底，让文明实践落到“最后一公里”。丰宁紧紧围绕“凝聚群众 引领群众 以文化人 成风化俗”这一条主线，专门制定了《“道德银行＋爱心超市”三年行动计划》，全面推进310个村建成“道德银行＋爱心超市”，组织全县广大干部群众积极参加新时代文明实践活动，赚取积分兑换物品。

2. 一套办法走到底，让基层群众在文明实践中“唱主角”。群众是实践的主体。从“评、存、兑、晒”四步法入手，把群众主体作用体现在全过程、全环节，推动好事连连、好戏连台。一是评德行。请公道正派、威望较高的老党员、道德模范等成立评议机构，行使理事会职责，群众评、评群众，接受群众监督。二是存积分。把身份证号作为道德储蓄账号，对群众道德行为进行细化，明确道德奖励积分细则和负面清单。三是兑奖品。通过企业捐建、村内自建、社会组织帮建等方式为每个“道德银行”配建“爱心超市”，群众可用积分随时兑换日用品，实现“小积分”兑换“大文明”。四是晒账单。定期将群众的好人好事、道德储蓄账户积分和超市兑换物品张榜公布，强化正向激励，引导更多人“做好事”“存美德”。

3. 一个关键把到底，在全社会树起了良好道德风尚。坚持聚焦培育时代新人，弘扬时代文明新风。一是筑牢坚实阵地。受益于中宣部实施的“贫困地区民族自治县、边境县村综合文化服务中心覆盖工程”，全县所有村高标准、高质量建成宣传阵地，广场、活动室、文化体育器材、大喇叭广播等一应俱全，实现了群众文明实践有地方、有场所。二是强化典型引领。把道德银行积分作为评选依据，开展“十百千万”选树活动，涌现出全国“诚信之星”王福国等重大典型，累计表彰致富带头人429人、脱贫之星874人、孝心养老光荣户1174户、丰宁好人8565人，形成了“好人抢着做、好人最吃香”的浓厚氛围。三是开展多彩活动。深入开展“365百姓故事汇”等群众性活动，用身边人讲身边事、育身边人，传承中华传统美德，推动民风淳朴、人心向善。

4. 一套机制管到底，在基层建起了有效的德治体系。坚持用制度把文明实践创新做法和成果固化下来，县委相继制定了7个规范文件，健全了“道德银行+爱心超市”登记、奖励、兑换、公开、日常管理、监督等6项保障机制，建立了党委领导、各负其责、统筹推进的工作机制，使得丰宁文明实践蔚然成风。

### （三）提升道德素养，展示良好文明形象

充分发挥礼仪礼节的教化作用。礼仪礼节是道德素养的体现，也是道德实践的载体。它在推进新时代公民道德建设中发挥着重要作用。要制定国家礼仪规程，完善党和国家功勋荣誉表彰制度，规范开展升国旗、奏唱国歌、入党入团入队等仪式，强化仪式感、参与感、现代感，增强人们对党和国家、对组织集体的认同感和归属感。要充分利用中秋、建军、国庆、重阳、春节等重要传统节日、重大节日和重大历史事件纪念日、国家公祭仪式、烈士纪念日等，组织开展群众性主题实践活动，丰富道德体验、增进道德情感。要加强国民礼仪教育，研究制定继承中华优秀传统、适应现代文明要求的社会礼仪、服装服饰、文明用语规范，引导人们重礼节、讲礼貌；建立健全各类公共场所和网络公共空间的礼仪、礼节、礼貌规范，引导人们自觉遵守公共秩序和规则，建立和谐清新人际关系，抵制庸俗陋习，倡导文明礼仪新风。

积极践行绿色生产生活方式。绿色发展、生态道德是现代文明的重要标志，是美好生活的基础，是人民群众的期盼。建设美丽中国，需要全民

行动。一要广泛开展生态环境宣传教育实践活动。要推动全社会共建美丽中国，围绕世界地球日、世界森林日、世界水日、世界海洋日和全国节能宣传周等，广泛开展多种形式的主题宣传实践活动，坚持人与自然和谐共生，引导人们树立尊重自然、顺应自然、保护自然的理念，树立绿水青山就是金山银山的理念，增强节约意识、环保意识和生态意识。二要倡导简约适度的生活方式。要广泛开展创建节约型机关、绿色家庭、绿色学校、绿色社区、绿色出行和垃圾分类等行动，倡导简约适度、绿色低碳的生活方式和消费方式，拒绝奢华和浪费，引导人们做生态环境的保护者、建设者。如开展“低碳生活，从我做起”等绿色活动，让“白色垃圾”消踪匿迹，让“共享单车”成为一道亮丽的风景线。开展“垃圾分类我最棒”活动，引导更多人掌握垃圾分类知识，自觉养成垃圾分类投放的良好习惯，从而形成“绿色生活”的新风尚。

**❀小知识**

### 塞罕坝：生态文明建设范例

河北承德塞罕坝，作为荒漠化的典型地域，通过半个多世纪的植树造林、风沙治理，改善了生态环境，实现人与自然和谐共生，展示了中国建设生态文明、推动绿色发展的决心和成效，赢得国内外的众多赞誉。

2017 年 8 月，在全国人民奋进新时代、努力建设美丽中国的背景下，习近平总书记对塞罕坝林场建设者的感人事迹作出重要批示，指出：“55 年来，河北塞罕坝林场的建设者们听从党的召唤，在‘黄沙遮天日，飞鸟无栖树’的荒漠沙地上艰苦奋斗、甘于奉献，创造了荒原变林海的人间奇迹，用实际行动诠释了绿水青山就是金山银山的理念，铸就了牢记使命、艰苦创业、绿色发展的塞罕坝精神。他们的事迹感人至深，是推进生态文明建设的一个生动范例。”

习近平总书记强调：“全党全社会要坚持绿色发展理念，弘扬塞罕坝精神，持之以恒推进生态文明建设，一代接着一代干，驰而不息，久久为功，努力形成人与自然和谐发展新格局，把我们伟大的祖国建设得更加美丽，为子孙后代留下天更蓝、山更绿、水更清的优美环境。”

塞罕坝机械林场不仅是全国生态文明建设的先进范例，还是全球环境治理的“中国榜样”。2017 年 12 月 5 日，第三届联合国环境大会在肯尼亚首都内罗毕举办新闻发布会，宣布塞罕坝机械林场被授予“地球卫士奖”中的“激励与行动奖”，其获奖理由是“将茫茫荒原变成郁郁葱葱的林海”。2021 年 9 月，塞罕坝机械林场获得“土地生命奖”，是继 2017 年荣获“地球卫士奖”后的又一国际殊荣。

塞罕坝从一棵树到一片“海”，历经半个多世纪的生态变迁，成就了一部感天动地的“绿色传奇”，为全国生态文明建设树起一座绿色丰碑，更加坚定了我们建设“美丽中国”的信心。

在对外交流交往中展示文明素养。公民道德风貌关系国家形象，关系国家文化软实力，是外部世界评判中国文明和进步程度的重要依据。当今中国日益走近世界舞台中央，人们迈出国门、走向海外，他们的一言一行都是国际社会了解中国的重要窗口。一要加强制度建设和政策引导。持续推出国际“文化年”“旅游年”活动，开发更多特色鲜明的人文交流项目，促进中外民众特别是青年之间的互动交流和相互理解。要深入实施中国公民旅游文明素质行动计划，推动出入境管理机构、海关、驻外机构、旅行社、网络旅游平台等协调合作，加强文明宣传教育，引导中国公民在境外旅游、求学、经商、探亲中，尊重当地法律法规和文化习俗，展现中华美德，维护国家荣誉和利益，以文明自信的国民形象赢得更多的认同和尊重。坚持激励和惩戒并举，对在涉外交往中文明得体、维护国家利益和荣誉的典型事迹予以表彰宣传，对违法败俗、有损国家形象的负面案例进行批评教育。二要注重培育理性健康的国民心态。正确引导社会舆论，对国际事件和热点问题进行全方位准确报道，帮助公民培养宽广的大国胸襟和理性的世界眼光。要引导人们在各种国际场合、涉外活动和交流交往中，做到理性爱国、合理有序地表达自己的爱国情怀，既不狂妄自大、盲目排外，也不崇洋媚外、妄自菲薄。公民自身也要强化自我教育意识，积极学习涉外礼仪和文化知识，努力在国际交往中展示自尊自信、开放包容、积极向上的良好文明形象。①

❊**小知识**

**讲好敦煌故事，传播中国声音**

敦煌文化属于中国，但敦煌学属于世界。把莫高窟保护好，把敦煌文化传承好，是中华民族为世界文明进步应负的责任。

敦煌学是当今一门国际性显学，世界上许多国家如英国、法国、俄罗斯、日本、德国、美国、印度等国不少学者都在从事敦煌学研究。敦煌研究院要坚持“引进来”和“走出去”相结合，开展多种形式的国际性展陈活动和文化交流对话，展示我国敦煌文物保护和敦煌学研究的成果，努力掌握敦煌学研究的话语权。要通过数字化、信息化等高技术手段，推动流散海外的敦煌遗书等文物的数字化回归，实现敦煌文化艺术资源在全球范围内的数字化共享。要引导支持各国学者讲好敦煌故事，传播中国声音，为铸就中华民族博采众长的文化自信作出积极努力。

## 三、抓好网络空间道德建设

目前，我国网民近 11 亿，形成了全球最庞大的数字社会，网络空间已

---

① 参见中共中央宣传部宣传教育局《〈新时代公民道德建设实施纲要〉学习读本》，人民出版社，2020，第 210—211 页。

成为亿万网民共有的精神家园。建设一个天朗气清、生态良好的网络空间，是广大网民的共同期盼。《新时代公民道德建设实施纲要》就“抓好网络空间道德建设”提出具体要求，为新时代加强网络空间道德建设指明了方向、明确了目标。

## （一）加强网络内容建设

网络空间是一个社会信息交流交融交锋的广阔舞台，数以万计的网民在上面获取信息、交流信息，甚至在无形中产生信息，这会对他们的思想观念和道德行为产生重要的影响。加强网络内容建设是网络空间道德建设的关键所在，是实现网络空间生态良好目标的关键。要在互联网这个主阵地上站稳脚跟，必须紧紧抓住内容建设这个根本。

深入实施网络内容建设工程。加强网络内容建设，就是要弘扬主旋律，激发正能量，让科学理论、正确舆论、优秀文化充盈网络空间。要坚持“内容第一”的原则，深入推进优秀网络内容建设工程，奏响时代和谐美好乐章，消除杂音噪声，用正能量为网络空间道德建设树立“风向标”。坚持以习近平新时代中国特色社会主义思想统领互联网内容建设，牢牢把握正确的政治方向、舆论导向、价值导向，发挥网络传播优势，让党的创新理论通过互联网“飞入寻常百姓家”。做大做强网络正面宣传和舆论引导，以正面声音引领多元多样多变的网上舆论，培育积极健康、向上向善的网络文化，用社会主义核心价值观和人类文明优秀成果滋养人心、滋养社会，做到能量充沛、主旋律高昂，为广大网民特别是青少年营造一个风清气正的网络空间。加强网络传播手段建设和创新，建好主流媒体移动传播平台，管好用好商业化、社会化互联网平台，唱响主旋律、传播正能量、弘扬真善美，积极构建网上网下同心圆，不断巩固全党全国人民团结奋斗的共同思想基础。

发展积极向上的网络文化。要科学引导互联网企业和网民创作生产传播有品位、有格调、讲责任、讲质量的网络文学、网络音乐、网络表演、网络电影、网络剧、网络音视频、网络动漫、网络游戏等。各级党政机关和领导干部要加强网上热点话题和突发事件的正确引导、有效引导，明辨是非，分清善恶，清除网络“雾霾”，把主流价值观融入“虚拟生活”，让正确道德取向成为网络空间的主流，推动网络文化向阳生长。

## （二）培养文明自律网络行为

文明自律是网络空间道德建设的基础。网络行为主体的文明自律水平，决定了网络空间道德建设的成效。网络道德是现实道德水平在网络空间的延续，既要靠文明和自律养成，也要靠规范和他律提升。

建立和完善网络行为规范。无规矩不成方圆，有敬畏才知行止。广大网民除了仰望星空，还要坚守心中的“道德律”。“道德律”表现在网络空间就是网络行为规范。要建立和完善网络行为规范，明确网络是非观念，培育符合互联网发展规律、体现社会主义精神文明建设要求的网络伦理、网络道德，对不尊重他人隐私权、制作和传播“低俗、庸俗、媚俗”等有违社会风气良俗及社会主义核心价值观要求的网络行为予以明确界定，划清底线、红线，提升网络文明自律水平。要加强互联网技术的开发与应用，增强互联网监管的科学性、有效性和专业性，提高互联网道德治理能力。

倡导文明办网。要深化道德教育引导，推动互联网企业自觉履行主体责任、主动承担社会责任，依法依规经营，加强网络从业人员教育培训，坚决打击网上有害信息传播行为，依法规范管理传播渠道。网络空间并非法外之地，互联网行业要强化自律，自觉遵守网络法律法规。“办网站的不能一味追求点击率，开网店的要防范假冒伪劣，做社交平台的不能成为谣言扩散器，做搜索的不能仅以给钱的多少作为排位的标准。”[①] 网络运营者

① 习近平：《在网络安全和信息化工作座谈会上的讲话》，《人民日报》2016年4月26日。

不得为危害网络安全的活动提供技术支持、广告推广、支付结算等服务。广大互联网企业要坚持社会效益和经济效益相统一，在自身发展的同时，切实维护公民在网络空间的合法权益，积极履行社会责任，饮水思源，回报社会，造福人民。

倡导文明上网。网络空间是亿万网民共同的精神家园，要积极引导广大网民自觉成为网络空间道德建设的参与者、推动者和维护者。要广泛开展“争做中国好网民”系列主题活动，推进网民网络素养教育，引导广大网民尊德守法、文明互动、理性表达，远离不良网站，防止网络沉迷，自觉维护良好网络秩序。广大网民还要养成良好行为习惯，做到线下自律与线上自律相统一，自觉塑造和维护网络文明形象，积极传播网络正能量，对不文明网络行为要敢于“亮剑”“发声”，让文明新风充盈网络空间。

**小知识**

### 秦火火案件：自媒体要坚守网络道德底线

“秦火火”，北京尔玛互动营销策划公司的一名员工，秦志晖是他的原名。为了增加个人影响力与知名度，秦火火利用众多网络平台，有目的地设计并传播谣言，对网络事件进行刻意炒作，恶语中伤公众人物，从中获益。他曾经利用“煽动温州动车事故后外国人获得政府约 2 亿元赔偿金”的不实言论，挑战群众与政府的关系；诋毁雷锋，捏造雷锋奢侈生活的虚假情节，传播国家塑造雷锋形象的谣言；以“郭美美炫富事件”为由，蓄意炒作，对我国慈善救援体系进行恶意攻击；传播中国残联主席张海迪身为中国人却持日本护照等不实信息。北京警方在 2013 年 8 月刑事拘留了秦火火，拘留理由是涉嫌寻衅滋事罪和诽谤罪。

2014 年 4 月 11 日，北京市朝阳区人民法院公开审理了“秦火火”案。随即，原名秦志晖的“秦火火”被提起公诉。他被公诉机关指控从 2012 年 11 月到 2013 年 8 月间，分别以多个微博账户如“淮上秦火火”“东土秦火火”“炎黄秦火火”等自媒体账号，接连捏造了杨澜、张海迪等人的谣言，并大量散播在互联网上，使她们名誉受损，被不明真相的民众指责。秦志晖为了增加个人知名度而继续自我炒作，以“中国秦火火_f92”的名字注册了新浪微博，并对原中华人民共和国铁道部进行恶意攻击，捏造并传播虚假信息，导致负面评论不断。公诉机关指出，秦志晖在互联网上捏造并传播有损他人名誉的虚假信息，给社会带来恶劣的影响，破坏社会道德，严重影响了社会公共秩序。该行为明显违反了国家刑法规定，必须以寻衅滋事罪和诽谤罪等罪名追究秦志晖的刑事责任。

秦志晖在法庭上当场认罪，并认为自己被提起公诉是自食其果，承认自己使用了不正当的手段。在为自己辩护时，秦志晖如此说道：“在过去数月的反思中，我得到以下结论：首先，个人行为违反法律规定，不被法律认可，是自己的错误行为使群众不满政府或公众人物；其次，忽略了网络平台这一空间是虚拟的但不是虚无的，是自由的但不是无底线的，自己失去了自律，使他人的声誉、名誉严重受损；最后，自己忽略了网络也是在国家监控范围内的，忘记了法律的存在，失去了道德的约束，严重破坏了网络秩序。”秦志晖表示，他的犯罪事实希望可以为众人敲响警钟。

“秦火火案件”是我国网络发展史上的一个标志性事件，司法机关对其进行依法公开审理是我国网络空间道德建设的一个里程碑，警示着自媒体和网络个人主体在发展和运营中应该坚守好道德原则和底线，网络言论必须遵守法律法规，不可凌驾于法律之上，自媒体和个人应当做到网络自律。网络空间虽然具有“匿名”的属性，但“匿名”并不等于“无名”，不等于可以肆意妄为；网络空间不是一个虚无缥缈的世界，它正在成为我们生活中越来越重要的活动场域，任何主体在网络上的所作所为都将不同程度地影响着他人和社会，都必须遵守基本的网络规范和网络道德。

## （三）丰富网上道德实践活动

互联网作为一个传播社会信息的大舞台，为道德实践提供了新的空间、新的载体。不断拓宽道德实践渠道，实现线上线下同频共振，是新时代公民道德建设的必然要求。

积极培育和引导互联网公益力量。要加强对网络公益事业宣传力度，培育和引导党委领导与政府主办的网络公益项目和民间社会团体发起的网络公益项目，积极鼓励网民个人发起的网络公益项目，吸引更多网民通过日常点滴行动参与到网络公益事业中来，不断壮大网络公益队伍，形成线上线下踊跃参与公益事业的生动局面。“要搭建透明化、便捷化的网络公益平台，整合各类公益资源，利用网络空间的放大效应，让一个个微小善行，在网络上汇聚成爱心的洪流。”①

加强网络公益宣传。加大公益广告、公益宣传片等宣传力度，用小图片、小故事阐释大道理，弘扬主旋律，汇聚正能量，激发广大网民参与公益的热情。要引导人们随时、随地、随手做公益，并将公益内容通过音乐、文字、图片、短视频等形式在各大网站、社交平台、手机 App 上用生动、接地气、群众喜闻乐见的语言进行深入持久地宣传，推动形成关爱他人、奉献社会的良好风尚。

积极探索和创新网络公益道德实践模式。拓展“互联网 + 公益”“互联网 + 慈善”“互联网 + 捐赠”等模式，让充满正能量的孝行善举、人间大爱在网络空间全覆盖；广泛开展形式多样的网络公益、网络慈善活动，进一步激发全社会热心公益、参与慈善的热情，把人性的善端在网络空间践行好。

加强网络公益规范化运行和管理。要进一步建立健全网络公益方面的法律法规，合理确定互联网公益平台责任，确保网络公益活动依法依规开

① 中共中央宣传部宣传教育局：《〈新时代公民道德建设实施纲要〉学习读本》，人民出版社，2020，第 221 页。

展。要进一步健全和完善网络公益事业体制机制，着力提高网络公益事业参与者的责任意识，促进网络公益事业健康有序发展。

### （四）营造良好网络舆论环境

加强互联网管理，正能量是总要求，管得住是硬道理，用得好是真本事。高效的互联网管理是营造良好网络道德环境的重要保障。

严格依法管网治网。切实加强互联网领域立法执法，强化网络综合治理，加强网络社交平台、各类公众账号等管理，特别是传播力和影响力巨大的平台要进行登记备案，摸清底数，落实网络实名制，确保管到位、管得住，构筑网络空间“道德防火墙”。要全面提升技术治网能力和水平，规范数据资源利用，防范大数据等新技术带来的风险。要重视个人信息安全，规范互联网企业和机构对个人信息的采集使用，确保个人信息安全。要加大对技术专利、数字版权、数字内容产品及个人隐私的保护力度，维护群众合法权益。要建立和完善新技术应用道德评估制度，促进网络空间道德建设，维护网络道德秩序。

开展网络治理专项行动。互联网不是法外之地，对于利用网络鼓吹推翻国家政权、煽动宗教极端主义、宣扬民族分裂思想、教唆暴力恐怖活动等违法行为，要坚决制止和打击。要综合施策、标本兼治，加大对网上突出问题的整治力度，及时清理网络欺诈、造谣、诽谤、谩骂、歧视、色情、低俗等内容，反对网络暴力行为，依法惩治网络违法犯罪，特别是对网络黑客、电信网络诈骗、侵犯公民个人隐私等违法犯罪行为，要持续形成高压态势，努力营造风清气正的网络空间。

**❀小知识**

**黑客杜天禹案件**

公诉机关指控，2016 年 4 月初，被告人杜天禹通过植入木马等方式，非法侵入山东省2016年普通高等学校招生考试信息平台网站，窃取2016年山东省高考考生个人信息64万余条，并对外出售牟利。其中，杜天禹通过腾讯QQ、支付宝等工具，向陈文辉（另案处理）出售上述信息10万余条，获利14 100余元。陈文辉等人使用所购得的上述信息实施电信诈骗，拨打诈骗电话1万余次，骗取他人钱款20余万元，造成山东省临沂市罗庄区高考考生徐玉玉死亡。

公诉机关认为，被告人杜天禹违反国家有关规定，非法获取公民个人信息64万余条，出售10万余条，其行为构成侵犯公民个人信息罪。被告人杜天禹作为从事信息技术的专业人员，本应当知道保护公民个人信息和维护信息网络安全的重要性，但是却利用自身的专业技术特长，非法侵入高等学校招生考试信息平台的网站，窃取考生个人信息并出卖牟利，严重危害了网络安全，对他人的人身财产安全造成重大威胁。根据以上犯罪事实，法院以侵犯公民个人信息罪判处被告人杜天禹有期徒刑六年，并处罚金人民币6万元。

## 四、发挥制度保障作用

新时代公民道德建设是一项复杂的社会系统工程，既要靠教育引导，也要靠制度保障。要持续强化制度对提升公民道德素质的保障作用，推动社会文明程度达到新高度。

### （一）强化法律法规保障

法律是成文的道德，道德是内心的法律。要发挥法治对道德建设的保障和促进作用，把道德导向贯穿法治建设全过程，立法、执法、司法、守法各环节都要体现社会主义道德要求。要及时把实践中广泛认同、较为成熟、操作性强的道德要求转化为法律规范，推动社会诚信、见义勇为、志愿服务、勤劳节俭、孝老爱亲、保护生态、网络文明等方面的立法工作。贯彻落实《社会主义核心价值观融入法治建设立法修法规划》，着力把社会主义核心价值观融入法律法规的立改废释全过程。要坚持严格执法，加大关系群众切身利益重点领域的执法力度，弘扬真善美、打击假恶丑，以法治的力量维护道德、凝聚人心。要坚持公正司法，发挥司法裁判定分止争、惩恶扬善功能，定期发布道德领域典型指导性司法案例，彰显司法公正的道德温度，让人们从中感受到公平正义，筑牢社会道德秩序的法治底线。推进全民守法普法，加强社会主义法治文化建设，营造全社会讲法治、重道德的良好环境；要把法治教育与道德教育结合起来，纳入精神文明建设内容、纳入国民教育各环节，教育引导人们强化规则意识，倡导契约精神，维护公序良俗；要弘扬法治精神，在全社会形成守法光荣、违法可耻的良好氛围，引导人们增强法治意识、坚守道德底线。①

### （二）彰显公共政策价值导向

公共政策与人们生产生活和现实利益密切相关，直接影响着人们的价值取向和道德判断。公共政策的制定实施要符合人们道德期待，特别是在涉及就业、就学、住房、医疗、收入分配、社会保障等重大民生政策上，要妥善处理各方面利益关系，充分体现维护社会公平正义的要求。探索建立重大公共政策道德风险评估机制，将道德风险和道德效果评估作为政策出台的前置条件，实现政策目标和道德导向有机统一。要从人民群众长远利益、根本利益出发，完善公共政策道德风险评估，最大限度地规避公共政策的道德风险，及时纠正与社会主义道德相背离的突出问题，促进公共政策与道德建设良性互动。

---

① 参见《中共中央国务院印发新时代公民道德建设实施纲要》，《人民日报》2019 年 10 月 28 日。

## （三）发挥社会规范的引导约束作用

各类社会规范有效调节着人们在共同生产生活中的关系和行为。要按照社会主义核心价值观的基本要求，健全各行各业规章制度，修订完善市民公约、乡规民约、学生守则等行为准则，突出体现自身特点的道德规范，使其成为人们日常工作生活的基本遵循。弘扬与社会主义市场经济相适应的诚信理念、诚信文化、契约精神，推动各行业各领域制定诚信公约，更好发挥规范、调节、评价人们言行举止的作用。要发挥各类群众性组织的自我教育、自我管理、自我服务功能，推动落实各项社会规范，共建共享与新时代相匹配的社会文明。要充分发挥红白理事会的作用，制定红白喜事制度和章程，倡导婚事新办、丧事简办、移风易俗的文明新风尚；要发挥道德评议会的作用，出台评选制度并明确评选要求，表彰先进，弘扬正气，营造健康向上的社风民风。

**❊小知识**

### 肥乡“七抓七有”打造移风易俗示范样板

近年来，针对农村结婚索要高价彩礼、婚丧事大操大办等陈规陋习，河北省邯郸市肥乡区创新建立“七个体系”，实现“七抓七有”，打造了移风易俗示范样板，被农业农村部评选为全国乡村治理创新典型案例。其主要做法如下：

一是抓组织体系，让民风治理有人管。成立区、乡、村三级移风易俗工作领导小组，各村成立村民事务理事会，明确任务、落实责任。党员公开签订“移风易俗、抵制彩礼”承诺书，在移风易俗上作表率。

二是抓自治体系，让红白喜事有标准。各村参照制定《红白事操办标准》，对席面规模、用车数量等作出具体规定，并经村民自治程序纳入村规民约。

三是抓宣传体系，让群众心中有方向。建立区、乡、村三级“心连心”微信矩阵群，开展常态宣传。举办“百对新人集体婚礼”“百户授牌、千人宣誓、万人签名”活动，培树“零彩礼”典型1000余例。

四是抓服务体系，让婚礼新办有平台。搭建“心连心·鹊桥会”等免费婚介平台，建立义务红娘队380支，每村3—5名义务红娘，提供免费婚介服务。

五是抓政策体系，让破旧立新有章法。对“移风易俗好家庭”成员给予免费体检等优惠待遇。

六是抓严管体系，让违规操办有代价。组成5个移风易俗巡查组，在每月“好日子”开展大联查，发现违规操办当场处置。

七是抓典型引领，让乡风文明有着落。突出群众评、评群众，对先进典型进行集中表彰。县领导和乡村干部要进村入户开展授牌活动，提升获奖典型荣誉感和影响力。举办典型事例报告会，建设乡风文明示范街，推进移风易俗向纵深发展。

自“七抓七有”工作实施以来，肥乡区群众争当文明模范，用自己的实际行动参与移风易俗，逐渐形成文明新风尚。

### （四）深化道德领域突出问题治理

道德建设既要靠教育倡导，也要靠有效治理。要树立问题导向，从解决当前道德领域的突出问题入手，坚持标本兼治，综合运用经济、法律、技术、行政和社会管理、舆论监督等各种手段，有力惩治失德败德、突破道德底线的行为。要组织开展道德领域突出问题专项治理，严肃惩戒道德失范行为。针对污蔑诋毁英雄、扭曲历史、伤害民族感情的恶劣言行，特别是对那些损害国家尊严、出卖国家利益的媚外分子，要依法依规严肃惩戒，发挥警示教育作用。针对食品药品安全、产品质量安全、生态环境、社会服务、公共秩序等领域群众反映强烈的突出问题，要逐一进行整治，让败德违法者受到惩治、付出代价。要聚焦道德约束不足、法律法规缺失的重点领域，进一步完善制度规定，建立惩戒失德行为常态化机制，营造扶正祛邪、惩恶扬善的社会风气。

## 五、加强组织领导

加强新时代公民道德建设，是推进中国特色社会主义事业的一项基础性、战略性工程。必须坚持和加强党的领导，增强“四个意识”、坚定“四个自信”、做到“两个维护”，确保新时代公民道德建设始终沿着正确方向前进。

### （一）各级党委和政府要担负起公民道德建设的领导责任

各级党委和政府要深刻认识加强公民道德建设的重要性，切实担负起领导责任，将其摆上重要议事日程，纳入全局工作谋划推进，有机融入经济社会发展各方面。要确立党委负总责、一把手带头抓的领导机制，进行科学谋划，加强统筹部署；建立健全工作机制，严格落实，精准推进，将公民道德建设与实际工作同部署、共推进。要严格落实公民道德建设工作责任制，建立健全一级抓一级、层层抓落实的工作格局，确保道德建设的整体效应。要建立财政支持机制和考核评价机制，保证公民道德建设常态化推进。

### （二）社会各界要形成齐抓共管的工作格局

公民道德建设需要全社会共同来做，各部门、各行业要负起责任，形成工作合力。纪检监察机关和组织、统战、政法、网信、经济、外交、教育、科技、卫生健康、交通运输、民政、文化和旅游、民族宗教、农业农村、自然资源、生态环境等党政部门，要紧密结合工作职能，积极履行道德建设责任。要积极发挥基层党组织和党员在新时代公民道德建设中的战斗堡垒作用和先锋模范作用，以习近平新时代中国特色社会主义思想教育党员，学思想、强党性，坚定理想信念，弘扬中华传统美德，自觉践行社会主义核心价值观。工会、共青团、妇联等群团组织，各民主党派和工商联，要积极发挥自身优势，切实承担社会责任，共同推动公民道德建设。

**❀小知识**

**王传喜：乡村振兴的带头人**

王传喜是山东省临沂市兰陵县下庄街道代村社区党委书记、村委会主任，党的十九大代表。他担任基层党组织书记 20 多年来，率领村“两委”班子和党员干部加强基层组织建设，发挥党员先锋模范作用，筑牢村庄发展根基；团结群众发展现代农业，壮大集体经济，实现村民共同富裕；积极推动乡村有效治理，倡导文明新风，不断提升群众获得感、幸福感，将一个“脏乱穷差”村变身为乡村振兴的先进村。王传喜始终牢记共产党员的初心使命，模范践行新时代沂蒙精神，干事创业、服务群众，赢得了干部群众的广泛赞誉，曾先后获得全国劳动模范、全国优秀共产党员等荣誉称号。2018 年 6 月 29 日，中央宣传部授予王传喜“时代楷模”称号。2019 年 9 月，他被授予“最美奋斗者”称号。

### （三）各级文明委和党委宣传部要抓好工作落实

各级文明委和党委宣传部要切实履行指导、协调、组织职能，统筹力量、精心实施、加强督查，抓好工作任务落实。要健全协调机制，统筹党政机关、社会团体、社区基层等多方面力量，强化对干部群众的道德引导。要加大道德建设宣传力度，动员社会力量积极参与精神文明创建，形成各方支持、积极配合的社会氛围。要加强沟通协调，注重分析评估公民道德建设的进展和成效，及时总结推广成功经验和创新做法。要充分发挥高校、科研院所和社会智库的研究力量，加强道德领域重大理论和实践问题研究，为制定出台体现道德温度和人文关怀的公共政策提供理论支撑。要切实加强督导检查，定期考核评估，确保各项任务落地落实，推动形成公民道德建设蓬勃开展、深入发展的良好局面。

# 主要参考文献

## 一、著作类

[1] 中共中央马克思恩格斯列宁斯大林著作编译局．马克思恩格斯选集：第二卷［M］．北京：人民出版社，2012.
[2] 中共中央马克思恩格斯列宁斯大林著作编译局．马克思恩格斯选集：第三卷［M］．北京：人民出版社，2012.
[3] 毛泽东．毛泽东选集：第二卷［M］．北京：人民出版社，1991.
[4] 毛泽东．毛泽东选集：第三卷［M］．北京：人民出版社，1991.
[5] 毛泽东．毛泽东选集：第四卷［M］．北京：人民出版社，1991.
[6] 邓小平．邓小平文选：第二卷［M］．北京：人民出版社，1994.
[7] 邓小平．邓小平文选：第三卷［M］．北京：人民出版社，1993.
[8] 习近平．习近平谈治国理政：第一卷［M］．北京：外文出版社，2018.
[9] 习近平．习近平谈治国理政：第二卷［M］．北京：外文出版

社，2017.
[10] 习近平. 习近平谈治国理政：第四卷［M］. 北京：外文出版社，2020.
[11] 中共中央党史研究室. 中国共产党的九十年：新民主主义革命时期［M］. 北京：中共党史出版社、党建读物出版社，2016.
[12] 中共中央党史研究室：中国共产党的九十年：社会主义革命和建设时期［M］. 北京：中共党史出版社、党建读物出版社，2016.
[13] 中共中央文献研究室. 习近平关于社会主义文化建设论述摘编［M］. 北京：中央文献出版社，2017.
[14] 李忠杰. 中国共产党历史通览：上册［M］. 北京：中共中央党校出版社，2021.
[15] 李忠杰. 中国共产党历史通览：下册［M］. 北京：中共中央党校出版社，2021.
[16] 中共中央宣传部宣传教育局.《新时代公民道德建设实施纲要》学习读本［M］. 北京：人民出版社，2020.
[17] 罗国杰. 马克思主义伦理学［M］. 北京：人民出版社，1982.
[18] 吴奕新. 当代中国道德建设研究［M］. 北京：中国社会科学文献出版社，2003.
[19] 吴灿新，孙燕青. 当代中国道德建设论纲［M］. 北京：中国社会科学出版社，2009.
[20] 朱金瑞等. 新时代中国特色社会主义道德建设研究［M］. 北京：人民出版社，2020.
[21] 张治江. 立德铸魂：新时代公民道德建设［M］. 北京：东方出版社，2019.
[22] 辛世俊，吴志勇，王丹. 新时代社会公德建设读本［M］. 北京：中国言实出版社，2020.

[23] 王东虓，袁雅莎，梁皓. 新时代职业道德建设读本 [M]. 北京：中国言实出版社，2020.

[24] 尹红领，王雪萍. 新时代家庭美德建设读本 [M]. 北京：中国言实出版社，2020.

[25] 李明，单玉华. 新时代个人品德建设读本 [M]. 北京：中国言实出版社，2020.

[26] 本书编写组. 思想道德与法治：2023 年版 [M]. 北京：高等教育出版社，2021.

## 二、期刊类

[1] 陆昱. 中国传统道德建设的历史背景和基本内容 [J]. 经济与社会发展，2009 (9).

[2] 陈旻，李甦. 论正确继承和弘扬中国革命道德传统 [J]. 北京政法职业学院学报，2013 (4).

[3] 习近平. 一个国家、一个民族不能没有灵魂 [J]. 求是，2019 (8).

[4] 汪荣有. 中国革命道德的百年发展历程及启示 [J]. 道德与文明，2021 (3).

[5] 申文杰，武雨欣. 中国共产党领导道德建设途径的基本经验 [J]. 道德与文明，2021 (4).

## 三、报纸类

[1] 公民道德建设实施纲要 [N]. 人民日报，2001-10-25.

[2] 关于实施中华优秀传统文化传承发展工程的意见 [N]. 经济日报，2017-01-26.

[3] 中共中央国务院印发新时代公民道德建设实施纲要 [N]. 人民日报，2019-10-28.

[4] 新时代爱国主义教育实施纲要 [N]. 人民日报. 2019-11-13.

[5] 吴潜涛. 在守正创新中推进新时代公民道德建设 [N]. 人民日报，2019-12-19.

[6] 北京市习近平新时代中国特色社会主义研究中心. 牢牢把握新时代公民道德建设的总体要求 [N]. 经济日报，2020-06-04.

# 后　　记

一个国家的繁荣强盛，一个民族的文明进步，很大程度上取决于社会思想道德水平。习近平总书记强调，必须加强全社会的思想道德建设，培育正确的道德判断和道德责任，提高道德实践能力尤其是自觉践行能力，引导人们向往和追求讲道德、尊道德、守道德的生活，形成向上的力量、向善的力量。加强新时代公民道德建设，提高全社会道德水平和文明程度，是建设社会主义文化强国的重要内容。对我国道德建设的理论与实践问题进行深入系统的研究和宣传普及，是新时代新征程中建设社会主义文化强国的必然要求，也是广大社科工作者的职责所在。

呈现在读者面前的这本《走进道德建设》，作为河北省社会科学院、河北省社会科学界联合会组织撰写的“新时代新知识丛书”之一，经过两年多的撰写和不断地修改完善，终于写作完成并行将出版。希望该书的问世，能够在提升社会文明程度、弘扬时代新风、奋力谱写中国式现代化建设河北篇章中汇聚向上向善的奋进力量。

在本书酝酿、思考、撰写的过程中，学界同仁提出了非常宝贵的修改完善意见，许多真知灼见给予我丰富的滋养和启迪。河北省社会科学院、河北省社会科学界联合会和河北大学出版社对本书的出版给予鼎力支持。河北体育学院马克思主义学院教师武树霞、河北经贸大学马克思主义学院教师胡俊苗对本书的写作提纲、部分内容撰写及全书修改完善提出了宝贵的指导意见，并为这本书的顺利出版付出大量心血。同事刘书越、王少军还就本书的提纲设置、内容完善修改、校阅书稿等提供了富有价值的帮助。在此一并致以深深的谢意！

由于我国道德建设内容丰富、博大精深，新时代各类主题道德实践活动又丰富多彩，加之写作时间仓促，作者水平有限，书中难免有疏漏和不足之处，敬请各位读者批评指正。

杨春娟

2024 年 2 月于石家庄